LUDGER BÜCKER

Mit der Waschmaschine durch Deutschland

GOLDMANN
Lesen erleben

»Normale Menschen machen so was nicht: sich eine alte Miele-Wasch-
maschine schnappen und sie ›Mikaela‹ taufen, sie auf eine Sackkarre
schnallen, alle Habseligkeiten in ihre Trommel schmeißen und sie vom
Bodensee aus rheinabwärts bis in den Ruhrpott schieben. Insgesamt gut
1 200 Kilometer in 38 Tagen. Irgendwann in meinem Leben gab es einen
Punkt, an dem ich das verrückte Gefühl hatte, genau das tun zu müssen.
Und im Nachhinein kann ich sagen: Es war vielleicht die beste Entscheidung, die ich je getroffen habe.« Ludger Bücker

Ludger Bücker

Mit der Waschmaschine durch Deutschland

GOLDMANN

Originalausgabe

Der Goldmann Verlag weist ausdrücklich darauf hin, dass im Text enthaltene externe Links vom Verlag nur bis zum Zeitpunkt der Buchveröffentlichung eingesehen werden konnten. Auf spätere Veränderungen hat der Verlag keinerlei Einfluss. Eine Haftung des Verlags für externe Links ist stets ausgeschlossen.

Dieses Buch ist auch als E-Book erhältlich.

MIX
Papier aus verantwortungsvollen Quellen
FSC® C014496

Verlagsgruppe Random House FSC® N001967
Das FSC®-zertifizierte Papier *Holmen Book Cream* für dieses Buch
liefert Holmen Paper, Hallstavik, Schweden.

1. Auflage
Originalausgabe Januar 2016
Copyright © 2016 by Wilhelm Goldmann Verlag, München,
in der Verlagsgruppe Random House GmbH
Umschlaggestaltung: UNO Werbeagentur, München,
unter Verwendung eines Fotos der Agentur Bildschön und
Motiven von FinePic®, München
Gestaltung der U4 und der vorderen Umschlaginnenseite
unter Verwendung eines Motivs von: © Network! Werbeagentur
Lektorat: Doreen Fröhlich & Birthe Katt
DF · Herstellung: Str.
Satz: IBV Satz- und Datentechnik GmbH, Berlin
Druck und Bindung: GGP Media GmbH, Pößneck
Printed in Germany
ISBN: 978-3-442-15876-8
www.goldmann-verlag.de

Besuchen Sie den Goldmann Verlag im Netz

Für Paulchen, Theo, Nic
und Renko.

Inhalt

Vorwort

In diesem Buch wird es vor allem um die Menschen gehen, die mir auf meiner Reise begegnet sind, um die Geschichten, die sie mir erzählt haben, und weniger um Sehenswürdigkeiten wie Burgen, Schlösser und andere historische Gebäude. Ich bitte daher um Verständnis, dass man dazu keine minutiösen Angaben finden wird. Ich stelle mir lieber vor, was sich im Laufe der Jahrhunderte dort ereignet haben mag.

Alle Leute, die in diesem Buch vorkommen, sind existent, und ich habe versucht, ihre Erzählungen nach bestem Wissen und Gewissen wiederzugeben. Ich habe jedoch alle Namen verändert, um die Anonymität zu wahren. Da ich oft in recht kleinen Ortschaften unterwegs war, deren Bewohner eine Person durch Kombination oder Vermutungen identifizieren könnten, habe ich fast alle Geschichten, die ich erlebt habe, vertauscht und ihnen andere Ortschaften zugeschrieben.

Bei dreien bin ich allerdings im richtigen Ort geblieben. Diese Menschen haben es besonders verdient, erkannt zu werden.

Dieses Buch ist teilweise auch eine Reise in meine Vergangenheit. Es enthält Geschichten, die davon erzählen, warum ich mit meiner Mikaela unterwegs war. Manchmal sind diese Geschichten traurig, manchmal lustig.

Wie das Leben nun mal so ist.

Ich wünsche euch viel Vergnügen bei meiner etwas ungewöhnlichen Reise durch Deutschland mit meiner schweigsa-
men, aber stets treuen Begleiterin.

Vorbereitung

Es ist Sommer, und ich stehe auf einem Schrottplatz in der Stadt. Ganz schön heiß ist es heute, auf meinem Kopf könnte man ein Spiegelei braten. Es wird endlich Zeit, sich zu entscheiden. Vor mir steht ein Elektroherd Marke Bauknecht. Er scheint noch gut in Schuss zu sein, aber die Backofenglasscheibe erinnert mich daran, dass ich dieses Gerät in den nächsten Wochen durch die Gegend ziehen oder schieben will – und Glas ist sicher nicht das Material, das auch mal einen kleinen Sturz oder andere mögliche Komplikationen übersteht. Schade. Der zweite Kandidat, den ich genauer unter die Lupe nehme, ist eine Kühlgefrierkombination von Liebherr. Das Ding ist zwar leichter, als es aussieht, aber viel zu sperrig. Wenn ich das vor mir herschiebe, werde ich gar nicht sehen können, wo es langgeht. Also Kandidat Nummer drei, eine Waschmaschine der Marke Miele. Schon allein der Begriff hört sich sauschwer an: Wasch-ma-schi-ne. Die Einfüllklappe sieht aber lustig aus, sie erinnert mich an einen dieser Gute-Laune-Smileys, die einen in jeder SMS angrinsen. Sie ist zwar auch aus Glas, dieses scheint mir aber wesentlich robuster zu sein als das vom Ofen, und außerdem ist es von der Türeinfassung geschützt. Ich versuche mal, sie etwas anzuheben. Ganz schön schwer, tatsächlich. Vielleicht würde es ja gehen, wenn ich ein paar Kleinigkeiten ausbaue?

Der junge Mann vom Schrottplatz sieht aus wie Karlsson

vom Dach, nur ohne Propeller auf dem Rücken. Der Bursche trägt eine dunkelbraune Cordhose, die ihm allerdings unten etwas ausgegangen ist. Die Hosenbeine enden an den Waden und geben den Blick frei auf eine lange Unterhose, die irgendwann vielleicht mal weiß gewesen sein mag. Das Ganze wird durch Hosenträger sehr formschön gehalten. Obenrum trägt er einen Krabbenfischerpullover in Dunkelblau. Bei dreißig Grad im Schatten … gewagt. Aber womöglich ist er vollkommen unempfänglich für Hitze, wer weiß.

Ich rufe ihn zu mir. »Hallo! Ich interessiere mich für die Waschmaschine da hinten. Kann ich die wohl haben?«

»Die ist kaputt.«

»Ja, ich weiß. Aber ich brauche die für eine Wanderung. Kann ich die mitnehmen?«

»Die ist kaputt.«

»Habe ich mir schon gedacht. Aber das ist egal. Die muss nicht mehr laufen. Das mache ich ja schon, hahaha. Es geht mir nur um das Gehäuse. Kann ich die also haben?«

»Ja, ja, sicher. Die geht aber nicht mehr. Die ist kaputt.«

»Kannst du mir wohl kurz anpacken helfen, damit ich sie ins Auto bekomme? Ist ja doch etwas schwer, das Ding.«

»Ist ja auch 'ne Waschmaschine. Die sind immer schwer wie Mist. Die geht aber nicht mehr! Nicht, dass wir später 'ne Reklamation bekommen oder so.«

Ich belasse es dabei, und wir beide packen das Gerät in meinen Kombi. Was das Gewicht betrifft, da muss ich mir später noch was einfallen lassen. Ich drücke meiner Tragehilfe fünf Euro in die Hand, und der Bursche freut sich wie bekloppt. Als ich abfahre, klopft er noch mal an meine Scheibe und informiert mich darüber, dass die Waschmaschine aber nicht mehr laufen würde. Gut zu wissen.

Als ich so nach Hause fahre, schalte ich das Radio ein. Ich

will es gerne zugeben, ab und zu höre ich im Radio alte Schlager. Vor ein paar Jahren hätte ich mich das nicht getraut, aber jetzt kurbele ich mein Fenster runter, höre laut »Ein Bett im Kornfeld« und mache mit meiner Ein-Euro-Sonnenbrille einen auf Jürgen Drews. Nur nicht im Sportwagen, sondern im dreißig Jahre alten Passat Kombi. Das rostige Klappergestell begleitet mich seit knapp drei Jahren, und ich danke meinem Kumpel Brocki heute noch auf Knien dafür, dass er mir dieses Schätzchen besorgt hat. Mit dem runtergelassenen Fenster, der Musik, der Sonne und der Wärme wünsche ich mir, ich hätte noch ein paar Haare übrig, die ich im Fahrtwind lässig mit meiner linken Hand (die zeitweise aus dem Fenster baumelt) aus meinem Gesicht streichen müsste, um was zu sehen.

Schon komisch, wie der Mensch so tickt. »Back to the roots« oder so ähnlich. Als ich etwa zehn Jahre alt war, haben wir zu Hause immer die »Hitparade« geguckt. Wir hatten Spaß daran, und nun, kein halbes Jahrhundert später, sitze ich in meinem uralten Auto und singe die Lieder wieder mit, die ich damals schon so gerne gehört habe. In der Zwischenzeit konnte ich dieses Gedudel nicht ertragen, doch in den letzten Jahren beobachte ich mich immer öfter dabei, meine doch eher unausgereifte Sangeskunst in der Öffentlichkeit lauthals von mir zu geben, ohne dass ich mich schäme oder mich die Meinung anderer interessiert.

Wir guckten damals also die »ZDF-Hitparade«, meine Schwester, meine beiden Brüder, meine Eltern und ich, einträchtig und wie die Orgelpfeifen auf dem Sofa nebeneinander. Wenn dieser komische Vogel Dieter Thomas Heck auf dem Bildschirm auftauchte und uns in seinem schrecklichen Anzug von der Farbe einer verwaschenen Mülltüte in einem Irrsinnstempo die Hits des letzten Monats näherbringen wollte, da wurden wir erst ganz still im Wohnzimmer, um die Songs dann umso lauter aus Leibeskräften mitzuschmettern. Natürlich konnte ich damals noch kein Englisch. Weder schreiben noch sprechen noch verstehen. Das kann ich heute übrigens auch noch nicht besonders gut. Was diese Schlagerfuzzis da inhaltlich von sich gaben, spielte aber erst mal keine Rolle. Hauptsache, wir konnten den Refrain halbwegs mitsingen, und das taten wir dann auch voller Inbrunst, ob nun zu Peter Kraus, Chris Roberts oder Bata Illic. Man muss sich das mal vorstellen! Der sang doch tatsächlich »Ich möcht' der Knopf an deiner Bluse sein«. Und als Trio auftraten, lagen wir auf dem Boden und trällerten »Da da da« fehlerfrei mit.

Es sei denn, meine vierzehnjährige Schwester wollte ein Lied mit ihrem Kassettenrekorder aufnehmen. Dann mussten wir alle still sein und durften keinen Mucks von uns geben. Das alte Röhrengerät hatte natürlich noch keinen Anschluss für eine direkte Verbindung zum Kassettenrekorder, und so musste das kleine integrierte Mikrofon zur Aufnahme herhalten. Da es natürlich auch andere Geräusche aufnahm, hieß es damals also bei der »Hitparade« oft »Klappe halten«.

Schöne Erinnerung! Und wenn ich heute mal zufällig beim Zappen auf *ZDFinfo* hängen bleibe und die »Hitparade« läuft, gucke ich mir die an. Ohne Pathos, ohne Herzschmerz, einfach nur so, um der guten alten Zeiten willen und natürlich der alten Klamotten wegen: Hemdkragen, aus denen man heute einen ganzen Anzug schneidern könnte. Miniröcke, aus denen das eher weniger möglich war. Latzhosen oder Halbmeterschlaghosen fanden damals viele auch ziemlich geil. Ach nee, »geil« gab es ja noch gar nicht. Auch nicht schade drum.

Gerade läuft Bata Illic (lebt der eigentlich noch?) mit dem Schunkellied »Mikaela« im Radio. Ich singe lauthals mit und sehe im Rückspiegel meine Waschmaschine. Vielleicht kein schlechter Name für die Gute, und so kann ich sie wenigstens namentlich vorstellen, wenn ich gefragt werde. Und dann noch eine Miele! Mikaela Miele! Das hört sich doch richtig klasse an. Fast so, als wäre sie ein Musikstar oder eine Filmdiva. Super.

Zu Hause angekommen, stelle ich die Miele erst mal in meine Garage und betrachte das gute Stück. Keine Beule, keine Risse im Gehäuse, und der Lack sieht auch noch richtig gut aus. Als ich den Deckel abschraube, fällt mir sofort auf, was ich alles ausbauen kann. Der Motor? Raus. Die Schwunggewichte? Raus. Elektronik? Alles raus. Jetzt ist die Geschichte schon nicht mehr ganz so schwer. Ich schließe die Kiste und versuche sie mal anzuheben. Immer noch über sechzig Kilogramm. Aber das erscheint mir alles in allem machbar. Addiere ich hinzu, was ich noch mitnehmen muss, werde ich auf etwa siebzig bis achtzig Kilogramm kommen. Muss ich ausprobieren, aber ich denke, dass das klappen wird. Meine Sackkarre ist jedenfalls schon seit letzter Woche fertig. Die alte Karre ist sicher schon dreißig Jahre alt. Hat mein Vater noch gekauft, das gute Stück. Die musste ich natürlich umbauen. Die Stellplatte wurde vergrößert, die Holme mit den Handgriffen erst abgesägt und dann fast doppelt so breit wieder angeschweißt. Dadurch ist die Karre mit der Waschmaschine drauf viel besser zu händeln. Außerdem wurden die Holme um fast einen Meter verlängert, sodass das Gerät ein bisschen wie eine Rikscha aussieht. Das Ganze dann noch schick in Blau gestrichen, fertig. Ich versuche, die Waschmaschine auf die Karre zu wuchten und dann anzuheben. Klappt besser, als ich dachte, und vom Gewicht her geht das eigentlich auch. Danach bastele ich mir aus alten Fensterrolladengurten noch eine Art Zaumzeug. Sieht zwar etwas albern und laienhaft aus, funktioniert aber hervorragend. Meine Idee ist es zunächst, das Gefährt wie einen alten Ackergaul hinter mir herzuziehen. Mal schauen, wie das funktioniert.

Ich befestige die Maschine provisorisch mit Packbändern an der Sackkarre und drehe erst mal eine Proberunde durch die Bauernschaft. Sieht zwar scheiße aus, aber egal. Ist ja nur zur Probe. Ich komme mir schon etwas komisch vor, als mir die ersten Leute begegnen. Ich stehe ja bereits in Verdacht, nicht alle Latten am Zaun zu haben. Allerdings scheint sich jetzt die lange Zeit, die ich in der Psychiatrie gearbeitet habe, endgültig auf meinen Ruf auszuwirken.

»Wo willst du denn mit der Waschmaschine hin?« Margot, eine Bekannte von mir, ist mit ihrem Hund unterwegs und staunt nicht schlecht, als ich ihr auf einem kleinen Berg entgegenkomme. »Ziehst du um oder was?«

»Nee, nee, alles gut. Ich probiere nur was aus. Ich möchte mit dem Ding eine Wanderung unternehmen und gucke mal, wie ich damit um die Ecken komme.«

»Eine Wanderung? Mit einer Waschmaschine? Du bist ja bekloppt. Viel Spaß«, sagt sie und lacht sich kaputt.

Das ist die erste Begegnung zwischen meiner Wanderbegleitung und der normalen Welt. Margot ist eine Labertasche, in den nächsten Tagen wird das halbe Dorf Bescheid wissen. Aber dann ist es halt so. Muss ich das nicht mehr machen. Der Test läuft auf jeden Fall super. Jetzt muss ich nur sehen, wie ich die Maschine richtig an der Karre befestige. Ich bringe Schellen an den Sackkarrenholmen an. Diese schraube ich wiederum an der Rückwand der Waschmaschine fest. Ist zwar etwas »Fuckelarbeit«, was überhaupt nicht zu meinen Stärken gehört, aber nach einer Stunde kriege ich es doch hin. Hält und sieht ziemlich stabil aus.

Dann muss ich Mikaela nur noch zum Bodensee vorausschicken, wo ich sie abholen werde. Starten will ich eigentlich in Konstanz, aber trotz aller Bemühungen kann ich dort keine Bleibe ergattern. Das wundert mich, aber ich will mal hoffen, dass das eine Ausnahme ist und ich unterwegs bessere Karten haben werde. Also suche ich mit meinem Kumpel Jupp im Internet weiter nach einem Zimmerchen. Schließlich machen wir eine Pension in Allensbach klar, einem kleinen Dorf westlich von Konstanz. Die Dame dort rufe ich aber lieber zusätzlich noch an. Ich muss ihr ja erklären, dass ich vorhabe, meine Waschmaschine per Spedition vorzuschicken. Ein bisschen habe ich Bammel vor dem Gespräch. Die wird auf jeden Fall denken, ich spinne. Ich gebe mir einen Ruck und wähle die angegebene Nummer.

»Hallo, Frau Müller. Bücker mein Name, ich habe bei Ihnen ein Zimmer für den 10. 9. gebucht. Geht doch alles klar, oder?«

»Hallo, Herr Bücker. Ja sicher. Sie haben doch per Internet gebucht. Alles in Ordnung.«

»Prima, vielen Dank. Ich rufe vor allem deshalb an, weil ich Sie fragen wollte, ob es in Ordnung ist, wenn ich meine Waschmaschine per Spedition vorwegschicke? Sie haben da überhaupt keine Arbeit mit. Die kann draußen stehen bleiben. Ist nicht so schlimm, wenn sie nass wird. Für Sie fallen überhaupt keine Kosten an. Sie müssten sie nur annehmen und fertig.«

Stille am anderen Ende der Leitung. Frau Müller scheint zu grübeln. Vielleicht denkt sie auch, ich sei so eine Ulknudel aus dem Radio, die die Leute verarscht.

»Wie meinen Sie das? Waschmaschine?! Wie meinen Sie das?«

Ich erkläre der Dame, was ich vorhabe.

»Aber warum? Ich verstehe das nicht. Warum machen Sie so einen Quatsch?«

Ich hatte mir schon gedacht, dass diese Frage mich das eine oder andere Mal einholen würde, und habe mir eine Antwort zurechtgelegt, die ich in den nächsten Wochen wohl öfter erzählen werde. »Es gibt da einen englischen Schriftsteller, der mit einem Kumpel eine Wette eingegangen ist. Und zwar ging es darum, dass sein Kumpel nicht glaubt, dass er mit einem Campingkühlschrank in zwei Wochen an der Küste Irlands entlang trampen kann. Ohne dass er dabei irgendwelche Probleme bekommt. Tony Hawks, so heißt der Autor, gewinnt die Wette und beschreibt seine Erlebnisse und Begegnungen in einem Buch, das ich vor längerer Zeit gelesen habe.« Ich hole kurz Luft und erzähle dann weiter: »Die Geschichte hat mir gut gefallen. Außerdem wollte ich immer schon mal Deutschland richtig kennenlernen, und wie sollte das besser gehen als zu Fuß? Was der Engländer mit einem Kühlschrank kann, will ich mit einer Waschmaschine probieren.«

Stille am anderen Ende der Leitung. Immer noch Stille.

»Hallo, sind Sie noch dran?«

»Ja, ja, ich bin noch dran. Verrückt, was Sie da vorhaben. Aber machen Sie mal. Ich muss ja nicht mit. Verstehe ich trotzdem nicht. Verrückt!«

Mit diesen Worten legt sie auf, und ich frage mich, was die Dame wohl jetzt von mir denkt. Hält sie mich für total durchgeknallt? Bin ich es womöglich auch? Egal, ich ziehe das jetzt durch.

Die Reaktionen meiner Kumpels aus dem Sportverein fallen ähnlich aus. Aber was soll's. Kumpel Nicky bietet mir immerhin tatkräftig an, eine Facebook-Seite für mich einzurichten, damit ich von unterwegs immer den aktuellen Stand der Dinge durchgeben kann. Außerdem meint er, ich solle meinen »Künstlernamen« auf die Waschmaschine malen, damit sich die Leute im Internet über mich informieren können. Ich bin kein Freund vom Internet, aber die Idee finde ich ganz gut. Auch deshalb, weil ich dann nicht immer und immer wieder am Telefon das Gleiche erzählen muss. Ich tippe mal, dass die Wanderung schon anstrengend genug wird, da kann ich sicher nicht alle naselang ans Telefon gehen. Will ich auch gar nicht. Also schreibe ich mit einem dicken Filzstift »luderleben« vorne auf die Maschine. Ich komme später noch dazu, warum es gerade dieser Name wurde.

Einen Tag, bevor die Spedition kommt, um Mikaela abzuholen, muss ich noch die Wäschetrommel befüllen. Ein großer Vorteil der Waschmaschine ist natürlich auch, dass man die Trommel als Stauraum nutzen kann. Meine komplette Regenbekleidung wandert hinein. Außerdem packe ich schon einmal eine große Ladung Mineralwasser, Kekse und Müsliriegel dazu. Wenn ich jeden Tag ein paar Stunden unterwegs bin, brauche ich viel zu trinken und zu essen. Vorsichtshalber nehme ich auch noch die Spanngurte mit. Es ist ja nicht ganz sicher, ob die Konstruktion auch hält oder in was für Notsituationen ich geraten werde. Außerdem noch einen Jutebeutel mit Werkzeug, man weiß ja nie. Habe ich alles? Ups, fast vergessen: Die Bücher, die ich unterwegs lesen möchte, kommen natürlich auch noch in die Trommel, und danach packe ich die ganze Chose in Folie ein. Sieht richtig professionell aus, meine Ladung. Meine Wäsche, Schuhe, Medikamente gegen Schmerzen und der restliche Kram kommen in meine rollbare Reisetasche, die ich mit in den Zug nehmen werde. Wenn ich loslaufe, werde ich die Tasche mit einer Gepäckspinne, bestehend aus mehreren elastischen Seilen und Haken, auf die Waschmaschine schnallen. Damit ich meine Klamotten nicht beim ersten großen Regenschauer auswringen muss, habe ich mir noch einen extra dickwandigen Müllsack besorgt, in dem ich die Tasche verstauen werde.

Als die Spedition am nächsten Tag vor der Tür steht, wird mir doch schon etwas anders. Langsam wird es wirklich ernst. Der Fahrer verfrachtet meine Waschmaschine, die auf der Europalette verpackt in der Garage steht, in seinen Lkw.

»Warum verschicken Sie denn eine defekte Waschmaschine zum Bodensee? Kaufen Sie sich doch da unten einfach eine neue! Wäre das nicht einfacher und auch logischer?«

Gregor, so heißt der Fahrer, hat eine erstaunliche Ähnlichkeit mit Popeye, dem Seefahrer. Er ist recht klein, hat enorme Muskeln am ganzen Körper, eine Glatze und auf seinen extrabreiten Unterarmen sogar einen Anker tätowiert. Es fehlen eigentlich nur die Seemannsmütze und die Pfeife im Mundwinkel.

»Das könnte ich natürlich machen. Aber ich fahre der Waschmaschine ja hinterher und will sie dann zu Fuß wieder zurück nach Hause bringen.«

Gregor stutzt. »Das sind über die Autobahn etwas über sechshundert Kilometer. Das wollen Sie zu Fuß mit dem Ding zurücklaufen?«

»So ähnlich. Ich will am Rhein entlang und ab Wesel die Lippe wieder hoch bis hier vor die Haustür.«

»Das wären ja dann noch mal ein paar hundert Kilometer mehr?«

»Ja, tippe ich auch. Werden wohl so um die tausendzweihundert Kilometer werden. Wenn ich mich nicht verlaufe.«

»Seien Sie mir nicht böse, aber so was Verrücktes habe ich ja noch nie gehört. Ich glaube nicht, dass Sie das schaffen. Auf keinen Fall!«

»Vielleicht haben Sie recht. Aber versuchen werde ich es trotzdem.«

»Respekt! Viel Glück!«, wünscht mir Gregor und schließt

die Ladeluke seines Lasters mit einem lauten Knall. Als er ab-
fährt, winkt er noch mal. Mir wird schon etwas mulmig, aber
jetzt gibt es kein Zurück mehr. Mikaela ist auf dem Weg, und
ich werde ihr morgen folgen.

Allensbach

Nun stehe ich hier vor meinem Zug, der mich zum Bodensee bringen wird. Ich bin ganz schön aufgeregt bei dem Gedanken, dass ich erst in fünf oder sechs Wochen wiederkommen werde. Meine Tasche habe ich gestern Abend noch mal platzsparender umgepackt, aber trotzdem habe ich das Ding kaum zubekommen. Beim Gedanken daran, jeden Morgen meine Sachen wieder neu zu packen und dabei noch jedes Mal ganz exakt vorgehen zu müssen, um alles reinzukriegen, habe ich mich dann dafür entschieden, doch lieber ein paar Dinge zu Hause zu lassen und noch etwas Platz zu haben. Für eventuelle Mitbringsel und wegen meiner Schludrigkeit, die sich sicherlich nach ein paar Tagen oder Wochen durchsetzen wird. Wenn ich genervt bin vom Wetter, mir die Knochen wehtun oder mir die Leute auf den Senkel gehen sollten, würde ich unaufmerksam werden. Ich kenne mich ja selbst am besten. Dann wird es so kommen, dass ich die ganzen Klamotten in den Sack stecke und nur noch weiterwill. Da lege ich dann sehr wenig Wert auf »Kofferpacken nach Knigge«. Also bleibt die zweite »Ausgehhose« im Schrank. Was soll ich abends denn schon viel unternehmen? Und wenn, dann gehe ich in meiner Jogginghose los. Mache ich doch hier auch fast jeden Tag. Also was soll es. Außerdem habe ich ja eine Jeanshose an, die muss reichen. Als ich die Tasche schließe, liegen auf meinem Tisch noch zwei Paar Strümpfe, ein Pullover, zwei Unterbuchsen, zwei T-Shirts, ein Buch, eine Ersatztube Sonnencreme und ein Paar Schuhe. Alles Sachen, die ich vermutlich nicht brauchen werde. Und sollte ich feststellen, dass ich mich da doch verschätzt habe, kann ich sie mir bei Bedarf unterwegs kaufen. Alles kein Problem.

Als ich einsteige, merke ich, dass der Zug proppenvoll ist. Na super! Es ist Montagmorgen, und da hätte ich mir schon denken können, dass viele Pendler unterwegs sind. Aber um den Berufsverkehr zu umgehen, hätte ich schon am Sonntag losfahren müssen, und das wollte ich nun wirklich nicht. Dann hätte ich ja noch ein Spiel meiner Fußballmannschaft verpasst. Der 1. SC Lippetal ist seit fast 40 Jahren mein Heimatverein, und so kurz vor meiner Tour wollte ich natürlich noch mal auf den Sportplatz und mir unser Meisterschaftsspiel in der A-Kreisliga angucken. Auch die Kiste Bier im Sportlerheim und die leckeren Bratwürstchen, um den Sieg zu feiern, wären mir in diesem Fall entgangen. Also alles richtig gemacht. So konnte ich mich noch von allen Kumpels und Kumpelinen verabschieden. Die haben schon etwas komisch geguckt, als sie merkten, dass ich das mit der Waschmaschine wirklich ernst meine. Als ich ihnen das erste Mal davon erzählte, haben viele doof geguckt und mich ausgelacht. Nur wenige haben geglaubt, dass ich das versuche, und noch weniger hätten darauf gewettet, dass ich es auch schaffen würde.

Jetzt erst mal mit der ollen Tasche quer durch jedes Abteil und einen nicht reservierten Platz finden. Als ich ganz vorne angekommen bin, drehe ich um und laufe den Weg noch mal zurück. Vielleicht habe ich ja etwas übersehen. Aber da ist nix zu machen.

»Bleib doch ruhig, Junge, alles wird gut. Jetzt bloß nicht über so einen Scheiß aufregen«, ermahne ich mich selbst zu Ruhe und Gelassenheit. Also setze ich mich an so einer Gepäckaufbewahrungsecke auf meine Tasche.

Ich habe ab jetzt sehr viel Zeit, um Leute zu gucken, ein ausgesprochenes Lieblingshobby von mir. Dabei kann man schön abschalten und seine Fantasie spielen lassen. Was hat der Anzugmann mit der Pomadenfrisur wohl für einen Job? Banker oder Gauner? Oder beides? Ist die dicke Frau mit dem Kleinkind auf dem Schoß wohl schon wieder schwanger? Warum lächelt hier im Zug eigentlich niemand? Alle wirken so verbiestert und genervt. Sind nur mit sich und ihrem Handy beschäftigt. Fast jeder hat einen Knopf im Ohr. Niemand unterhält sich mit seinem Nachbarn. Schade. Aber ich glaube, ich mache mir da nur einen Kopf und spinne mal wieder viel zu viel rum. Die Leute fahren einfach zur Arbeit und sind in Gedanken schon bei ihrem Job. Vielleicht haben sie auch Probleme mit der Familie, mit ihren Männern oder Frauen, oder sie sind nicht so gesund, wie sie aussehen. Man weiß es nicht. Oder haben die vielen Menschen in anderen Ländern tatsächlich recht? Sind wir Deutschen wirklich so ein Volk, wo jeder nur sich selbst sieht und keiner mit seinem Mitmenschen etwas zu tun haben will? Sind wir ein Volk von Sturköppen und Egomanen, denen die anderen am Arsch vorbeigehen? Und vor allem: Sind wir wirklich so humorlos, wie es uns immer nachgesagt wird? Ich hoffe und wünsche mir, dass ich das Gegenteil herausfinde und dieses Vorurteil sich nicht bestätigen wird.

Schade, dass ich Mikaela nicht auf den ersten Teil meiner Tour mitnehmen kann. Aber da die Bahn sich aus unerfindlichen Gründen entschlossen hat, Sperrgüter wie meine Miele nicht mehr zu transportieren, reise ich ihr jetzt sozusagen hinterher. Ist aber natürlich auch viel bequemer, als sie irgendwo in die Hutablage zu quetschen.

Kurz vor Köln ergattere ich endlich einen Sitz in einer Vierergruppe. Ich verstaue meine Tasche und bin jetzt voller Energie. Das ist deutlich besser, als auf dem Gang zu sitzen. Schnell komme ich mit meinen Mitreisenden ins Gespräch. Neben mir sitzt ein junger Mann, der in einen Groschenroman vertieft ist. Ich wundere mich etwas darüber, dass so ein junger Bursche solche Heftchen liest. Normalerweise werden die ja eher von älteren Semestern gelesen, die schon auf Hans Albers abgefahren sind und sich nun mit beleuchteten Leselupen die Liebschaften von Ärzten, Förstern und Rechtsanwälten mit blutjungen, schüchternen, hilfsbedürftigen Dienstmädchen zu Gemüte führen und den Ausspruch »etwas unter die Lupe nehmen« so ganz wunderbar veranschaulichen. Mein Sitznachbar ist also ein eher untypischer Leser solcher Romane. Ich sitze keine fünf Minuten neben ihm und beobachte aus den Augenwinkeln, wie er mich alle paar Augenblicke ansieht. Mal abwarten, was als Nächstes passiert. Und da kommt es auch schon: »Entschuldigung. Ich komme aus Frankreich und lerne zurzeit Deutsch. Ich habe angefangen, diese Romane zu lesen. Die sind recht einfach geschrieben und für mich eigentlich gut verständlich. Aber bei einigen Wörtern komme ich nicht weiter. Da verstehe ich den Sinn einfach nicht. Wenn Sie mir vielleicht helfen könnten?«, spricht er mich dann doch endlich an.

»Guter Mann, Sie sprechen doch super Deutsch. Aber wenn Sie Fragen haben, versuche ich natürlich mein Bestes, um Ihnen zu helfen.« Und dann geht es los. In der nächsten halben Stunde versuche ich meinem Sitznachbarn Wörter und Begriffe wie »Schmetterlinge im Bauch«, »rosarote Brille« oder »anhimmeln« zu erklären. Ich komme mir vor wie bei einer Partie »Tabu«. Sehr schön finde ich es, dass sich unsere Sitznachbarn in der Viererbank an dem Erklärspiel beteiligen. Spielspaß für die ganze Familie. Und Spaß haben wir wie Bolle. Herrlich!

Schade, dass Henri, der junge Franzose, schon relativ bald aussteigen muss. Völkerverständigung im kleinen lockeren Rahmen, sozusagen.

Der Knaller bei uns im Abteil sind aber die »Vollen Pumpen«, ein Kegelclub, bestehend aus einem Haufen Damen, sechzig bis siebzig Jahre alt, bewaffnet mit Eierlikör, Kümmerling und anderen kleinen Schweinereien. Die versuchen, mir alle paar Minuten ein Fläschchen in die Hand zu drücken, und haben ordentlich Spaß – vor allem Kegelschwester Gertrud, einen Meter sechzig groß und etwa hundertzwanzig Kilogramm schwer. Sie scheint die ungekrönte Chefin der Reisegruppe zu sein, wenn man davon ausgeht, wie schnell, laut und umfangreich sie spricht.

»Hallo Schnuckel!«, ruft sie und kommt kreischend in meine Richtung gelaufen. »Was bist du denn für ein süßes Mäuschen? Wir kommen aus Köln und wollen für die nächsten Tage Baden-Baden unsicher machen. Wo willst du denn hin? So einen knackigen Wanderburschen wie dich könnte ich noch in der Bettritze verstauen.«

Gebrülle und Gelächter im halben Zugabteil. Dass ich mit sechsundvierzig Jahren noch einen roten Kopf bekomme, weil mich eine zwanzig Jahre ältere Frau anspricht … Verzweifelt halte ich Ausschau nach einem anderen Sitzplatz. Natürlich keiner frei, wie gesagt, es ist voll. Also bleibt mir nichts anderes übrig, als diesen rheinischen Tsunami über mich hinwegfegen zu lassen.

Als sie zum dritten Mal kommt und versucht, mir einen Kleinen Feigling anzudrehen, willige ich ein: »Danke schön und Prost. Aber echt nur einen. Ich muss noch 'ne ganze Ecke laufen, bevor ich meine Bleibe erreiche.« Obwohl ich dieses süße Zeug überhaupt nicht mag, erst recht nicht, wenn es pisswarm ist, würge ich den Inhalt um des lieben Friedens willen runter.

»Ach, stell dich nicht so an«, erwidert die modisch blondierte Gertrud. »Bist doch ein großer Kerl. Da passt einiges rein. Bei mir übrigens auch und nicht nur da!« Dabei zeigt sie auf ihren dicken Bauch. Die kompletten »Vollen Pumpen« drehen durch und kreischen wie Dutzende Kreissägen. Auf Gertruds Kommando fangen alle an zu schunkeln und singen kölsches Liedgut, und zwar mit einer Inbrunst, die auf jahrzehntelange Erfahrung im Karneval schließen lässt.

»Weißt du eigentlich, Zuckerschnute, warum es mir so gut geht?«, wendet sie sich danach wieder an mich und versucht, sich auf die Armlehne meines Sitzes zu quetschen. »Ich hatte vor sechs Monaten meine Hüft-OP. Ging gar nichts mehr bei mir. Konnte keine Treppe mehr hoch, ganz zu schweigen von Bettakrobatik. Wobei mein Adolf doch immer noch so ein heißer Lover ist …«

Nach dieser Vorrede erhalte nicht nur ich, sondern alle anwesenden Mitreisenden einen ausführlichen Bericht über die Vorgeschichte und genauen Abläufe dieses Eingriffs.

Als Krankenpfleger bin ich solcherlei Geschichten gewöhnt. Es gibt diesen Typ Patient, der Fremden mit Vorliebe alle Details seines Leidens erzählt. Als sie uns dann aber Einzelheiten über die vor der OP stattgefundene Intimrasur erzählt, wird nicht nur mir etwas mulmig zumute. Gertrud scheint das alles für selbstverständlich zu halten und berichtet mit Leidenschaft über Adolfs Reaktion über ihren neuen Intimlook. Wieder bekomme ich einen roten Kopp.

Einen Eierlikör und einen Kümmerling später muss (oder darf?) ich mich verabschieden, weil ich kurz vor Baden-Baden umsteigen will. Gertrud versucht noch, mich zu küssen, ich kann den Versuch aber erfolgreich abwehren, und so drückt sie mich nur ganz dolle. Mit vollem Körpereinsatz. Wie es sich für ein kölsches Mädchen gehört.

»Ich wünsche euch viel Spaß bei eurer Tour, und lasst mir die Männer in Baden-Baden in Ruhe«, rufe ich zum Abschied. »Die sind da noch nicht so weit wie die im Rheinland!«

Gertrud guckt sich noch einmal um: »Wer weiß, wie lange wir das hier noch machen können«, ruft sie. »Morgen kann es schon vorbei sein. Mach et jut!«

Draußen stelle ich fest, dass mein Anschlusszug weg ist. Egal, warte ich halt eine Stunde. Als ich endlich in Allensbach am Bodensee ankomme, bricht mir gleich auf den ersten Metern eine Rolle meiner Tasche ab. Geht ja super los, denke ich und schleppe das Mistding wie ein Baby auf meinen Armen quer durch das kleine Örtchen. Dabei wird dann auch direkt deutlich, dass ich immer noch viel zu viele Sachen dabeihabe. Aber nützt ja nichts. Falls es mir zu viel wird, lasse ich einfach ein paar Klamotten für die Altkleidersammlung zurück. Freut sich bestimmt jemand drüber. Ist ja auch meine erste Expedition durch Deutschland, da fehlen mir noch die Erfahrungswerte. Und solange sich der Preis, den ich für meine Unerfahrenheit bezahlen muss, auf ein paar zurückgelassene Kleidungsstücke beschränkt, komme ich doch noch ziemlich gut dabei weg.

Die Pension, die Kumpel Jupp für mich im Internet gefunden und gebucht hat, sieht etwas altbacken aus. Ein Reihenhaus aus den Fünfzigerjahren, mit einem Vorgarten, in dem einige Gartenzwerge Wache stehen und zusätzlich ein Plastikreh aus den Büschen guckt. Als ich mein Zimmer sehe, muss ich an »Ein Herz und eine Seele« denken. Ihr wisst schon, das Kinderzimmer, das Dieter Krebs mit Alfreds Tochter bewohnte. Und auch die Tapete kommt mir bekannt vor. So eine hatte meine Schwester in ihrem Zimmer. Große Kreise in gelb und grün, die sich umschlängeln.

Mein Paket mit Mikaela hat die Spedition pünktlich und

planmäßig angeliefert. Wir können uns also morgen tatsächlich in unser gemeinsames Abenteuer stürzen. Das Auspacken der Waschmaschine macht richtig Spaß. Wie Weihnachten. Da hatte ich als kleiner Junge auch immer mehr Spaß am Auspacken als an den Geschenken an sich. Vor allem, wenn man bedenkt, dass ich immer nur nützliche Dinge wie Schlafanzüge oder Nickipullover geschenkt bekommen habe. So langsam kommt bei mir eine Vorfreude auf meine Tour auf. Was ich wohl alles erleben werde? Welche Menschen mir begegnen werden? Wie anstrengend das alles wird? Mal gucken.

Zusammen mit zwei Nachbarn beobachtet die Pensionsgastgeberin kopfschüttelnd mein Treiben. »Was machen Sie damit und vor allem, warum?«, fragt Frau Müller, die Dame des Hauses.

Die Frage nach dem »Warum« wird wohl in den nächsten Wochen meine ständige Begleiterin werden. Also versuche ich, den Anwesenden meine Beweggründe zu erklären. »Dieser Schriftsteller, von dem ich Ihnen am Telefon erzählt habe, hat seine Reise durch Irland zwar wegen einer Wette unternommen, aber ich glaube, er hätte seine Tour auch ohne diesen Grund machen wollen. Er wollte die irische Mentalität kennenlernen und die verschiedensten Menschen in ihrem Alltag antreffen, einfache Leute wie dich und mich. Ich möchte Deutschland und seine Bewohner kennenlernen und nebenbei auch noch mich selbst. Und Mikaela«, dabei deute ich auf die Miele, »begleitet mich dabei.«

»Aber warum mit einer Waschmaschine?«, hakt die Nachbarin nach.

»Als Eisbrecher! Wenn ich sie nicht dabeihätte, würden Sie jetzt hier nicht stehen und mich fragen, was ich mache. Oder?«

»Da haben Sie wohl recht«, meint sie nur und wackelt, immer noch kopfschüttelnd, in ihre Wohnung zurück. Vorhin war mir aufgefallen, dass Frau Müller ein interessantes und mehr als fragwürdiges Hobby hat. Sie näht Tischdecken, Handschuhe, Mützen und Kuscheltiere aus Kaninchenfell. Nicht so mein Ding. Ich bin kurz davor, ihr hinterherzurennen und sie ebenfalls zu fragen: »Was machen Sie damit und vor allem, warum?«

Aber ich halte meine Klappe. Möchte es mir ja nicht schon am ersten Tag hier unten mit den Leuten versauen. Vielleicht ist das so eine Tradition, die wir aus Westfalen nicht kennen. Ich wünsche mir einen gelungenen Auftakt für meine große Wanderung!

Der Herr des Hauses hat sich derweil im Schuppen verschanzt und beobachtet mich aus einem schmutzigen Fenster heraus. Der Gute scheint mir etwas schüchtern zu sein, ist aber immerhin so nett, die Europalette samt Verpackung im Müll zu entsorgen, als ich ihm einmal den Rücken zuwende.

Abends drehe ich noch eine Runde durchs Dorf. Morgen wird es also wirklich losgehen. Von diesem verlassenen Nest in Baden-Württemberg am westlichen Ufer des Bodensees werde ich mit Mikaela den ganzen Weg bis zu mir nach Hause gehen. Einen Schritt nach dem anderen. Auf einmal kommt mir das alles ziemlich absurd vor.

In diesem Moment reißt mich ein Geräusch aus meinen Überlegungen, das mich sofort an Zuhause erinnert. Kindergeschrei, Trillerpfeifen und Bälle, die an den Ballfangzaun knallen. Hier muss ein Fußballplatz in der Nähe sein. Und Tatsache: Nach kurzer Suche stehe ich vor einem Kunstrasenplatz, der von einem hohen Zaun umgeben ist. Ich gehe durch das Eingangstor und setze mich zu einem Mann, der in etwa mein Alter hat, auf die Trainerbank.

»Was ist das für eine Jugendklasse?«, frage ich ihn, um ein

Gespräch anzuleiern, obwohl mir eigentlich klar ist, dass das die C-Jugend sein muss.

»Das ist unsere C-Jugend. Meine Mannschaft«, bestätigt er meine Annahme. Nicht ohne Stolz, wie mir auffällt.

Erst mal schweigen und den Jungs etwas zugucken. So macht man das auf dem Sportplatz. Wer sofort anfängt zu labern, gibt dem Gegenüber nur zu verstehen, dass man keine Ahnung hat und nur quatschen will um des Quatschens willen.

»Der kleine blonde Lockenkopf ist aber stark am Ball. Links wie rechts eine gute Technik, eine gute Spielübersicht und ein erstaunliches Spielverständnis.« Nach fünf Minuten versuche ich mich mal als Schlausprecher.

»Das ist meiner«, antwortet mein Banknachbar. »Hat er aber nicht von mir geerbt. Ich war immer Stopper. Mit Spielen hatte ich nicht viel am Hut. War mehr so der Typ Schwarzenbeck. Ich glaube, heute könnte ich keinen Fußball mehr spielen. Diese Kettentaktik und dieses Verschieben, dieses Räume-eng-Machen und Kompaktstehen, das geht mir alles auf den Sack. Natürlich bringe ich den Knirpsen diese Spielweise bei, anders geht es ja gar nicht mehr. Aber für mich? Nee, ist nicht mehr mein Fußball.«

»Da sprichst du mir aus der Seele. Ich bin auch ein Dinosaurier, wenn es ums Fußballspielen geht. Für mich war das Pöhlen immer eine Kampfsportart, mit Grätschen und blutigen Knien vom furztrockenen Aschenplatz, mit Manndeckung und Zweikämpfen, die ihren Namen noch verdient hatten. Mit einem Gegner, den man im Laufduell weggeflext und mit dem man später ein Bier getrunken hat ... und jetzt? Alle rennen nur noch mit ihren albernen bunten Schuhen rum, und jeder achtet mehr auf sein gestyltes Haar als darauf, wie es seinem Kumpel in der Verteidigung geht, wenn er gegen zwei Angreifer steht. Nee, ist auch nicht mehr meine Sportart. Warum leitest du das Training denn eigentlich nicht selbst und stehst auf dem Platz?«, frage ich ihn.

»Der Timo und ich, wir machen das zusammen.« Dabei deutet er auf einen etwa achtzehnjährigen Burschen, der ein gutes Händchen für die Jungs zu haben scheint. »Der kommt bei uns aus der A-Jugend, netter Bursche. Der macht das klasse. Ich kann das im Augenblick nicht.« Er schweigt, und aus dem Augenwinkel bemerke ich, wie er den Kopf senkt und sich die Augen reibt.

»Alles klar mit dir?«, wage ich mich mal vor. Ist so ein Tick von mir, mich immer in solche Situationen einzumischen. Hat mir schon oft Scherereien eingebracht. Aber was soll es. Ich glaube, der Bursche hat ein dickes Problem.

Nach einer gefühlten Ewigkeit antwortet er endlich: »Mir haben sie letzte Woche gesagt, dass ich Krebs habe. Bauchspeicheldrüse. Übermorgen geht's mit der Chemo los. Die Chance, dass ich es schaffe, steht bei zwanzig Prozent. Ist nicht viel. Keine gute Quote.« Er lacht. »Das ist, als wenn man wettet, dass Schalke Meister wird.«

»Ach du Scheiße!« Meine Reaktion ist sicher nicht die einfühlsamste. Aber die ehrlichste. Was soll man da auch anderes sagen? Bauchspeicheldrüsenkrebs ist ganz mies. Da liegt selbst die Chance, dass Schalke Meister wird, deutlich höher. Aber das behalte ich mal lieber für mich.

»Der Kleine da hinten«, er deutet auf den blonden Lockenkopf, »weiß noch nichts davon. Ich kann ihm das nicht sagen. Das bringe ich nicht übers Herz. Die Gabi, meine Frau, ist völlig fertig, die habe ich erst mal ein paar Tage zu ihrer Mutter geschickt. Morgen kommt sie wieder und dann … Ja, dann muss ich wohl mit der Sprache rausrücken. So eine Scheiße! Ich bin zweiundvierzig Jahre alt!« Wieder reibt er sich die Augen, und in der nächsten Sekunde schnauzt er seine Spieler zusammen, sie sollen sich mehr bewegen, sonst würde er ihnen Beine machen.

»Aber ich glaube, der Kleine ahnt schon was, der ist clever. Hat er von seiner Mutter. Was soll ich bloß machen?«, fragt er mehr sich selber, als dass er von mir eine Antwort erwartet. Ich könnte ihm auch nichts raten. Ein schlauer Spruch wird ihm jetzt nicht helfen.

»Ich bin sechsundvierzig Jahre alt.« Was für eine blöde Antwort von mir, aber sie kam ohne nachzudenken aus mir raus. Ich glaube, ich habe das auch mehr zu mir selbst als zu ihm gesagt. Vielleicht aus Angst, dass mir auch bald so eine Diagnose gestellt wird, obwohl ich doch noch so ein junger Spund bin?

Wie Stromberg sagte: »Die Einschläge kommen näher.« Und recht hat er. Wie oft habe ich in letzter Zeit von irgendwelchen Bekannten gehört, die plötzlich schwer erkrankt oder gar gestorben sind? Früher war mir das latte, aber so langsam mache ich mir auch schon mal meine Gedanken, wie viele Monde mir der große Manitu noch gibt.

Mein Gesprächspartner nickt bloß und meint: »Du Glückspilz. Genieß die Zeit.«

Dann sitze ich noch ein paar Minuten schweigend bei ihm, klopfe ihm auf die Schulter, bevor ich aufstehe, und sage: »Ich wünsche dir viel Kraft und alles Gute.« Vielleicht ein doofer Spruch, aber dieses Mal meine ich es ernst wie noch nie. Armer Mann!

Ich gehe in die erstbeste Kneipe, muss eigentlich was essen, aber der Appetit ist mir gerade vergangen. Heute müssen ein paar Bier reichen. Das Wetter wird morgen richtig schlecht werden, höre ich im dudelnden Radio. Unwetterwarnung! Ich will versuchen, morgen bis nach Wangen oder Stein am Rhein zu kommen. Bin zwar etwas nervös, aber das wird schon werden.

Nach dem Gespräch von eben komme ich ziemlich ins Grübeln, während ich Platz nehme und bestelle. Warum mache ich das Ganze noch mal? Wahrscheinlich zum einen, um mir zu beweisen, dass ich es noch kann. Weil mir noch keine Krankheit oder ein anderes Unglück dazwischengekommen ist und ich noch immer die Kraft habe, mein Leben zu meistern. Andererseits ist die Antwort aber auch komplexer und hat zum Beispiel mit der Pizzeria »della italia« zu tun, die sich in der nächstgrößeren Stadt bei mir zu Hause befindet. Und mit einem Gespräch, das dort vor etwa vier Jahren eines Abends stattgefunden hat.

Die Pizzeria heißt so, weil irgendein Spaßvogel vor längerer Zeit das »b« von »bella italia« abgeknibbelt und es verkehrtherum wieder angeklebt hat. Luigi, dem Wirt, ist es entweder in den letzten zehn Jahren nicht aufgefallen, oder es ist ihm egal.

Ich weiß nicht, was sich der Innenarchitekt des »della italia« gedacht hat, aber wenn es in Italien so aussieht wie in diesem Pizzabunker, will ich da nicht hin. Es sei denn, die Qualität der Plastikblumen, Riesenplüschesel und Gummiweintrauben ist dort um Längen besser. Schön finde ich hingegen die schummrige Atmosphäre in dem Lokal. Die Fünfzehn-Watt-Birne über unserem Tisch spendete gerade ausreichend Licht, um die Hefeteigschnitte als solche zu erkennen, verhüllte aber gekonnt die schwarzen Verbrennungsrückstände, die auf den unaufmerksamen Pizzabäcker zurückzuführen waren. Wenn man etwas mit den Augen blinzelte, konnte man meinen, dass es sich um schwarze Olivenstücke handelte. Da ich grundsätzlich keinen Käse esse – als Kind hatte ich mal eine Lungenentzündung und musste für zwei Wochen ins Krankenhaus auf eine Isolationsstation. Dort hat mich dann eine Schwester gezwungen, ein Käsebutterbrot zu essen, obwohl ich ihr gesagt hatte, dass ich

Käse nicht mag und lieber Salami wollte. Trotzdem bestand sie darauf, und als ich die Schnitte runtergewürgt hatte, lachte sie mich aus. Als sie dann das Tablett abräumte, kotzte ich ihr auf den Kittel. Ab da habe ich dann immer Salamibrote bekommen, und meine Käsephobie nahm ihren Lauf – konnte dieser die Spuren der fahrlässigen Handlung bei meiner Pizza auch nicht überdecken. Schade eigentlich, aber das ist wohl der Preis, den man für einen Spleen zahlen muss.

Al Bano und Romina Power säuselten im Hintergrund ihre Liebesschnulzen, was irgendwie nicht zu dieser Situation passen wollte. An meinem Tisch saßen Kumpel Jürgen und Kumpel Gerdchen. Und bei jedem einzelnen italienischen Liebesschwur fühlte es sich an, als ob uns jemand Daumenschrauben anlegen würde. Dieser Jemand war natürlich eine Frau. Besser gesagt: Es waren drei Frauen. Jeder von uns hatte eine – und jetzt eben keine mehr. Ein grenzenloser Optimist, wie ich es einer war und immer noch bin, sah in der Tatsache, dass wir drei nahezu gleichzeitig den Laufpass bekommen hatten, schon fast wieder etwas Komisches, und ich war mir sicher, die beiden anderen würden das bald auch so sehen.

Wir drei hatten eigentlich auf eine Ü30-Party gehen wollen. Auch bekannt als Resterampe oder »All you can fuck«. Leider waren wir die Ersten auf der Party gewesen, und da es im fortgeschrittenen Alter nicht cooler wird, alleine in einer Diskothek rumzustehen, hatten wir uns entschlossen, erst mal bei Luigi vorbeizuschauen. Wir hatten zwar alle drei keinen Hunger, und es ging uns bei dem Besuch auch hauptsächlich um den recht billigen, aber umso süffigeren Rotwein, doch der kleine, dicke und glatzköpfige Pizzakoch verstand es, uns mit seiner Begeisterung und Schwärmerei eine Bestellung abzunötigen.

Ich bin kein Fan der italienischen Küche. Vielleicht liegt es daran, dass es mir so vorkommt, als ob die Italiener bei jedem Essen einen Sack voll Parmesan über das Essen kippen. Wie schon gesagt, habe ich ein Käseproblem. Pizza steht daher sehr weit unten auf meinem Ranking der Lieblingsgerichte. So sah es dann aus, als würde mein Teller scheinbar nur zur Deko vor mir stehen. Das Gesprächsthema, das kann man sich in so einer Lebenskrise wohl denken, stand fest wie in Granit gehauen: natürlich Fußball! Was sonst? Wenn jetzt jemand denkt, dass wir uns doch lieber mal unseren Gefühlen hätten stellen sollen, dann könnte ich wetten, dass eine Frau sich solche Gedanken macht. Wir drei sind schon so alt, dass wir die »Feminisierung« des Mannes nur am Rande miterlebt haben. Männer brauchen nicht über ihre Gefühle zu sprechen, so sehen wir das. Sie brauchen einem Kumpel nur in die Augen zu schauen, kurz mit dem Kopf zu nicken, »Alles klar?« zu fragen, und die Sache ist erledigt. Alles Weitere spielt sich im Kopf der Beteiligten ab und hat in einer Männerrunde nichts zu suchen.

Der Fußball hat bei uns dreien früher eine große Rolle gespielt. Nicht nur, dass wir zusammen in einer Mannschaft waren, auch sonst drehte sich alles immer ums Pöhlen. Jede Europa- und Weltmeisterschaft wurde von uns nachgespielt. Den Traum, einmal Fußballprofi zu werden, haben wir gemeinsam geträumt. Aber es ist absolut okay, dass es nicht geklappt hat. Ich bin mir nicht sicher, ob ich das so gut weggesteckt hätte, wenn einer von den beiden es geschafft hätte und ich nicht. Das hört sich zugegebenermaßen ziemlich nach Neidhammel an, ist aber so. Doch diese Gefahr bestand wohl nie ernsthaft. Manchmal lösen sich Probleme schon in Luft auf, bevor sie überhaupt erst auftauchen. Man müsste sich also gar nicht so viele Sorgen machen. Das wurde mir allerdings erst viel später klar.

Die Karaffe Wein war mal wieder leer, und Luigi brachte uns eine neue. Mir blieb sein fragender Blick auf meine kaum angerührte Pizza nicht verborgen. Fast schon verzweifelt analysierte er die Situation, man konnte förmlich sehen, wie es in seinem kahlen Kopf arbeitete. Ich wollte ihn nicht enttäuschen und sagte: »Ist alles in Ordnung, Luigi. Ich habe es nur ein bisschen mit dem Magen. Die Pizza ist lecker.«

Wie man einem Menschen mit so einer kleinen Lüge eine Freude bereiten kann, ist schon toll. Der kleine Mann strahlte über alle Backen und haute mir auf die Schulter: »Isse gute, neee?«

»Jau, super, Luigi!«

»Wasse machte ihr so eine lange Gesicht?«, fragte er jetzt in die Runde. »Musste suchen euch eine Frau!«

»Haben wir schon, Luigi. Die sind nur abgehauen.«

»Dasse isse doch umme so bessa. Hahahaha. Haste eine Problema weniger. Hahahaha. Musse werden schwul! Null Problemo. Hahahaha. Manne steckte nichte drinne, weißt du, Kollega. Hahahaha.«

Der kleine Mann machte mir mit seinem Gesabbel damals einiges klar. Nicht, dass ich daraufhin mein Coming-out hatte. Das nicht. Aber, wie er schon sagte, man steckt halt nicht drin, man weiß nicht, was noch alles im Leben passieren wird. Wenn man zu sehr in seinem Alltag, seinen Gewohnheiten und Ansichten festhängt, ist man gefangen und eingeschlossen. Das mag vielen eine Art von Sicherheit geben, wenn alles in geregelten Bahnen verläuft. Es engt gleichzeitig aber auch ein und nimmt die Möglichkeit, über seinen Horizont hinwegzublicken und Neues zu erfahren.

Mein Leben würde ab heute ein anderes werden, beschloss ich in diesem Moment. Gefangen ist man doch schon genug von Umständen, die man sich nicht aussuchen kann und die nicht abwendbar sind. Den Rest meiner Tage wollte ich ab jetzt nach meinen eigenen Vorstellungen gestalten und schauen, was die Welt da draußen noch so zu bieten hatte, so viel stand fest. Jürgen und Gerdchen waren meine Zeugen.

Als ich am nächsten Morgen nach der rotweingeschwängerten Nacht aufwachte, hatte ich das Gefühl, eine tote Ratte würde in meinem Mund wohnen. Ein kurzer Blick nach rechts überzeugte mich immerhin davon, dass ich alleine war. Puh, Glück gehabt! Hat es alles schon gegeben, dass da jemand lag, den ich nicht einzuordnen wusste. Dieses Mal war das jedoch nicht der Fall, und die erste positive Nachricht des Tages ließ mich gut gelaunt durchatmen. Schön war es auch, dass ich feststellen konnte, dass der gestrige Abend ohne größere körperliche Verletzungen an mir vorübergegangen war. Nachdem ich mich auf Funktionstüchtigkeit und Ganzheit kontrolliert hatte, gab mir lediglich eine Nummernkombination mit Herzchen auf meinem Unterarm ein Rätsel auf. Der Schwung der Zahlen ließ mich zu der Erkenntnis kommen, dass eine Frau sie dahin gemalt hatte. Details über Größe, Gewicht, Alter und Allgemeinzustand der betreffenden Person konnte ich jedoch nicht von meiner zerebralen Festplatte abrufen. Die Tatsache, dass ich gestern eine recht große Menge an Rotwein in mich hineingekippt hatte, ließ mich auch im Unklaren darüber, ob ich meinerseits schriftliche Informationen über mich preisgegeben hatte, die zu einer erneuten Kontaktaufnahme führen würden. Ich hoffte, dass dies nicht der Fall gewesen war. Leider wird man ab und zu vom Leben eines Besseren belehrt. Später mehr davon.

Nun trinke ich aber erst einmal mein Glas aus, beende meinen ersten Abend am Bodensee und mache mich auf den Weg zu meiner Pension.

Was für eine schreckliche Nacht! Ich habe kaum ein Auge zugemacht. Hauptsächlich deshalb, weil ich von Gertrud geträumt habe, wie sie mich in ihr Bett zerrt und ich bei ihr in der Bettritze schlafen muss. Dabei reibt sie mich mit Unmengen Eierlikör ein. Meine Güte, Schreck lass nach!

Und ausgerechnet nach diesem Albtraum ist das Frühstück auch noch eine Katastrophe. Ich nehme es in einem Raum mit tausend Puppen und tausend Stofftieren aus Kaninchenfell ein, die mich mit starrenden Glasaugen beobachten und jeden Bissen, den ich mir von dem trockenen Brötchen einverleibe, neugierig zu verfolgen scheinen. Der Herr des Hauses sitzt keine zwei Meter von mir entfernt, ignoriert mich aber komplett.

»Sind ja ganz schön viele Stofftiere hier in Ihrem Haus«, versuche ich, ein Gespräch aufzubauen. Keine Antwort. Nur ein durchdringender Blick, gefolgt von einem Bissen ins Salamibrötchen.

Zweiter Versuch: »Hat Ihre Frau die alle selber zusammengenäht?« Als ich seine Holde erwähne, blickt er sich hastig und erschrocken um. Erneut keine Antwort.

Ein letztes Mal versuche ich es noch. »Sie dürfen aber auch keine Hausstauballergie haben, was?! Bei dem vielen Viehzeug würde mir der Rotz nur so aus der Nase laufen, und meine Augen wären rot wie Radieschen.«

Er bleibt stumm. Nur dieser starre Blick. Ich lass ihn mal

besser in Ruhe. Wer weiß, was mit dem armen Kerl los ist. Seine Frau macht auf mich den Eindruck, als hätte er hier nicht viel zu sagen, und das tut er dann halt auch nicht. Eigentlich sieht er ja ganz nett aus, aber wenn ich jeden Morgen in so einem Horrorzimmer frühstücken müsste, käme ich mir selber auch vor, als sei ich ausgestopft.

Ich schlinge mein Essen runter und kippe den Kaffee hinterher, damit ich schnell loskomme. Nachdem ich gepackt habe, was erfreulicherweise wie geplant recht zügig geht, verabschiede ich mich von den beiden und verstaue meine Tasche auf Mikaela.

Um sieben Uhr breche ich auf. Ich tue mich schon etwas schwer, mir mein »Zaumzeug« umzulegen, und so ganz glücklich bin ich noch nicht mit dieser Konstruktion. Das Problem ist, dass mein Gangrhythmus gar nicht zu den Bewegungen der Karre passen will. Die schlingert hinter mir her und kippelt bei jedem zweiten Schritt, sodass ich mit hohem Kraftaufwand dagegensteuern muss. Komisch, als ich es zu Hause ausprobiert habe, lief es doch ganz gut?

Nach ein paar Hundert Metern bin ich schon kaputt und muss eine kurze Pause einlegen. Das muss doch auch anders gehen?! Ich wickele die Gurte um die Holme und versuche, mein Gefährt zu schieben, und siehe da, das klappt wie geschmiert. Ein paar Problemchen mit dem Steuern, aber sonst läuft es super.

Das Wetter macht mich ziemlich froh: Das für heute angekündigte Unwetter bleibt aus. Glück gehabt! So fängt der erste Tag auf der Straße mit Sonne an. Von Allensbach geht es Richtung Osten immer am Bodensee entlang. Gut, dass die Straße einen breiten Radweg hat, so kann ich mit dem Lenken noch etwas üben. Nach fünf Minuten kommt mir der erste Radfahrer entgegen. Ich grüße freundlich und erhalte nur einen erstaunten Blick. Als er an mir vorbeifährt, guckt er sich noch einmal um und schüttelt den Kopf. Aber was hatte ich erwartet? Mikaela und ich geben ohne jede Frage ein ungewöhnliches Bild ab. Die Autofahrer, die uns passieren, fahren langsamer und beobachten mich. Mir wird schon etwas mulmig zumute. So oft stehe ich ja sonst nicht im Mittelpunkt der allgemeinen Aufmerksamkeit. Das Schieben klappt immer besser, und nach einer Weile habe ich mich auch an die fragenden Blicke gewöhnt. Jetzt kann ich so langsam anfangen, die Gegend zu bewundern. Als Flachland-Westfale bekommt man so einen außergewöhnlich schönen und weiten Ausblick auf die Berge leider nur selten geboten. Der See schimmert in der Sonne, und die Berge spiegeln sich auf der Wasseroberfläche. Herrlich.

Als ich über die Felder und Wiesen laufe, beginne ich meine Reise zu genießen. Ich komme langsam rein und gewöhne mich ganz gut an das Gewicht, das mich von nun an jede Minute unterwegs begleiten wird. Andererseits kommt mir auch der arme Mann von gestern wieder in den Sinn, der Fußballtrainer. Wie es bei ihm wohl weitergeht? Was für Ängste und Sorgen er hat? Und wie sein Sohn die Nachricht auffassen wird? Der Familie steht eine sehr schwere Zeit bevor, so viel ist sicher. Umso mehr will ich versuchen, meine Reise als etwas Besonderes anzusehen und dankbar dafür zu sein, dass ich sie unternehmen kann. Wenn ich an meine eigene Krankengeschichte denke, hätte ich auch nicht geahnt, dass ich mal so eine Tour unternehmen würde. Ausgerechnet letzte Woche hatte ich einen Unfall, mieses Timing. Ich bin im Dienst die Wendeltreppe runtergefallen. Mein Rücken schmerzt deswegen ziemlich, mein rechtes Knie ist lädiert, und aktuell sieht meine Wade eher aus wie eine überreife Pflaume. Ob das eine gute Idee war, die Reise trotzdem zu unternehmen? Das wird sich zeigen.

An einem Waldrand sehe ich einen Forstarbeiter auf einem Baumstamm sitzen. Mit Leberwurstschnitte, Teekanne und *BILD*-Zeitung entspricht er jedem Klischee, das man sich vorstellen kann.

»Hallo, darf ich mich einen Augenblick zu dir gesellen? Ich wollte auch gerade eine kleine Pause einlegen.«

»Aber natürlich. Setz dich. Was hast du denn für ein Gepäckstück bei dir?«

Bevor ich Platz nehme und antworte, hole ich aus der Waschmaschine eine Flasche Wasser und ein paar Müsliriegel. »Das ist eine kaputte Waschmaschine, die ich auf meiner Wanderung mitnehme und den Rhein langschiebe.«

»Interessant. Und warum?«

»Nur so zum Spaß. Hat keine Bedeutung.«

»Ich habe vor vielen Jahren auch mal eine Wanderung unternommen. Kurz nach der Wehrzeit bin ich los. Ich wusste damals noch nicht, was ich beruflich machen wollte, und so bin ich einfach mal den Jakobsweg gelaufen. Von hier nach Santiago de Compostela. Ich war acht Wochen unterwegs.«

»Hatte ich ursprünglich auch vor, aber da ist mir seit Hape Kerkeling zu viel Trubel. Da geht es zu wie auf dem Rummel. Das ist nichts für mich.«

»Als ich unterwegs war, kam es vor, dass ich über Stunden keine Menschenseele getroffen habe. Das war herrlich. Und das Beste war, dass ich unterwegs einer jungen Frau begegnet bin. Bildhübsch, lustig und ein richtiger Kumpel. Zwei Wochen später haben wir in Santiago de Compostela geheiratet. Das ist jetzt dreißig Jahre her, und wir sind immer noch zusammen, meine Uschi und ich.«

»Super Geschichte. Aber ich glaube, bei mir wären die Damen sicher eifersüchtig auf Mikaela. Das ist übrigens der Name der Waschmaschine. Da würden die sicherlich stutenbissig werden, und es gäbe nur Theater. Kennste eine, kennste alle.« Ich lache, und der Forstmann nickt wissend.

»Vor allem hält deine Mikaela schön ihre Klappe«, meint er nur und haut sich vor Lachen auf die Schenkel.

Bevor ich weiterlaufe, will ich noch die Achslager der Karre abschmieren. Sie sind nicht mehr die neuesten, und bei der Belastung verlieren sie jede Menge Fett. Wenn ich sie nicht alle paar Stunden schmieren würde, würden sie quieken wie Schweinchen. In der Wäschetrommel habe ich eine kleine Dose mit Achsenfett von zu Hause mitgenommen. Als der Forstmann das sieht, meint er nur: »Warte mal, das Fett, das du da hast, ist echt minderwertig. Ich gebe dir mal was von dem, das ich für meine Hydraulikpresse nehme. Das ist richtig gutes Zeug. Wenn du dich damit einschmierst, kannst selbst du durch ein Zehnerrohr flutschen«, witzelt er und zwickt mir in den Bauchspeck.

»Ey, hör mal! Das ist Isolationsmaterial, falls es hier in den Bergen mal kalt wird und anfängt zu schneien. Außerdem brauche ich Reserven bei so vielen Kilometern, die ich noch vor mir habe.«

»Schnee? Wir sollen morgen vierundzwanzig Grad bekommen, und bei so vielen Reserven kannst du gleich bis zum Nordpol laufen. Specki!«

»Na ja, ich lasse es mal dabei. Aber wenn das Fett nix ist, komme ich zurück und schmiere dir die Glatze ein. Dann kann deine Liebste dich Meister Propper nennen.«

Er wünscht mir noch einen guten Weg, und dann geht's weiter.

Keine zwei Kilometer weiter treffe ich auf eine Truppe von sechs Männern, die ich schon von Weitem als Kegelclub oder eine ähnlichen Vereinigung ausmache. Und tatsächlich: »Die strammen Jungs«, wie sie sich nennen, kommen aus Dortmund und kegeln seit fünf Jahren in Scharnhorst, einem nicht ganz so edlen Viertel in der westfälischen Metropole. Hier am Bodensee machen sie ihre jährliche Abschlussfahrt, und für heute haben sie eine Radtour geplant. Ich hoffe mal, die haben nicht so viel Schnaps dabei wie die Damen aus Köln, die ich im Zug getroffen habe. Apropos: Wie es denen wohl in Baden-Baden ergeht, und ob sie die Männer dort schon alle verrückt gemacht haben? Gertrud zeigt sicher bereits dem ersten Zwanzigjährigen ihre Operationsnarbe.

»Wat bis du denn für 'n komischer Vogel? Dat gib's ja nich. Der Kollege läuft hier mitte Waschmaschine durche Gegend! Dat glaube ich ja wohl nich!« Herrlich, dieser Dialekt. Da kriege ich fast Heimweh. Aber nur fast. Bin ja schließlich erst seit zwei Tagen unterwegs.

Ich mache mal mit. Von wegen Ruhrpottschnauze und so. Für viele hört sich das zwar echt prollig an, aber für mich klingt das wie Musik. Wir zählen in meinem Heimatort Herzfeld zwar nicht mehr zum Ruhrgebiet, eher zum nordöstlichen Südwestfalen oder zum südwestlichen Ostwestfalen, wie man es nimmt, aber ich fühle mich dem Pott sehr verbunden.

»Moin Jungs! Ich mach 'ne Wanderung und nehm das Schätzken hier mit. Nur zum Quatsch und zum Spaßhaben. Is nix für Weltfrieden oder so. Und 'ne Wette hab ich erst recht nich verloren.«

»Mensch, wo willse denn damit hin? Dat is doch sicher sauschwer, dat Gerät? Ich hatte son Ding ma im Keller. Mit Lagerschaden. Da hebse dir 'nen Bruch bei, wenne das Ding die Treppe hochwuchtest.«

»'türlich nach Hause. Herzfeld. Inne Mitte von Westfalen. Liegt so zwischen Dortmund und Paderborn. Direkt anne Lippe dranne.«

»Kenn ich, das Kaff. Wohnt meine Schwester inne Ecke. Die hat da so 'n Knaller vonne Bank geheiratet. So 'n Schlipsträger mit schicken Anzug und so. Is aber voll 'ne Luftpumpe, der Spinner. Hab ich nich verstanden, wat die von den wollte. Mensch, komm hier … Trink ma 'ne Dose Bier mit. Dosenbier macht schlau … Prost, du Wandervogel … Ich bin gut zu Vögeln … hahahaha.«

Und so mache ich, keine zwei Kilometer gelaufen, meine nächste Pause. Die Jungs erzählen noch eine Runde vom BVB, und ich muss ihnen mitteilen, dass sie der falschen Borussia die Daumen drücken. Die einzig wahre Borussia gibt es nur am Niederrhein. Die Gladbacher Fohlen. Großes Trara und nicht ernst gemeinte Beschimpfungen sind die Folge, und dann verabschiede ich mich von der Truppe.

»Also, macht eurem Namen alle Ehre«, meine ich, als ich losrollen will.

»Wat meinse denn damit?« Einer der Burschen guckt dumm aus der Wäsche.

»Na, stramme Jungs. Lasst es ma ordentlich krachen. Waidmannsheil bei der Damenjagd, und zeigt denen eure strammen Jungs.«

»Dat is 'n Knaller, der Vogel«, höre ich noch, als ich schon in einem Waldstück verschwinde.

Es tut richtig gut, durch den Wald zu laufen. Trotz meiner leichten Bekleidung schwitze ich doch enorm, und diese riesigen Bäume spenden einen kühlenden Schatten. Außerdem liebe ich Bäume in allen Formen und Größen, vom Bonsai bis zum Mammutbaum. Für mich hat ein Wald eine mystische Ausstrahlung, die mich immer in ihren Bann zieht und fasziniert. Ab und zu fantasiere ich, dass mich ein Baumwächter, so einer wie aus »Herr der Ringe«, anspricht, wenn ich so durch den Wald laufe, und dann könnten wir gemeinsam weiterziehen.

Bekloppt, ich weiß – aber die Vorstellung hat was Tröstliches, finde ich.

Nach gut zwanzig Kilometern erreiche ich Öhningen an der Schweizer Grenze und werde dort von einem Antiquitätenhändler angehalten, der Fotos von mir machen will. Die ersten der Tour. Ist ein komisches Gefühl, so von einem Fremden geknipst zu werden, noch ganz ungewohnt. Das wird sich aber bald ändern, Mikaela und ich werden auf unserer Reise ein beliebtes Fotomotiv.

Noch weiter zu gehen erscheint mir in diesem Moment nicht ratsam. Ich bin kaputt, mir tun die Knochen weh, und bis zum nächsten Ort ist es noch weit. Also rolle ich meine Karre in Richtung Gemeindehaus. Das ist mein Plan für die Übernachtungen unterwegs. Ich weiß schließlich nie, wann ich wo sein werde, und in Rat- oder Gemeindehäusern kann man immer fragen, ob es nicht irgendwo ein privat vermietetes Zimmer gibt. Erster Versuch, erste Niete. Es gibt in Öhningen kein Zimmer für mich. Nach einigem Hin und Her geben sie mir – wie mir scheint, etwas widerwillig – dann doch noch eine Adresse raus. Die Dame sei aber etwas »komisch«, eine »Künstlerin«. Ich wüsste nicht, wieso mich das abschrecken sollte, und nehme das Angebot dankend an. Das könnte doch interessant werden, was soll denn schon passieren?

Als ich ihr Haus erreiche, dämmert mir, dass die Warnung vielleicht doch nicht ganz ungerechtfertigt war. Es kommt mir vor, als stehe ich direkt vor der Villa Kunterbunt. Überall hängen Bilder außen an der Hauswand, es tummeln sich Kunstwerke, Nippes, Figürchen, Plastikblumen und Porzellanengel vor dem Haus. Außerdem ist das Haus über und über mit Efeu überwuchert, der Garten vollbewachsen mit Bäumen und Büschen. Die »Künstlerin« – so stellt sie sich tatsächlich vor – hat wirklich einen Vogel. Und das im ganz buchstäblichen Sinn. Einen richtig schönen, großen Papagei. Dazu gibt es noch zwei Katzen und einen alten, ganz lieben Hund. Sie verpasst mir eine Führung durch das Haus, wobei sie unablässig geschwollenes Zeug über Kunst brabbelt und ihr Näschen sehr hoch trägt. Das Haus ist vollgestopft mit Dekoartikeln, die sicherlich für mehrere Häuser gereicht hätten. Beim Preis zeigt sie sich dann nicht mehr so vornehm. Immerhin kann ich sie um zehn Euro runterhandeln, trotzdem ist es noch reichlich teuer. Ich hoffe nur, sie wird mich jetzt in Ruhe lassen, denn mir schmerzen die Arme, der Rücken, die Beine und vor allem die Füße, und ich will mich einfach nur entspannen.

Ich ziehe mich in mein Zimmer zurück und meine Schuhe und Socken aus. Was für ein Anblick! Vor Schreck muss ich erst mal tief Luft holen. Meine Füße haben die blasse Farbe und Schrumpeligkeit eines Briekäses angenommen. Sie sehen aus, als hätte man eine Plastiktüte auf eine heiße Herdplatte gelegt, so übersät sind sie mit Blasen. Mein rechter kleiner Onkel ähnelt einem Goldfisch im Glas, wobei der Nagel den Goldfisch darstellt und die ihn umgebene Blase das Glas. Was mache ich denn jetzt mit den Dingern? Früher hätte ich mir erst mal eine Zigarette angesteckt, um mich zu beruhigen, aber ich rauche ja Gott sei Dank nicht mehr. Zuerst überlege ich, die Blasen aufzustechen, lasse es aber vorsichtshalber und gehe erst mal duschen. Dazu muss ich fast nackt durch das Haus laufen, weil sich das Badezimmer im Untergeschoss befindet und ich im ersten Geschoss mein Zimmer habe. Mir wäre es ehrlich gesagt extrem unangenehm, falls ich jetzt der Dame des Hauses in die Arme laufen würde. Aber ich habe Glück und sehe sie, wie sie im Garten rumwuselt.

Nachdem ich geduscht und meine Wäsche gewaschen habe, ziehe ich mich an und versuche, mit meinen geschundenen Füßen in die Turnschuhe zu kommen. Gar nicht so einfach, und ganz schmerzfrei geht das auch nicht ab. Aber wurscht. Wenn die Blasen platzen sollten, kann ich das auch nicht ändern. Mit diesem Entschluss gehe ich erst mal ins Dorf, um mich umzusehen und mich mit ein paar Einheimischen zu unterhalten. Mal gucken, was in Öhningen so geht.

De ersten zwei Wandertage machten sich deutlich bemerkbar: Meine Füße tun schweineweh. Ich kann kaum laufen, so fest drücken die Blasen gegen die Schuhe. Meine Knie kann ich nicht richtig durchdrücken, weil meine hintere Oberschenkelmuskulatur sich immer wieder verkrampft. Zweimal mache ich Pause und dehne meine Beine an der Bordsteinkante, um die Krämpfe zu lösen.

Im Gasthof »Adler«, kann auch »Geier« oder »Falke« gewesen sein, treffe ich prompt auf zwei nette Damen, mit denen ich den Abend verbringe. Sie sind (wie alle Frauen, die ich kenne) sehr neugierig und quetschen mich richtig aus: wer, warum und weshalb? Als ich ihre unzähligen Fragen beantwortet habe, beginnen sie ihrerseits zu erzählen, und ihr Redebedarf ist enorm. Nach einer geschätzten Ewigkeit werde ich dann noch einmal aktiv in die Unterhaltung einbezogen: »Das ist ja wahnsinnig interessant, was du da erzählst, was sagt denn deine Frau dazu? Die ist doch sicher nicht begeistert, oder?«

Inge, die eine der beiden, ist seit kurzer Zeit Single und auf Männerjagd, weil ihr Ex sie mit anderen Mädels hintergangen hat. Nicht, dass sie diese gleich um die Ecke bringen will, nein, sie will nur möglichst viele »Skalps« an ihrem Gürtel tragen. Man könnte auch sagen, sie möchte möglichst viele Kerben in ihren Bettpfosten ritzen. Ich hoffe, man versteht meine Ausdrucksweise. Eine etwas eigenwillige Art, sich am anderen Geschlecht zu »rächen« – aber immerhin eine, von der ja durchaus alle Beteiligten profitieren.

»Die wäre sicher nicht begeistert, wenn ich denn eine hätte«, begehe ich den Fehler, mich als potentielles Opfer zu outen.

»Das trifft sich ja gut«, sagt sie und nimmt einer Raubkatze gleich Witterung auf.

»Und was soll deine Freundin in der Zeit machen?«, versuche ich einen Bluff und merke, als ich es ausgesprochen habe, dass ich mein Blatt überreizt habe.

»Die kann ja mitmachen!«, lächelt sie verschmitzt und klimpert wie zur Tarnung mit ihren Rehaugen.

»Das sind verlockende Aussichten, aber leider muss ich dein Angebot ablehnen. Danke trotzdem.«

»Schade! Hätte sicher Spaß gemacht«, meint sie darauf augenzwinkernd.

Dann möchten die beiden mit mir weiter durch die Gemeinde ziehen. Ich lehne lieber ab. Wie soll das denn nur enden, an meinem zweiten Tag unterwegs?

Also mache ich mich so gegen dreiundzwanzig Uhr wieder auf in meine Villa Kunterbunt, wo mich die Dame des Hauses bereits erwartet. Sie schleppt mich in ihr Wohnzimmer und drückt mir dort ein Glas Wein in die Hand. Macht so einen auf: Ich zeig dir jetzt, wo der Hammer hängt. Oh Gott, oh Gott, denke ich nur, was geht denn jetzt hier ab?

Während ich in das Sofa sinke, sehe ich neben mir ein Buch über das Kamasutra liegen. Und bei genauerem Hinsehen entdecke ich auch einige einschlägige Utensilien um mich herum, die mich an den Katalog von Frau Uhse erinnern. Meiner Pensionsmutter bleiben meine Blicke nicht verborgen, und jetzt kommt's dicke: Sie stellt sich mir als »Tantra-Lehrerin und Therapeutin für Dienstleistungen im Erotikbereich« vor. Was für ein schöner Titel!

»Haben Sie eigentlich auch Erfahrung auf der großen Spielwiese der physischen Begehrlichkeiten? Ich meine, Sie als Mann in den besten Jahren haben doch sicherlich viele Geschichten aus diesem Bereich zu erzählen, die selbst mir neue Dimensionen eröffnen könnten?«

Helene, so der Name der Dame, scheint nicht viel Aufhebens um das Thema zu machen und schnell auf den Punkt zu kommen. Ich hingegen bin in dieser Hinsicht ein recht konservativer Mensch, der es vorzieht, Gespräche darüber nur mit der Person zu führen, die auch an der Intimität beteiligt ist. Vor einer fremden Frau würde es mir nicht einmal leicht fallen, diese Thematik zu erörtern, wenn ich eine Kiste Bier intus hätte.

»Ähm, ich finde Ihre Tätigkeit sehr interessant. Aber ich glaube, auf diesem Gebiet bin ich zu wenig experimentierfreudig«, antworte ich also betont unschuldig und hoffe, dass sie jetzt nicht ins Detail gehen wird.

»Meinen Sie damit, ich sei verrückt?«

Oh Gott, falschen Knopf gedrückt. »Nee, nee, alles gut!«, rudere ich zurück. »Ist doch super, wenn Sie mit Ihrer Gabe Menschen helfen können.«

Mit noch ein paar Komplimenten kriege ich gerade noch die Kurve, ohne Helene auf die Palme zu bringen. Und dann erzählt sie von Massagetechniken, von Öleinläufen, von Sado-Maso-Spielen, von Penisringen, von Intimschmuck jeglicher Form und Größe, von Orgasmus-Schreitechniken, von Tantra-Yoga und so weiter und so fort. Die Unterhaltung verbringe ich im Zuhörerstatus und beteilige mich nur mit zeitweiligem Kopfnicken und anerkennenden »Ach nee«-, »Interessant«- und »Tatsächlich?«-Kommentaren. Eine Technik, die immer greift, wenn man sich mit jemandem unterhält, der sich eigentlich nur selbst zuhören möchte.

So vergeht bestimmt eine Stunde, in der ich über Dinge unterrichtet werde, die ich gar nicht unbedingt wissen möchte.

Ich erfahre von den vielen Menschen, denen Helene therapeutisch »sehr nahe« gekommen sei. Von Menschen, denen sie neue Dimensionen eröffnet habe und die in ungeahnte Sphären aufgestiegen seien. Ich hätte jetzt nicht ohne Weiteres aufstehen können, um ins Bett zu gehen, weil der Sockel, auf den Helene sich selbst gestellt hat, mir im Weg gestanden hätte. Als sie in diesem Moment jedoch beginnt, über ihr Liebesspielzeug zu referieren, ist der Zenit meiner Aufmerksamkeit überschritten. Während sie schwärmt, lasse ich meinen Blick schweifen und konzentriere mich auf das Glas Wein, das vor mir steht. Angestachelt durch ihre ausführlichen Schilderungen ihrer sexuellen Erlebnisse und Praktiken spielt meine Fantasie verrückt. Was ist, wenn die »Tantra-Tante« mir K.O.-Tropfen ins Glas gemischt hat und ich ihr gleich als willenloser Gespiele dienen soll? Ich bekomme eine Gänsehaut. Vielleicht wäre es klüger, die Finger vom Rest des Weins zu lassen.

»Soll ich Ihnen ein paar Yoga-Übungen zeigen, die Ihrem Beckenboden zugutekommen würden? Das ist eine Muskelgruppe, der leider viel zu wenig Aufmerksamkeit geschenkt wird«, belehrt sie mich gerade.

Das ist meine Chance. »Ein anderes Mal gern, das wäre super. Aber im Augenblick bin ich froh, wenn ich gleich meine Schuhe alleine ausziehen kann, um ins Bett zu gehen. Ich bin hundemüde.«

Ich meine, die Enttäuschung in Helenes Augen zu sehen, als ich mich verabschiede. Ich weiß nicht, was sich die Gute ausgerechnet hat. Aber vielleicht hat sie beim nächsten Übernachtungsgast mehr Glück. Ich wünsche es ihr.

Durch den Spaziergang ins Dorf sind einige der Blasen an meinen Füßen aufgeplatzt, meine Socken sind ganz nass geworden. Kann ich fast auswringen, die Dinger. Ich hoffe, ich komme morgen früh in meine Schuhe rein und kann halbwegs gut laufen. Als ich das Licht ausmache, schaue ich durchs Fenster nach draußen. Es ist ganz schön stürmisch geworden, und der Mond schimmert durch die dahinziehenden dicken Wolken. Es fängt langsam an zu regnen. Wenn ich Glück habe, regnet es sich heute Nacht aus, und morgen scheint die Sonne wieder.

Kurz bevor ich einschlafe, höre ich noch ein leichtes Summen, das irgendwoher aus dem Haus zu kommen scheint. Es hört sich an wie ein vibrierendes Handy, das auf dem Tisch liegt. Um meiner fast keuschen Seele willen hoffe ich mal, dass ich recht habe und es nicht das ist, was mir als Zweites in den Sinn kommt, nämlich eines von Helenes Spielzeugen.

Gute Nacht.

Ich habe sehr schlecht geschlafen: Mein Rücken und meine Schultern taten die ganze Nacht über höllisch weh. Von meinen Beinen, die ich im Bett noch nicht einmal ausstrecken konnte, ganz zu schweigen. Immer, wenn ich es versuchte, fuhr mir ein Krampf in die Muskulatur, dass ich mich vor Schmerzen krümmte. Das ganze Szenarium plagte mich bis in die frühen Morgenstunden. Immer wieder musste ich mich dick mit einer Sportsalbe einschmieren, die zum Glück höchst wirksam ist, aber leider auch ganz schön intensiv duftet. Die ganze Bude riecht extrem nach Kampfer, Menthol und anderen Kräutern und Tinkturen. Ich muss auf jeden Fall ganz früh aus dem Haus, bevor Helene sich noch wegen des Gestanks beschwert.

Meine Füße sehen schrecklich aus. Drei oder vier (so genau kann man es nicht identifizieren) der Blasen haben sich zu einer verbunden und sehen ein bisschen aus wie ein Gehirn. Leider haben die »Gehirnblasen« das Bettlaken mit einer übel riechenden Flüssigkeit besudelt. Zusammen mit den Flecken, die die Salbe hinterlassen hat, sieht das Laken aus wie eine Landkarte oder so. Das Gute ist, dass ich die Dinger jetzt nicht mehr aufzustechen brauche. Als Krankenpfleger weiß man natürlich, dass man Blasen nicht aufstechen darf, wegen der Infektionsgefahr. Die hässlichsten Stellen umwickle ich mit einer Mullbinde und verklebe das Ganze mit Tape. Als ich mir die Socken anziehe, merke ich, wie eng mir die Bündchen in die Unterschenkel schneiden. So geht das gar nicht. Da schnüre ich mir ja die Blutzufuhr ab. Also nehme ich mein Taschenmesser und schneide mir die Socken am Einstieg auf. Sieht zwar doof aus, funktioniert aber ganz gut.

Ich bin schon um sechs startklar und schleiche vorsichtig wie ein ramponierter Kater nach einem nächtlichen Straßenkampf herum. Wäre fast über den schlafenden Hund gefallen. Als ich im Bad aus dem Fenster schaue, sehe ich, dass es noch immer ordentlich regnet. Super! Meine Hoffnung, dass es sich über Nacht ausregnet, hat sich nicht erfüllt. Egal, so kann ich das erste Mal meine Regenkleidung ausprobieren.

Bevor ich losgehe, schlucke ich noch eine Schmerztablette. Meine rechte Wade sieht echt mitgenommen aus, sie ist fast doppelt so dick wie die linke und schmerzt ziemlich. Dummerweise hat das nicht nur mit der Wanderung zu tun, sondern auch mit meinem Unfall letzte Woche, von dem ich schon erzählt habe. Hoffentlich ist das keine Thrombose oder so ein Mist. Es dauert fast zehn Minuten, bis ich in die Schuhe komme. Das sind Schmerzen. Na ja. Ich hoffe, das Schmerzmittel schlägt schnell an.

Das Laufen klappt erst mal gar nicht gut. Ich gehe, als wären meine Füße in Betoneimer eingemauert. Wahrscheinlich sehe ich aus wie Frankensteins Monster, das durch die Straßen wankt. Nach einer Stunde läuft es sich besser, fast ideal. Der Regen ist nicht so stark, wie ich gedacht hatte, allerdings sind meine Regenklamotten auch nicht so gut wie gehofft. Da habe ich wohl mal wieder am falschen Ende gespart. Den Regenponcho sollte ich glatt entsorgen. Bei dem Wind fliegt er mir ständig um die Ohren, und dicht ist das Ding auch nicht. Mal gewinnste, mal verlierste, denke ich mir.

Als ich so durch die Felder laufe und vor mich hin trällere, komme ich an einer Bank vorbei, auf der ein Mann in den besten Jahren sitzt. Neben ihm steht ein Fahrrad, das mit zwei großen Gepäcktaschen bestückt ist. Es scheint, als habe er eine lange Reise vor sich. Mal hören, was er so zu erzählen hat.

»Hallo, wo willst du denn hin? Das sieht ja nach einer größeren Tour aus.«

»Guten Tag. Ja, da hast du recht. Ich will mit dem Rad nach Rom, da braucht man nun mal etwas mehr an Gepäck«, lacht er.

»Echt? Bis nach Rom? Wo kommst du denn her? Wenn man dich so reden hört, klingt das ganz schön britisch.«

»Schottisch! Da muss ich dich schon bitten, genauer zu sein.« Er lacht erneut, scheint eine Frohnatur zu sein, das gefällt mir.

»Oh, da hast du natürlich recht. Entschuldigung. Kann ich schon verstehen. Würde mich ein Ami als Dutchman betiteln, würde ich auch etwas empfindlich reagieren. Aber von Schottland bis nach Rom? Das sind ja auch ein paar Meter, alle Achtung. Aus was für einer Ecke in Schottland kommst du denn? Ich war da mal vor ein paar Jahren, für eine Woche. Sehr schönes Land. Haben mir echt gut gefallen, eure Highlands, und vor allem die Leute.« »Bücker, bleibe doch im Höschen!«, sage ich zu mir selbst. »Du fängst das Sabbeln wieder an und quatscht den Guten zu.«

Doch meine Fragerei scheint den Mann nicht zu stören, im Gegenteil, er antwortet gut gelaunt: »Ich komme aus Inverness. Das liegt recht weit im Norden. Find ich ja prima, dass du Verständnis für meinen Nationalstolz hast. Es ist nicht immer einfach als Schotte. Aber was machst du denn hier in der Wildnis mit diesem Ding da? Sieht ja auch nach was Größerem aus!«

»Ich mache eine Wanderung am Rhein entlang!« Und dann

erzähle ich ihm kurz meine Geschichte und schwenke recht schnell wieder in den Fragemodus um. »Wieso sprichst du denn so klasse Deutsch? Das lernt man aber bei euch nicht in der Schule, oder?«

»Nein. Ich war fast zehn Jahre in Deutschland bei der britischen Armee als Zivilist beschäftigt. Habe mir eine deutsche Frau geschnappt und sie in die Highlands verschleppt. Wie sich das bei uns gehört.« Er lacht wieder herzhaft auf. »Ich dachte eben schon, du bist der verrückte Engländer, der mit dem Campingkühlschrank um Irland getrampt ist. Ich habe das Buch gelesen. Hätte er aber auch in Schottland machen können. Sein Experiment mit der Toleranz und so. Wir Schotten haben auch einen Spleen für Menschen, die anders sind.«

»Ja, das glaube ich auch. Das hätte er bei euch genauso machen können. Ich habe das Buch von Tony Hawks auch gelesen und dachte mir, das probiere ich mal in Deutschland aus. Nach der Fußball-WM 2006 war die ganze Welt begeistert von den Deutschen. Was für ein lustiges und freundliches Völkchen wir damals waren! Da wollte ich mal gucken, was davon übrig geblieben ist. Von wegen Toleranz, Spaß und so.«

»Finde ich eine klasse Idee. Vielleicht mache ich so was das nächste Jahr auch mal bei uns. Aber das Ding ist doch sicher richtig schwer, oder?«

»Es geht. Außerdem gewöhnt man sich dran. Kannst ja mal probieren. Aber aufpassen, dass die Karre nicht umkippt. Die Holme sind nicht so stabil, wie sie aussehen.«

Und so kommt es, dass ein Schotte an der Schweizer Grenze eine deutsche Waschmaschine durch den Wald schiebt. Herrlich!

Wir unterhalten uns noch über »dit und dat«, wie wir bei uns zu Hause sagen, dann ziehen wir beide weiter. Der eine nach Rom und der andere den Rhein entlang.

Dann kommt der erste richtige Schock auf der Wanderung: Ich verlaufe mich in einem Waldstück, wahrscheinlich habe ich ein Schild übersehen. Die ganze Zeit über muss ich bergauf und denke schon, es nimmt kein Ende mehr. Die Wege sind dermaßen matschig, dass mir der Dreck bis zu den Knien spritzt. Oben angekommen, drehe ich auf so einer Art Plateau meine Runden mit Mikaela und finde nach einer Stunde meine eigenen Spuren im Matsch wieder. Wie im Film. Nach einer weiteren halben Stunde höre ich Motorengeräusche und denke: Da muss ja wohl eine Straße sein. Klare Sache.

Nur geht's da nicht zur Straße. Ich muss mit meiner Karre einen Abhang runterrutschen, um wieder auf Spur zu kommen. Echt steil, echt matschig, echt verrückt von mir. Irgendwann, nachdem es mir fast die Arme vom Körper gerissen hat, stehe ich am Rheinufer. Dumm nur, dass sich die Straße, die ich erreichen wollte, auf der anderen Rheinseite befindet. So ein Mist! Von oben, wo ich den Waldweg verlassen habe, hätte ich schwören können, dass hier unten Autos langfahren. Da habe ich mich wohl kolossal verhört. Aber das merke ich zu spät.

Um mich zu orientieren, lasse ich Mikaela stehen und laufe hundert Meter den Rhein hoch und zweihundert Meter wieder runter, immer schön am unbefestigten Ufer entlang. Aber ich finde weder einen Weg noch eine Lösung, wie es weitergehen soll. In diesem Moment bin ich nichts anderes als ein einsamer Mann mit seiner Waschmaschine mitten im Nirgendwo. Wenn mich jetzt einer sehen könnte … Ich setze mich auf Mikaela und überlege, wie ich aus dieser Situation wieder rauskomme. Ich bin so verzweifelt, dass ich mir sogar überlege, die Miele in den Fluss zu kippen und aufzugeben. Aber das geht doch nicht! Nicht am dritten Tag! Nicht mit mir! Und auch nicht mit Mikaela. Das hat sie nun wirklich nicht verdient.

Also reiße ich mir aus meinem T-Shirt ein Rambo-Stirnband,

binde es mir um, bringe mich mit ein paar Kampfmoves in Stimmung und denke an Sylvester Stallone, wie er in seinen Filmen durch die Wildnis tigert und nichts ihn niederringen kann. Derart neu motiviert, sehe ich plötzlich den Ausweg: Ich bastele mir aus den Rollladengurten eine Art Zaumzeug, wie ich es zu Hause schon einmal ausprobiert hatte, binde es mir um, und los geht es. Ich muss zu dem Ausgangspunkt gelangen, dorthin, wo ich die »geniale« Idee hatte, die Rheinstraße zu suchen.

Ich schleppe also die Maschine den steilen Hang wieder hinauf. Dabei muss ich echt kämpfen wie Sau. Ich rutsche und schlingere, halte mich an Baumwurzeln und Ästen fest. Alle zwei Meter muss ich eine Pause einlegen, durchschnaufen und den Rambo-Kampfgeist wieder neu heraufbeschwören. Vor mir sehe ich die Spuren, die ich hinterlassen habe, als ich den Abhang runtergerutscht bin. Was für eine Qual! Nach ewiger Zeit, völlig erschöpft und matschig wie nach einem Fangobad, erreiche ich meinen Wanderweg, den ich vor etwa zwei Stunden verlassen habe. Ich bin ziemlich stolz, als ich oben auf dem Berg stehe. Schwitze zwar wie ein Schwein, aber egal. Jetzt beginnt die Tour erst richtig, denke ich. Abenteuerurlaub mitten in Deutschland! Und kaum bin ich guter Laune, ist das mit dem Weg auch wieder ganz einfach: An einer Lichtung laufe ich mit meinem Gespann einfach über einen Acker und komme so auf einen Radweg. Die Zivilisation hat mich wieder.

Wirklich interessant, die Gegend, wobei ich mich an die Landschaft erst noch gewöhnen muss. Pausenlos geht es hoch oder runter. Das ist schon ein anderes Kaliber als bei mir zu Hause, wo es fast so flach ist wie ein Pfannkuchen. Außerdem überquere ich dauernd die deutsch-schweizerische Grenze. Aber keiner interessiert sich für mich und Mikaela. Waschmaschinenschmuggel leicht gemacht? Am Nachmittag erreiche ich die deutsche Exklave Büsingen. Sie ist komplett umschlossen von Schweizer Grund. Dort kann mir aber keiner weiterhelfen, es ist kein Zimmer frei. Oder ist es vielleicht deshalb so schwierig, weil ich aus dem Wald komme, von oben bis unten verdreckt bin und eine Waschmaschine vor mir herschiebe? Egal, muss ich halt noch ein paar Meter machen. In Stemmer, etwa fünf Kilometer weiter, gibt es auch kein Zimmer. Dort erfahre ich aber immerhin, dass in der Gegend gerade sehr viele Monteure unterwegs und daher sämtliche Zimmer und Pensionen ausgebucht sind. Auf Schweizer Seite liegt in Grenznähe ein Kraftwerk, wo gerade eine Revision durchgeführt wird, daher die vielen Arbeiter, die aus Kostengründen lieber in Deutschland übernachten. Die Schweiz ist nicht billig. So eine Scheiße. Ich bin kaputt und müde, muss aber wohl oder übel noch bis Schaffhausen weiter. Das ist noch mal eine Stunde. Nützt ja nichts. Was für ein Tag!

Bei meinem Glück fängt es jetzt auch noch mal richtig an zu regnen. Ich lasse meine Regensachen aber in der Trommel. Durch den Regen werde ich wenigstens etwas sauber gewaschen. Ist zwar saukalt, aber diese Option gefällt mir besser, als nachher bei einer Pension zu klingeln und abgewiesen zu werden, weil ich aussehe wie »Das Ding aus dem Sumpf«.

Ich schaffe es. Tschaka! Kurz vor der Dämmerung komme ich an. Bin platt und brauche erst mal was Warmes zu trinken. In dem Café, das ich aufsuche, ist kaum noch ein Platz frei, also frage ich einen Herrn, ob ich mich zu ihm setzen darf. Und so lerne ich Enrico kennen, der neben einer Pension auch eine Salsa-Schule betreibt und mir ein gaaanz kleines Zimmer für gaaanz viel Geld anbietet. Ist mir aber gerade total egal. Auch dass das Zimmer im vierten Stock ist und ich mir das Bad mit ein paar Engländern teile, ist nebensächlich. Die Dusche ist alles, was ich will.

Danach bietet Enrico an, mir die Altstadt zu zeigen, was ich natürlich dankend annehme. Aber erst einmal muss ich Mikaela irgendwie verstauen. Leider gibt's hier keine Garage oder Ähnliches, weil sein Laden direkt in der Altstadt liegt. So hieven wir das Schätzchen in seine Tanzschule und stellen es über Nacht ins Schaufenster. Diese Kombination wird den Passanten sicherlich ein ordentliches Rätsel aufgeben ... Enrico fragt mich zum dritten oder vierten Mal, warum ich mit einer Waschmaschine unterwegs bin. Ich kann nur lachen und schüttele mit dem Kopf.

Schaffhausen ist echt sehenswert und wunderschön, viele kleine Gassen und alte Häuser. Die Atmosphäre ist genau richtig, ruhig, aber doch irgendwie lebendig.

»Genau deshalb lebe ich hier. Trotz meiner Geschichte«, sagt Enrico, als ich ihm meine Eindrücke mitteile.

»Was denn für eine Geschichte?«, frage ich interessiert. Es ist – fast – immer spannend, was die Menschen, die ich auf meiner Reise treffe, so erlebt haben. Ich bin gespannt, aus welchen Gründen es Enrico hierherverschlagen hat.

»Ich komme aus Brasilien. Der Liebe wegen bin ich hergekommen. Aber Harald hat mich verlassen.«

»Harald?«, frage ich blöderweise. Und denke im nächsten Moment: Komm schon, Ludger, Schwule gibt es nicht nur in der Lindenstraße.

»Ich bin schwul. Natürlich. Hast du das noch nicht gemerkt?«

»'tschuldige. Nee, ist mir nicht aufgefallen. Ich hoffe, du hast kein Problem damit, dass ich eine ›Hete‹ bin?«

Er lacht mich aus. »Bei deinen Klamotten musst du das nicht erst erwähnen. Die gehen gar nicht!«

Ich gucke an mir runter und weiß nicht genau, was er meint. Vielleicht liegt es daran, dass ich etwas farbenblind bin und die Kombination meiner Kleidungsstücke irgendwie willkürlich wirkt.

»Aber keine Bange. Du bist eh nicht mein Typ.«

Das betrübt mich ehrlich gesagt schon etwas. Okay, ich bin kein George Clooney, aber so scheiße sehe ich ja nun auch nicht aus. Männerstolz halt.

Bei seinem Lieblingsspanier essen wir später Tapas und trinken ein paar Gläschen Wein. Enrico erzählt: »Harald hatte in Brasilien, genauer gesagt in Recife, beruflich zu tun, und da haben wir uns bei einer Fiesta kennengelernt. Und ich doofes Huhn habe mich Hals über Kopf in ihn verliebt. Gott sei Dank hatte ich im Goethe-Institut Deutsch gelernt, Haralds Portugiesisch war nämlich schrecklich. Wir stellten fest, dass wir fast identische Interessen hatten: Salsa, Greta Garbo und Wrestling.«

»Häää?«, werfe ich, wieder einmal vollkommen ungalant, ein. »Was ist das denn für eine komische Kombination?«

»Ja, lustig, oder? Ich hätte auch nicht gedacht, dass noch jemand außer mir genau diese Interessen hat. Kurz und knapp: Ich habe keinen guten Kontakt zu meiner Familie, mein Job war scheiße, und Harald war mein Traummann. So bin ich einfach mit ihm gekommen. Anfangs hatten wir eine echt schöne Zeit. Wir erfüllten uns unseren Traum und eröffneten eine Tanzschule, richteten uns unser Zuhause ein und genossen das Leben. Zwei Jahre Glückseligkeit.«

»Und dann?«

»Dann hat Harald sich als Hetero geoutet!«

Diesmal schaffe ich es, mir einen Kommentar zu verkneifen.

»Die Schlampe hat sich in seine Friseurin verliebt«, wütet Enrico weiter. »Was für ein billiges Klischee! Dann hat er sich mit ihr aus dem Staub gemacht. Mich hat er mit den Schulden sitzen gelassen. Aber egal, der Laden lief. Ich hatte eine neue

Heimat und viele nette Menschen kennengelernt. Nach Brasilien zog mich nichts mehr zurück, und so blieb ich hier in Schaffhausen.«

»Traurig, dass du deine Liebe verloren hast«, sage ich nur.

»Nee, nicht traurig. So ist das Leben.«

Nach der zweiten Flasche Wein soll ich mit Enrico Salsa tanzen. Er will es mir beibringen. Mir tun aber die Beine so weh, dass ich, auch wenn ich wollen würde, gar nicht wüsste, wie ich mich bewegen soll. Wenn ich bedenke, wie ich bei uns zu Hause auf unserem Schützenfest immer rumeiere – eine Bahnschwelle ist geschmeidiger. Ich gucke lieber zu, wie Enrico mit einem Freund die Hüften kreisen lässt. Die Jungs können tanzen, richtig klasse. Trotz seiner nicht ganz einfachen Lebensgeschichte wirkt Enrico in diesen Minuten richtig glücklich.

Wieder ist es nach zwölf, als ich ins Bett komme. Das ist einfach zu spät bei solch einer Tour. Daran muss ich arbeiten.

Beim Einschlafen komme ich wieder einmal ins Grübeln. Ich hatte natürlich auch die ein oder andere Beziehung in meinem Leben, die fürchterlich falschgelaufen ist. Und ja, manchmal war ich auch der Harald. Um das zu erklären, muss ich ein bisschen ausholen. Keine Angst, ich schwenke jetzt nicht zurück bis in meine Schulzeit, in der ich mehr Zeit mit Pfandflaschensammeln als mit den Hausaufgaben verbracht habe. Auch meine erste Berufsausbildung zum Groß- und Außenhandelskaufmann soll hier nicht groß zur Sprache kommen. Die war in etwa so spannend, wie einem Toastbrot beim Schimmeln zuzugucken. Die Ausbildung habe ich meinem Vater zuliebe gemacht. Er war Tischler und meine Mutter Putzfrau und Mutter von vier Kindern. Das war Job genug. Ihre Idealvorstellung eines Traumjobs drehte sich immer um einen Menschen, der im Büro sitzt und einen Anzug trägt. Meine Geschwister hatten sich schon für eine andere Laufbahn entschieden, und so sollte ich diesen Part in unserer Familie übernehmen. Gott sei Dank hatte sich das Grauen für mich nach der Lehre erledigt, und nach der Bundeswehrzeit gab es noch einmal die Chance, etwas Neues anzufangen.

Eine große Klinik bei uns in der Nähe suchte händeringend Krankenpfleger. Ich hatte keine Ahnung, was da auf mich zukommen würde, wollte mich aber unbedingt beruflich verändern. Nach dem Vorstellungsgespräch erhielt ich kurze Zeit später schon das Angebot, meine Ausbildung als Krankenpfleger in dieser Klinik zu machen. Ich und Krankenpfleger?! Das hätte ich mir früher nicht träumen lassen. Es war mir schlichtweg nicht in den Sinn gekommen. An dem Tag, als ich den Vertrag unterschrieb, setzte ich mich abends in unsere Dorfkneipe und trank ein paar Bier auf meinen neuen Lebensabschnitt. Ich und Krankenpfleger? Ich musste immer noch lachen und sah mich schon wie Sascha Hehn in der *Schwarzwaldklinik*.

Die Ausbildung war echt hammerhart. Die Arbeit auf der Station ging körperlich schon ganz schön in die Knochen. Vor allem, wenn man die Grundpflege eines Menschen im Bett verrichten musste, war das schon eine ganz schöne Schufterei. Wenn man da einen hundert Kilo schweren Patienten, der nicht mithelfen konnte, rumwälzen musste, um ihn zu waschen oder das Bett zu beziehen, geriet man ganz schön ins Schwitzen. Das Bettenschieben und der Zeitdruck, den man ständig spürte, taten ihr Übriges. Von der psychischen Belastung ganz zu schweigen. Die vielen schwer oder unheilbar Kranken taten mir furchtbar leid, und ihre Schicksale machten mir zu schaffen. Das war starker Tobak.

In der Schule war es auch nicht viel besser. Es gab extrem viele Fächer, der Leistungsdruck und der Lernstress waren hoch. Mich haben damals eigentlich nur die Gemeinschaftlichkeit und der Zusammenhalt in der Klasse davon abgehalten, hinzuwerfen. Aber ich biss mich durch und lernte wie bekloppt. Nach einem Jahr konnte ich nicht nur alle zweihundertsechs Knochen des menschlichen Körpers auf Latein benennen, ich kannte auch jede Synapse mit Vornamen. Alle im Kurs stöhnen, und viele schmissen das Handtuch. Was uns, die weitermachten, antrieb, war neben dem ehrenhaften Wunsch, kranken, auf Hilfe angewiesenen Menschen helfen zu wollen, vor allem die weniger ehrenhafte Verlockung der Schwesternwohnheime. Denn in dem Dörfchen, in dem ich die Ausbildung absolvierte, gab es mehrere Kliniken und somit auch sehr viel Bedarf an Wohnfläche für Mitarbeiter. Einige der Schwesternschülerinnen hielten sich gerne auch in unseren Gemeinschaftsräumen auf. Und etwas zu feiern gab es immer. Entweder die Sprengung der elterlichen Ketten oder die Lösung von eifersüchtigen Freunden, die es nicht ertragen konnten, dass ihre Freundinnen in so einem Sündenpfuhl lebten.

Da gab es dann natürlich viel zu trösten und Schulter zum Anlehnen anzubieten. Aus dieser Zeit habe ich mir den Spitznamen »der Ohrverleiher« erworben. Bei den jungen Damen kam meine verständnisvolle Art gut an und brachte mir viele Verabredungen, und bei der großen Auswahl kam es auch schon mal zu Überschneidungen ... Ich war jung, und Hochmut und Selbstüberschätzung hielten mich davon ab, ein paar Schritte kürzerzutreten. Das führte bald zu logistischen Herausforderungen. Und so kam es, wie es kommen musste.

Ich »datete« Carmen und Anna zur gleichen Zeit, beides sehr nette Damen aus unterschiedlichen Kliniken (darauf hatte ich immer geachtet!) – und beste Freundinnen, was ich natürlich nicht wusste. Eines Abends hatte ich mich mit beiden verabredet, natürlich nacheinander, so schlimm war ich dann auch wieder nicht. Als ich bei Anna im Apartment war, klopfte es an der Tür. Es war Carmen, die sich einen Schal für ihr Date mit mir leihen wollte. Und so nahm das Unheil seinen Lauf. Anna machte auf, Carmen kam rein, und da lag ich arme Sau halb nackt auf dem Sofa. Mit rascher Auffassungsgabe konnte ich mich unter Nutzung des Überraschungsmomentes gerade noch körperlichen Übergriffen entziehen und aus dem Zimmer sprinten. Die äußerst üblen Beschimpfungen, die die beiden mir hinterherriefen, möchte ich aus Anstand hier nicht wiederholen.

Was hat diese Episode des Lüstlings Ludger nun mit der Waschmaschinenwanderung zu tun? Ganz einfach: Während ich versuchte, mein Auto aufzuschließen, schmiss Anna vom Balkon aus dem zweiten Stock mit allem nach mir, dessen sie habhaft werden konnte. Und so landete neben einem Bügeleisen (verfehlte zum Glück das Ziel) und einer leeren Sektflasche (verfehlte zum Glück ebenfalls das Ziel) auch ein Paar schöne Wanderschuhe auf dem Autodach, die ich kurzerhand einpackte und als Andenken behielt. Ich war froh, dass Anna in der Eile nicht ihre Schlittschuhe gefunden hatte. Mein Herz für die Wanderei war jedenfalls geweckt.

Tag 4

Hohentengen

Es lässt sich gut schlafen in Enricos Bude. Das liegt sicher unter anderem an dem Wein in Kombination mit den Schmerztabletten. Ich muss aufpassen, dass ich nicht zu viele von den Dingern schlucke. Die Wade ist leider immer noch unglaublich dick. Ich habe zwar versucht, das Bein über Nacht hochzulagern, aber das hat nichts genützt. Meine Füße sehen heute Morgen wie mumifizierte Frösche aus. Erstaunlich ist es jedoch, dass sie kaum wehtun. Ich verbinde sie trotzdem wieder, das hat gestern gut geklappt. Wenn ich nur jemanden hätte, der mir die Schultern und den Rücken mit meiner Sportsalbe einreiben würde. Nach der gestrigen Riksha-Aktion schmerzt mein Oberkörper noch mehr als tags zuvor. Außerdem habe ich wunde Stellen an den Schultern, die dringend verarztet werden müssen. Werde mal Enrico um einen kleinen Gefallen bitten.

Die anderen Pensionsgäste, die Engländer, finde ich ganz nett, obwohl sie etwas viel saufen und rumkrakeelen. Leider haben sie im gemeinsamen Bad anscheinend meinen Pullover geklaut, das find ich kacke. Als positiv denkender Mensch gehe ich mal davon aus, dass sie mein altes Schätzchen versehentlich eingepackt haben. War so ein gutes Stück und keine acht Jahre alt, also fast noch neu. Aber ab und zu muss man auch mal loslassen können. Vielleicht wieder eine Prüfung, die mir der große Meister von oben auferlegt hat. Jeder Pullover hat nun mal sein eigenes Leben. Wohin es ihn wohl verschlägt? Und immerhin: Jetzt muss ich ihn nicht mehr schleppen.

Ich trinke mit Enrico noch einen Kaffee und frage die brasilianische Tanzmaus, ob er mich einreiben kann. »Was stinkt dieses Zeug! Bist du denn verrückt!«, schimpft er wenige Sekunden später. Dabei hat er Tränen in den Augen, weil der Kampfer bei dieser Salbe extrem scharf rüberkommt.

»Dann lassen mich wenigstens die brasilianischen Tanzlehrer in Frieden«, versuche ich ihn zu provozieren.

»Ich verspreche dir: Mit diesem Gestank am Rücken würdest du jedes Keuschheitsgelübde überstehen. Dich packt kein Mensch an. Ehrenwort!«

Und so verabschieden wir uns kurze Zeit später. Netter Typ.

Die ersten Kilometer fallen mir heute echt schwer. Mir tut alles weh, und mein Tempo ist eher bescheiden. Durch die Stadt über die asphaltierten Straßen komme ich jedoch gut voran. Am Rheinfall dann aber der nächste Klops. Wegen Bauarbeiten ist der Radweg gesperrt, den ich eigentlich nehmen wollte. Entweder ich mache nun einen Umweg von etwa fünf Kilometern, das lese ich an einem Schild am Rand der Baustelle. Oder ich entscheide mich für die zweite Option: Rechts geht eine alte Steintreppe in Serpentinen hinab zum Rheinufer, da müsste ich Mikaela runterschleppen. Unten führt eine Fußgängerbrücke über den Rhein. Ich stehe oben und gucke runter, Mikaela neben mir. Sind so etwa vierzig Stufen. Zwar relativ flach, aber immerhin vierzig Stufen.

Ich entscheide mich für die Treppe. Mir ist es aber sicherer, meine Gurte wieder anzulegen. Das schmerzt zwar wie Hölle an den Schultern, aber wenn mir »mein Mädchen« aus den Händen gleitet, ist die Tour vorbei. Das würde die Kiste nicht überstehen. Ganz zu schweigen davon, dass uns vielleicht auch jemand entgegenkommen könnte. Ich will ja niemanden plattwalzen. Also ganz langsam. Stufe für Stufe. Absatz für Absatz. Geht eigentlich einfacher, als ich dachte. Als ich unten an der Treppe angekommen bin, stehe ich vor einer Holzbrücke, die zwar sehr alt aussieht, aber noch für Fußgänger benutzbar ist. Über diese Brücke laufe ich zum anderen Rheinufer. Und was erwartet mich dort? Natürlich wieder eine Treppe, vierzig Stufen. Dieses Mal aber aufwärts. Mit ein wenig Überlegen hätte ich auch drauf kommen können, dass ich ja vom Ufer wieder nach oben muss. Anscheinend funktioniert so früh am Morgen meine Birne noch nicht besonders gut. Na, dann wollen wir das nicht gerade leichte Mädchen wieder nach oben hieven. Geht ja gut los, der Tag. Aber auch dieses Mal klappt es besser, als ich dachte. Ich bin froh, dass ich die Gurte habe, ich weiß nicht, wie ich es sonst schaffen sollte.

Es irritiert mich nur ein bisschen, dass eine Reisegruppe aus Japan mich bei der ganzen Plackerei beobachtet. Was die wohl denken? Auf jeden Fall werden eine Menge Fotos geschossen, die die Eigenwilligkeit der Deutschen dokumentieren. Das wäre mal interessant, dabei zu sein, wenn sie zu Hause die Geschichte erzählen, in der ein Deutscher versucht, beim Rheinfall eine Waschmaschine die Treppen hochzuwuchten. Die anderen denken dann bestimmt, der Erzähler wäre am Tag zuvor im Hofbräuhaus gewesen.

Die Aussicht auf den Rheinfall ist natürlich klasse. Da fließt schon einiges an Wasser den Rhein runter (sorry, der Spruch musste jetzt sein, der lag mir auf der Zunge). Mache erst mal ein Päuschen und gucke mir dieses Spektakel an. Mein lieber Scholli, ist das eine Geräuschkulisse. Gewaltig.

Die nächsten zwei Stunden Weg sind locker, nach der nächsten kurzen Pause kommen dann allerdings noch einmal zwei ganz harte Steigungen. Wenn das so weitergeht, na dann prost. In Hohentengen wollen sie mich auch nicht haben. Ich habe das gleiche Problem wie gestern. Die Dame im Infobüro gibt sich echt Mühe, muss aber gleichzeitig noch andere Aufgaben erledigen. Zwischendurch sucht sie immer wieder etwas für mich, aber ohne Erfolg. Nach einer knappen Stunde versucht sie dann, mich abzuwimmeln. Aber ohne Lutti Bücker! Ich drohe ihr mit einem Lachen, dass ich notfalls im Infobüro übernachten werde, falls sie mir nicht was organisiert. Das scheint sie zu motivieren, denn kurze Zeit später findet sie für mich eine Unterkunft: bei den Schreibers. Gott sei Dank ist es zu ihnen auch gar nicht mehr so weit zu laufen.

Am Haus meiner Gastgeber angekommen, öffnet mir Herr Schreiber die Tür. Er heißt mich herzlich willkommen und drückt mir ohne viele Worte direkt ein Bier in die Hand. Der alte Bursche gefällt mir auf Anhieb. Ich darf Mikaela in einem Schuppen hinter der Garage parken. Die Gute hat für heute Feierabend. Wir setzen uns auf die Terrasse, mit einem super Ausblick auf den Rhein, der sich keine fünfzig Meter von uns entfernt durchs Land schlängelt. Herr Schreiber möchte natürlich auch wissen, was für eine Reise ich unternehme und warum ich das tue. Als alle seine Fragen beantwortet sind, fängt er an, von sich und seiner Frau zu erzählen. Er ist ein netter Kerl, der aber etwas getrieben wirkt. Sein Blick huscht oft zur Gartentür, als ob er aufpassen würde, dass seine Frau nicht überraschenderweise auftaucht.

»Im Großen und Ganzen ist meine Hedwig schon in Ordnung«, erklärt er mir. »Was mich nur fuchst, ist ihr Gerede über ihren Bruder, also meinen Schwager. Der Schweinehund hat seit dreißig Jahren einen Schrotthandel und bescheißt jedes Jahr das Finanzamt. Der Spinner fährt einen großen Amischlitten, wie die Leute in Hollywood, schickt seine Frau aber zu KiK zum Klamotten kaufen. Ich kann diesen Großkotz einfach nicht ausstehen.«

Als Hedwig am Gartentor erscheint, verstummt Kurt – so möchte Herr Schreiber von mir genannt werden – und legt verschwörerisch den Finger auf die Lippen. Wie der Mann innerhalb weniger Sekunden in sich zusammenschrumpft, ist unglaublich. Hedwig, mit einem Schürzenkittel bekleidet, auf dem Kopf ein Chiffontuch, unter dem die Lockenwickler hervorgucken (sie kommt gerade von der Nachbarin, die ihr immer die Haare macht), sowie Birkenstocksandalen an den Füßen, übernimmt das Kommando und gibt Anweisungen. Kurt soll sein Bier stehen lassen und sofort den Rasen mähen, was er auch prompt tut. Ich folge ihr durch den Garten und erhalte Instruktionen über meinen Aufenthalt in der »Casa Hedwig«. Kurt lugt hinter dem Schuppen hervor, reckt den Daumen nach oben und lächelt. Jetzt sind wir Blutsbrüder – natürlich nur bildlich gesprochen – und Leidensgenossen.

Dann zeigt mir Frau Schreiber – so möchte Hedwig genannt werden – das Haus. Wie ein Feldwebel schreitet sie vor mir her und bellt knappe Informationen raus: »Einen Schlüssel gibt es nicht. Hier wird nicht geklaut!«

Das glaube ich Frau Schreiber sofort. Kein Einbrecher würde es wagen, hier sein Glück zu versuchen. Das Badezimmer ist etwas speziell. Eigentlich ist es eher ein begehbarer Schrank. Auch hier kein Schlüssel – es wird ja nicht geklaut. Ich erhalte noch Anweisungen zum Frühstück, dann werde ich auf mein Zimmer geschickt. Das ist einfach, schlicht, sauber und macht den Eindruck, als hätte es 1950 schon genauso ausgesehen. Die Gardinen sind von Ado, etwas ergraut, aber mit Goldkante, vor dem Fenster stehen Vasen mit Plastikblumen, die durch die intensive Sonnenbestrahlung an Farbe verloren haben. Die Tapete hat eine grün-goldene Verschnörkelung mit Blütenmuster, wie ich sie zuletzt bei Alfred Hitchcock in »Psycho« gesehen habe (da natürlich in schwarz-weiß).

Körperlicher Zustandsbericht: Die rechte Wade schmerzt höllisch, beide Füße ebenfalls, die Schultern sind wund und tun auch saumäßig weh. Sonst ist alles super. Ich bin halt doch ein Glückspilz.

Ich gehe in mein Schrankbadezimmer oder meinen Badezimmerschrank, je nachdem, wie man es nimmt, und dusche ausgiebig. Da sowohl die Wände als auch die Decke mit Fichtenholzpaneelen ausgekleidet sind, fühle ich mich, als stünde ich in einem Sarg. Das Holz scheint immer näher zu kommen. Der Plastikduschvorhang schmiegt sich mit jedem Tropfen heißen Wassers immer dichter an meinen Körper. In diesem Moment bin ich echt froh, nicht unter Klaustrophobie zu leiden. Ich komme mir vor wie ein in Folie verpackter Dönerspieß. Frau Schreiber hat mir zwar nur zwei bis drei Minuten Duschzeit zugestanden, aber ich rebelliere und mache mindestens acht daraus. Ein bisschen Widerstandsgeist muss sein, auch im Hause Schreiber.

Nach der Dusche muss ich eine Blase an meinem großen Onkel aufstechen. Das Ding hat die Größe eines Golfballes erreicht, und damit passe ich in keinen Schuh mehr rein. Ich hoffe, da entzündet sich nichts. Aber ich bin mit der Wundpflege gewissenhaft und lasse mir dabei Zeit. Bis ich alles eingeschmiert und verpflastert habe, vergeht schon so eine halbe Stunde.

Am frühen Abend drehe ich eine Runde durch das Dörfchen. Das Infobüro hat noch auf, und so besuche ich die nette Dame von vorhin noch einmal. »Schönen Dank nochmals, dass Sie sich so viel Mühe gemacht haben. Die Schreibers sind zwar etwas speziell, aber für eine Nacht ist das schon okay.«

»Kein Problem, das habe ich gerne gemacht. Haben Sie also Hedwig schon kennengelernt? Nette Frau«, meint sie lachend.

»Ja, sehr nett. Hätten Sie nachher Lust auf ein Glas Wein? Als kleines Dankeschön.«

»Tut mir leid, ich habe schon eine Verabredung. Sonst gerne.«

»Na gut, da kann man nichts machen. Nochmals danke und einen schönen Abend.« Ich verabschiede mich und gucke mir das Dorf an. Das ist schnell gemacht, weil Hohentengen nicht besonders groß ist, und so setze ich mich am Dorfplatz in ein Café, trinke einen Tee und beobachte das Treiben um mich herum. Gegenüber vom Café liegt das kleine Postamt, und gerade kommt ein Postbeamter heraus und sperrt die Tür zu. Die Szenerie erinnert mich an Onkel Heini, den Postboten aus »Neues aus Uhlenbusch«, eine Kinderserie, die in den 80er Jahren im Fernsehen lief. Den fand ich als Junge immer lustig, weil er anders als die anderen Erwachsenen war. Onkel Heini war zwar schon groß, hatte aber die Seele eines Kindes behalten. Erstrebenswert.

Zufällig erscheint die Infodame später mit ihrem Mann und einem anderen Paar auch in dem Laden. Sie stellt mich den dreien vor und erzählt ihnen, wie ich reise. Ich habe den Eindruck, die anderen glauben ihr nicht so recht und meinen, sie würden verschaukelt. Macht nichts. Wir plaudern eine Weile, dann ziehen sie ihrer Wege. Ich bleibe noch ein bisschen in dem Café sitzen, denn dort gibt es auch eine kleine Karte mit Leckereien. Bei einem schönen Glas Wein und einem guten Buch lasse ich den Tag ausklingen, war ja in den letzten Abenden auch immer ganz schön spät. Heute geht es endlich mal früh ins Bett.

PS: Hoppla! Ich habe ganz vergessen zu berichten, dass ich heute den ersten Kontakt zur Staatsgewalt hatte. Zwar nicht zu unserer aus Deutschland, die scheinen etwas schläfrig zu sein und kontrollieren nicht so gerne, sondern die uniformierten Herrschaften aus der Schweiz wurden vorstellig. Hier unten überspringt man alle naselang die Staatsgrenze. Ich war heute, glaube ich, dreimal drüben. An einem Grenzübergang wurde ich von einem Zollbeamten aus seinem Häuschen beäugt. Ich merkte schon, dass der Gute die Witterung aufgenommen hatte. Wie ein Bluthund kam er schnüffelnd aus seinem Kabuff geschossen, setzte seine Mütze auf und stellte sich mir in den Weg.

»Schwizerrrr Zollbehörde. Chönt dir öich uswisä?« (»Schweizer Zollbehörde. Können Sie sich ausweisen?«)

»Guten Tag heißt das. Natürlich. Bitte schön.« Ich bin etwas empfindlich, wenn ein Staatsdiener, egal welchen Landes, meint, einen auf dicke Hose machen zu müssen, nur weil er eine Uniform trägt. Die sind schließlich für uns da und nicht umgekehrt. Und Zeit für eine Begrüßung sollte schon sein.

»Öier Papier si ir Ornig. Was machet dir mit däm Ding da, u was weit dir ir Schwiz?« (»Ihre Papiere sind in Ordnung. Was machen Sie mit dem Ding da, und was wollen Sie in der Schweiz?«)

Und da machte ich Großmaul den Fehler, lustig sein zu wollen: »Ich bin Geldwäscher.« Schon in dem Moment, als ich diesen Satz aussprach, erkannte ich, dass das keine so gute Idee gewesen war. Im Augenblick sind die Schweizer ja ganz besonders aufmerksam und gewissenhaft, was das Geldtransferieren angeht. Hannelore Kraft, unsere NRW-Mama, und ihre Kollegen sind zurzeit sehr hinter den Steuersündern her und kaufen von geschäftstüchtigen obergeldgeilen Schweizer Bankern Steuer-CDs auf, um das Landessäckel etwas aufzufüllen. Dann ist das für die Eidgenossen nicht so unbedingt cool, wenn ein Schluffi wie ich sich über die Schweizer Weisheit »Lieber dreckiges Geld als dreckige Hände« lustig macht.

»Chönet dir das Grät mal uftue u dr Inhalt hiä uf das Tischli legä?« (»Können Sie das Gerät bitte einmal öffnen und den Inhalt hier auf das Tischchen legen?«)

In der Zwischenzeit hatte sich ein weiterer Zollbeamter zu uns gesellt und beobachtete das Szenario. Der Bursche schien der Vorgesetzte des anderen zu sein, hatte mehr Pickel auf den Schultern. Die beiden waren schon ziemlich erstaunt, was da alles zum Vorschein kam. Aber leider war ihnen das nicht genug. Sie drückten mir einen Schraubenzieher in die Hand, und ich musste zu allem Überfluss auch noch den Deckel meiner Miele abschrauben, um ihnen einen Blick ins Gehäuse zu gewähren. Sehr gründlich, die Burschen, dachte ich bei mir, dieses Mal aber lieber, ohne dass ich meine Gedanken mit ihnen teilte. Als ich meine ganze Habe vor ihnen ausgebreitet hatte, erschien ein Bulli vom Schweizer Zoll, aus dem nochmals zwei Beamte ausstiegen und sich meiner Kontrolle anschlossen.

»Was machet dir mit däm Ding?« (»Was machen Sie mit dem Ding?«)

Da war sie, die Frage aller Fragen, und ich erzählte ihnen von meinem Plan. Die Situation entspannte sich augenblicklich, und jetzt wirkten die Zöllner locker und freundlich, regelrecht interessiert an meiner verrückten Unternehmung. Einer von ihnen erzählte, dass er Bergmarathonläufe mache, und als ich meine Sachen wieder verstaut hatte, fragte er mich, ob er sich mal an der Karre vergehen könne.

»Chanz schön schwer, das Maschinäli!« (»Ganz schön schwer, das Maschinchen!«), staunte er und ließ von seinen Kollegen Fotos schießen. Auf meine Frage hin, ob er diese bei mir auf die Facebook-Seite stellen könne, meinte er nur: »Das geit net. Mir si doch im Dienscht, u das chunt sicher net guet a!« (»Das geht nicht. Wir sind doch im Dienst, und das kommt sicher nicht gut an.«)

Sie verabschiedeten mich noch freundlich und wünschten mir einen guten Weg.

Sind doch ganz nett, die »Schwiiiitzer«!

Habe bei den Schreibers echt gut geschlafen und morgens nur eine überschaubare Ration an Pillen gebraucht, um in die Gänge zu kommen. Ich bin schon ganz früh am Morgen wach und setze mich für ein paar Minuten an den Rhein, um die Stille zu genießen. Die beiden haben hier wirklich ein wunderschönes Plätzchen. Viele würden für so einen Ausblick ihren Jahresurlaub hergeben, und die Schreibers können sich jeden Tag daran sattsehen. Danach verpflastere ich meine Füße. Der dicke Onkel ist etwas entzündet, wie ich befürchtet habe. Die Blase muss ich noch mal aufstechen. Bei dem Umfang, den sie angenommen hat, komme ich nicht in meine Schuhe rein. Die Alternative wäre, barfuß zu laufen, was ja auch nicht unbedingt erstrebenswert ist.

Kurt klopft bei mir und möchte mit mir frühstücken. Seine Frau ist außer Haus beschäftigt, und so können wir beide uns ganz in Ruhe unterhalten.

»Kurt, du bist doch noch gar nicht so alt. Arbeitest du nicht mehr, oder sponsert dich dein Schwager?« Bücker, du Esel … schelte ich mich selbst. »Entschuldigung, war nicht so gemeint. Doofer Spruch.«

»Ist schon gut. Du hast ja recht. Ich bin erst sechzig, aber schon Rentner. Frührentner, um es genauer zu sagen. Ich habe früher als Dachdecker gearbeitet. Knochenjob. Aber ich habe es geliebt, auf dem Dach zu stehen und über die Gemeinden zu gucken. Je höher das Haus war, das wir decken mussten, umso besser. Da stehst du auf den Streben und oben am First und fühlst dich so frei wie ein Vogel. Das Wetter war zwar oft beschissen, aber wenn du da oben bist, macht dir das nichts mehr aus.«

»Ich habe mal bei einem Kumpel mitgeholfen, das Dach ab- und wieder aufzudecken. Heißt das so? Das hat den ganzen Tag gedauert, und dabei hat es abwechselnd geregnet und geschneit. Ich war verdammt froh, als ich abends unter die Dusche gehen konnte. Kein Job für mich. Aber was ist denn passiert, warum bist du schon in Rente?«

»Es ist jetzt fast auf den Tag genau fünfzehn Jahre her, dass ich vom Dach fiel. Bin an so einem doofen Nagel hängen geblieben, habe das Gleichgewicht verloren und bin runtergestürzt. Kurz vorm Aufkommen konnte ich mich noch im Fallen drehen, sonst wäre ich auf den Kopf gefallen, und dann wäre Schluss gewesen mit Kurt.« Er wird kurz still, lächelt vor sich hin und erzählt dann weiter. »Sie mussten mir drei Wirbel im Kreuz mit Platten wieder zusammenschrauben. Das Rückenmark war beschädigt. Hab ein halbes Jahr im Krankenhaus gelegen, und die Ärzte gaben mir wenig Hoffnung, dass ich überhaupt wieder auf die Beine kommen würde. Du hast ja Hedwig kennengelernt, wobei ich glaube, du hast ein einseitiges Bild von ihr bekommen. Vor meinem Unfall war sie ganz anders. So lieb und freundlich. Ein richtiger Sonnenschein. Und als es dann passierte, hat sie jede Menge für mich getan … Dafür bin ich ihr allerhöchsten Respekt schuldig. Sie hat mich gepflegt und unterstützt. Hat mir Mut gemacht und mich motiviert, weiter an die Physiotherapie zu glauben. Sie hat mich jeden Tag in der Reha besucht. Das waren immerhin vierzig Kilometer, ein Weg. Ohne ihre Hilfe wäre ich, glaube ich, nicht so fit geworden, wie ich jetzt bin. Das Komische ist, dass sie so geworden ist wie jetzt, als ich mich wieder halbwegs alleine versorgen konnte. Ich verstehe das gar nicht. Wir sollten doch beide froh sein, dass das so ausgegangen ist. Vielleicht vermisst sie es ja, mich zu pflegen und zu betüddeln wie ein Kind. Ich habe sie früher öfter mal gefragt, aber sie hat nur abgewunken und mit dem Kopf geschüttelt.«

»Kurt, das tut mir leid, aber deine Hedwig ist echt eine Nummer für sich.«

»So komisch sich das anhört und so bekloppt das für dich aussehen mag, ich liebe sie. Wahrscheinlich, weil ich die wirkliche Hedwig kenne und sie immer noch sehe, wenn ich sie nachts betrachte, wenn sie schläft. Wenn sie das wüsste, würde sie mich sicher zur Schnecke machen.« Er lacht, aber eher zu sich selbst als zu mir.

»Ich sag dir nur eins, Kurt, das muss Liebe sein. So, jetzt gib mir noch einen Kaffee, und dann muss ich auch los. Bevor deine Süße wiederkommt.« Ich lache und haue ihm aus Spaß auf die Schulter. Wir verabschieden uns wie Kumpels, die sich schon lange kennen, und dann ziehe ich weiter.

Die Gegend ist echt klasse. Ich kann ganz nah am Rhein auf einem Radweg laufen. Durch die herrlichen riesigen Bäume, die hier am Ufer stehen, sind die Wege jedoch von Wurzeln ganz untergraben und holprig. Auf der anderen Rheinseite sehe ich im Nebel einen Hirsch, der auf einer Lichtung steht und grast. Ich bleibe stehen und beobachte ihn eine Weile. Auf einmal hebt er den Kopf und sieht mir direkt in die Augen. Wie hypnotisiert gucken wir beide uns sicher eine Minute an, bevor er langsam im Dickicht verschwindet. Ganz schön großer Bursche. Was für ein majestätisches und so kraftvolles Tier! Bis Mittag nimmt der Nebel noch zu, sodass ich leider nicht viel von der Schönheit der Gegend erkennen kann. Aber dieser Nebel macht die Atmosphäre schwer, melancholisch und besonders schön. Er verschluckt die meisten Nebengeräusche, und die Welt erhält einen ganz besonderen Anstrich, alles wirkt geheimnisvoll und friedlich zugleich. Das Gluckern der Wellen erscheint mir melodisch und begleitet mich auf meinem Weg.

Ich sehe keine Autos oder Fahrräder, es sind noch kaum Leute unterwegs. Merkwürdig. Ich habe mich entschlossen, nur noch auf Radwegen zu laufen. Das Vorwärtskommen auf den Wanderwegen in den Waldstücken war zu beschwerlich, um das auf Dauer durchzuziehen.

Zwar werden es so ein paar Kilometer mehr, die ich zurücklegen muss, aber das ist mir egal. Zeit genug habe ich ja. Und im Moment liegen auch kaum Steigungen vor mir. Glaube ich zumindest. Ich genieße meine Tour und freue mich über die Leute, denen ich später begegne. Fast alle lächeln freundlich und wundern sich, was für ein komischer Vogel da an ihnen vorbeiflattert. Kaum einer lacht mich aus. Das freut mich ganz besonders. Bei einigen sehe ich, dass sie nachdenklich werden, als ich ihnen die Sinnfreiheit meines Tuns versuche zu erklären. Ich komme mir dabei sehr ungeschickt vor. Finde am Anfang nicht die richtigen Worte, um zu beschreiben, worum es mir geht. Ich habe mir natürlich Gedanken gemacht, aber auf Anfrage fällt es mir schwer, sie zu vermitteln, sodass ein anderer sie auch verstehen kann.

Gegen Mittag mache ich Pause auf einer Parkbank direkt am Rhein. Ich esse und trinke mechanisch. Diese Körnerriegel, die ich mir hier jeden Tag reinschraube, hängen mir jetzt schon zum Halse raus. Sind unglaublich süß und kleben zwischen den Zähnen. Aber ich brauche diesen Energieschub, um voranzukommen. Nach meiner bescheidenen kleinen Mahlzeit lege ich mich etwas auf die Bank und träume vor mich hin.

Ich muss an Kurt denken und wie er vom Dach gefallen ist. Was für ein Glück er doch im Unglück hatte. Und wie er und seine Hedwig damit fertig geworden sind. So was schweißt zusammen. Nur komisch, wie sie seitdem reagiert. Wahrscheinlich hat sich auch ihr Leben mit dem Unfall ihres Mannes grundlegend verändert, und damit kommt sie nicht so gut klar und ist deshalb aggressiv geworden.

Vor vielen Jahren, als ich beim Fußball aus der Jugendmannschaft in den Seniorenbereich gekommen bin, also etwa mit achtzehn, gab es bei den »Großen« einen lustigen Burschen. Der nahm jede Party und jedes Fest mit. In meinen Augen war er schon ein alter Sack. Irgendetwas über dreißig. Also damals uralt. Wir hatten innerhalb der Mannschaft gar nicht so viel Kontakt, was natürlich auch am großen Altersunterschied lag und daran, dass wir deshalb verschiedene Interessen hatten. Eines Tages, als ich zum Training kam, hieß es auf einmal, Jan sei vom Dach gefallen. Er war nämlich wie Kurt auch Dachdecker, und als er zu Hause seine Garage neu mit Schweißbahnen belegen wollte, war er gestolpert und runtergesegelt. Sind ja nur zwei Meter oder so, dachte ich in diesem Moment noch, aber Jan war so blöde gefallen, dass er nach dem Sturz und unzähligen Operationen schwerstbehindert war. Er kam in ein Pflegeheim, weil seine Frau, die sich um ihre beiden kleinen Jungs kümmern musste, ihn nicht versorgen konnte. Er lag im Koma und musste künstlich ernährt werden, und seine Lunge war auch nicht im besten Zustand. Jan lebte noch etwa zehn Jahre und starb dann an einer Lungenentzündung, ohne dass er noch einmal aufwachte.

Immer, wenn ich so eine Geschichte höre wie die von Kurt, muss ich an Jan denken. Der hatte sein Leben genossen, hatte eine glückliche Familie und ein kleines Häuschen, einen guten Job und Geld, und dann … Bumm! Endegelände. Von jetzt auf gleich Feierabend! Da kommt man natürlich ins Grübeln. Würde ich lieber auf unbestimmte Zeit im Koma liegen wollen – oder soll bei mir einer den Stecker ziehen? Ich glaube, ich würde lieber kurzen Prozess machen wollen, auch aus Rücksicht auf die Hinterbliebenen.

Zumindest ein kleines Happy End hat die dramatische Geschichte mit Jan aber. Einer seiner beiden Söhne hat es bis zum Profifußballer geschafft, und immer, wenn ich ihn im Fernsehen sehe, bin ich mir sicher, dass Jan stolz auf seinen Jungen gewesen wäre.

Der Nachmittag geht mir trotz meiner Blessuren leicht und locker von den Füßen. Dann der Hammer! Kurz vor Waldshut baut sich erneut ein Mörderberg vor mir auf. Ich erkundige mich bei zwei Stadtarbeitern, ob es noch einen anderen Weg nach Waldshut gebe – leider nein. Also nehme ich das Ungetüm in Angriff. Der Weg ist lang und steil. Schon nach den ersten Metern schwitze ich wie ein Schwein. Die Zeit, die ich mit dem Aufstieg zubringe, zieht sich wie Gummi. Ich muss alle paar Meter eine Pause einlegen und peitsche mich diesen Mistberg hoch. Als ich oben bin, freue ich mich wie Rocky Balboa, als er in »Rocky IV« beim Training in Sibirien auf dem schneebedeckten Berg steht. Yes!

Später in der Stadt, in der Fußgängerzone vor dem Rathaus, stoße ich auf eine Hochzeitsfeier. Ich bleibe stehen und schaue zu. Ein Hochzeitsgast fragt mich, ob ich zur Braut gehöre und ob ein Spiel mit der Waschmaschine geplant ist. Ich verneine natürlich und erzähle ihm von meiner Wanderung. Der Bursche möchte unbedingt ein paar Fotos schießen. Lustig, jetzt bin ich mit meiner Mikaela sogar in einem Hochzeitsalbum festgehalten. Vom Brautvater werde ich ganz kritisch beäugt, aber als er erfährt, was los ist, spendiert er mir sogar ein Glas Sekt.

Im Infobüro schickt man mich zu Frau Schmitthuber. In die hinterste Straße der Stadt, auf den höchsten Berg. Unglaublich. Frau Schmitthuber ist dreiundachtzig Jahre alt und ganz aus dem Häuschen über meine Art des Reisens. Die alte Dame kriegt sich nicht mehr ein, lacht sich kaputt, dass ihr die Tränen kommen, und kann es nicht fassen, dass ich mit einer Waschmaschine unterwegs bin. Eine sehr redselige Frau. Für Mikaela hat sie leider keinen schönen Platz. Ich muss sie zwei kleine Treppen hochziehen und hinter einen Busch im Vorgarten stellen. Nicht so schön, aber wird schon gehen.

Bei einer Tasse Kaffee fängt die alte Dame an. Sie erzählt und erzählt und erzählt. »Wissen Sie, junger Mann, ich führe diese Pension schon über dreißig Jahre, aber so einen komischen Kauz wie Sie hatte ich noch nie bei mir zu Gast.«

»Ach, Frau Schmitthuber. Ich freue mich, dass Ihnen das gefällt und ich Sie so zum Lachen bringen kann. Wenn Sie mich jetzt fragen, warum ich das mache, haben Sie sich die Antwort gerade selber gegeben. Wenn ich allen, die ich treffe, wie Ihnen ein Lächeln ins Gesicht zaubern kann, bin ich mehr als zufrieden.«

Sie erzählt mir dann noch, dass sie früher gemodelt habe. Als ich zunächst etwas verhalten reagiere, läuft sie los und kommt mit einem Schuhkarton zurück. In diesem hat sie ihre »Schätze« aufgehoben, wie sie mir augenzwinkernd verrät. Bevor sie den Deckel öffnet, köpft sie erst einmal eine Flasche Prosecco, und ich ahne, dass ich etwas Zeit investieren muss, um Frau Schmitthuber glücklich zu machen.

Ihre Sammlung umfasst nicht nur einen Bildband mit Portraits in Schwarz-Weiß, die mir ausgesprochen gut gefallen, sondern auch eine Reihe von Fotos in Abendgarderobe, Businessoutfit, Sportdress und sogar Badeanzügen. Ich muss schon sagen, Frau Schmitthuber war mal eine Rakete. Als Höhepunkt präsentiert sie mir einen Katalog aus den Sechzigern. Dort ist sie auf vielen Seiten in den unterschiedlichsten Klamotten zu bewundern. Sie erzählt mir, was für Träume sie hatte und wie schwer ihr die Entscheidung für die Familie und gegen die Karriere gefallen sei. Ihr Mann sei ein Ekel gewesen und habe sie unterdrückt. Sie habe lange Zeit gebraucht, um ihren Sohn zu akzeptieren, den sie ungewollt bekam. Ist schon komisch, dass eine alte Frau mir solche intimen Dinge erzählt, obwohl ich sie erst vor einer halben Stunde kennengelernt habe. Das macht einen schon etwas nachdenklich. Warum fällt es ihr so leicht, einem praktisch Fremden ihre persönliche Geschichte zu erzählen, womöglich leichter als Familie und Freunden gegenüber? Aber es erfüllt mich natürlich auch mit Stolz, dass diese alte Frau mir so vertraut und ihr Herz ausschüttet. Schön!

Das Zimmer ist klasse und günstig. Da das Haus, wo ich heute nächtige, mal wieder auf einer Anhöhe steht und ich sogar einen kleinen Balkon habe, bietet sich mir ein toller Blick über die Stadt. Die Einrichtung ist zwar etwas alt, aber alles ist pikobello sauber und aufgeräumt. Später gehe ich noch einmal in die Stadt und lasse mir von den beiden Infodamen Zimmer in Murg (Samstag) und Bad Säckingen (Sonntag) buchen. Gut, dass ich noch daran gedacht habe, dass morgen Wochenende ist. Das wäre sonst eine Katastrophe geworden. Die Damen geben sich echt Mühe. Der einen schenke ich das Buch, das ich gerade ausgelesen habe. (Auch so eine verrückte Idee von mir, Bücher mitzunehmen. Habe doch tatsächlich sechs Stück in der Waschtrommel! Bekloppt!) Die Gute ist völlig überrascht. Sie will bald heiraten, und ich schenke ihr ein Buch, das versucht, Frauen den Mann zu erklären. (Dietrich Schwanitz: *Männer. Eine Spezies wird besichtigt.* Lesenswert und für beide Geschlechter als Geschenk bestens geeignet.)

Danach muss ich noch zur Apotheke. Ich brauche neues Verbandsmaterial für meine Füße. »Warum nehmen Sie denn keine Blasenpflaster? Die schützen und desinfizieren, und dadurch wird die Heilung verbessert«, klärt mich die junge Dame hinter der Theke etwas hölzern auf.

»Ich glaube, so große Pflaster haben Sie nicht. Außerdem würden die gar nicht halten, bei den Schrumpelfüßen«, versuche ich ihr meine Lage zu erklären.

»Zeigen Sie doch mal«, fordert sie mich auf. Das macht sie mir gleich sympathisch, dass sie sich hier sofort vor Ort meine ziemlich unansehnlichen Füße angucken will.

Ich schäme mich allerdings etwas, den desolaten Zustand meiner Quadratlatschen zu enthüllen. Nach mehrmaligem Drängen gebe ich mich aber doch geschlagen.

»Ach du meine Güte. Chef, können Sie mal bitte gucken kommen?« Nach einem ersten Blick ist die Apothekerin zu Tode erschrocken und holt Verstärkung.

Der Boss setzt erst mal seine Brille auf und sich auf einen Hocker und zieht nach Betrachtung des Debakels seine Augenbrauen hoch. »Guter Mann, das sieht gar nicht gut aus. Sie müssen dringend eine Pause machen und Ihre Füße schonen. Pflaster helfen da auch nicht mehr.«

»Haben Sie Mercurochrom?«, frage ich ihn. »Dieses Mittel gab es vor zwanzig Jahren mal und ist hervorragend geeignet, Wunden auszutrocknen.«

»Nein, tut mir leid. Das ist schon lange vom Markt, da es chromhaltig war und deshalb verboten wurde. Aber ich gebe Ihnen etwas Ähnliches mit.«

»Das ist nett. Werde ich mal probieren. Danke.«

In der Stadt gehe ich dann meiner Lieblingsbeschäftigung nach: Leute beobachten. Ich esse eine Kleinigkeit (Tapas), trinke leckeren Wein und genieße das Leben. Bin ganz für mich und fühle mich vollständig. Gut, dass ich einen Tisch in der Ecke habe und mich niemand ins Visier genommen hat, so kann ich meine Füße mit dem neu erworbenen Mittelchen einschmieren und das Zeug ungeniert einwirken lassen. Macht sich ja nicht sooo gut mit nackten Füßen in einem Restaurant. Sieht aber keiner. Glück gehabt.

Als ich zurückkomme, wartet Frau Schmitthuber schon auf mich. Die alte Dame spricht wieder sehr viel. Aber ich mache ihr die Freude und schenke ihr gern noch etwas von meiner Zeit.

Ich überlege, ab morgen die Reservierung der Zimmer abzugeben. Das kostet extrem viel Zeit und auch Nerven, die ich eigentlich nicht opfern möchte. Meine Kumpels Benne, Fabi und Nicky haben mir angeboten, diesen Job von zu Hause aus per Internet zu übernehmen. Ich werde ihnen abends immer mitteilen, welches Dorf oder welche Stadt ich tags darauf erreichen will, und sie sollen mir was besorgen. Das wird mir die Tour auf jeden Fall erleichtern.

Die gute Nachricht ist: Ich habe sehr gut geschlafen. Die schlechte: Meine Füße sehen richtig übel aus. Die Socken, die ich in der Nacht anhatte, um die Bettwäsche nicht einzusauen, kann ich eigentlich wegschmeißen. Mache ich aber nicht. So etepetete bin ich ja nun auch nicht, sie kommen in die Wäsche. Die Farbe, die die Salbe dort hinterlassen hat, geht zwar nie wieder raus, aber das ist mir total Latte. Das Wichtigste ist, dass meine Blasen trocken sind. Ich bandagiere sie trotzdem. Sicher ist sicher.

Obwohl ich keinen Hunger habe, frühstücke ich mit Frau Schmitthuber. Die alte Dame ist immer noch ganz aufgeregt. Sie erzählt mir, dass sie in der Nacht aufgewacht ist und von mir geträumt hatte. An Einschlafen sei nicht mehr zu denken gewesen, weil sie so viel lachen musste, bis ihr die Tränen gekommen sind. Auch jetzt, wo sie mir das erzählt, fängt sie vor lauter Kichern wieder an zu weinen. Echt süß, das alte Mädchen.

Danach weiht sie mich in weitere Familiengeschichten ein: »Als mein Mann gestorben ist, wusste ich gar nicht mehr, wie es weitergehen soll. Aber ich habe meine Pension, und durch die vielen Gäste habe ich immer Unterhaltung und Menschen um mich rum. Das hält mich am Leben. Nur mein Sohn Hubert macht mir große Sorgen, vielleicht haben Sie als Mann ja eine Idee, wie ich ihm helfen kann. Der Hubert hat es nicht so mit Frauen. Immer musste ich zusehen, dass er mal eine anspricht.

Oft habe ich versucht, ihn mit den Töchtern meiner Freundinnen aus der Kirchengruppe zu verkuppeln, aber der Junge kommt nach seinem Vater. Sehr schüchtern, und zum Lachen geht der auch in den Keller. Das mag doch keine Frau.«

So früh am Morgen ist es für mich schwierig, einer solchen Unterhaltung zu folgen. Vor allem, weil ich ja auch irgendwann mal losmuss. »Frau Schmitthuber, ich weiß jetzt nicht, ob ich in diesem Fall der richtige Ansprechpartner bin. Meine Beziehungen gingen auch alle in die Hose«, versuche ich mich aus der Affäre zu ziehen.

»Das ist wurscht. Sie hatten ja wenigstens welche. Und Menschen mit Humor und so einer Macke, wie Sie eine haben, finden doch immer eine nette Frau.«

Ich bin nicht sicher, ob ich das jetzt als Kompliment ansehen soll. Verbuche es aber so in meinen Erinnerungen.

»Jedenfalls, der Hubert hat sich dann eine Frau aus Russland bestellt. Im Internet, bei so einer Frauenbörse. Am Anfang war auch alles super. Die Natascha wirkte wirklich pfiffig, wobei ich mich schon gefragt habe, was so eine hübsche Frau mit meinem Hubert anfangen will. Der Hubert hat sie sogar mit in den Urlaub genommen. Dann haben sie geheiratet und ein Haus gebaut. Aber nach einem Jahr ist sie abgehauen. Der Hubert muss jetzt eine ganze Menge an Unterhalt bezahlen und sitzt alleine in seinem großen Haus. Schrecklich. Aber zu mir kann er auch nicht ziehen. Der macht mich mit seiner Art verrückt.«

»Ja, Frau Schmitthuber, da kann man wohl nicht viel machen, fürchte ich. Vielleicht ist das seine Bestimmung, alleine zu leben. Manchmal ist es für alle Beteiligten besser so. Überlegen Sie doch mal. Nicht mal Sie können Ihren Hubert um die Ohren haben, und Sie sind seine Mutter. Wie soll das dann eine fremde Frau aushalten?«

Auf einmal wird sie ganz ruhig, schweigt und nickt nach ein paar Augenblicken mit dem Kopf. »Vielleicht haben Sie recht. Schönen Dank.«

Nach einer Stunde muss ich das Gespräch aber wirklich beenden. Sonst komme ich heute gar nicht mehr los. Frau Schmitthuber drückt mich ganz fest und wünscht mir viel Glück.

Der Weg ist wieder klasse, ich komme gut voran. Nach zwei Stunden tun mir meine Füße auch gar nicht mehr so weh. Als ich eine kleine Pause auf einer Parkbank mache, beobachte ich zwei Eichhörnchen, die sich auf dem Rasen um eine Nuss balgen. Lustig anzusehen. Nur zwei dicke Steigungen muss ich heute Vormittag hoch. Aber insgesamt alles doch relativ einfach zu bewältigen. In Laufenburg trinke ich mit zwei netten Schweizerinnen einen Kaffee und sabbel eine Runde. Die Schweizer Neutralität erhält einen Dämpfer, als ich von meiner Begegnung mit den Zöllnern von vorgestern erzähle. Ich finde die Aktion im Nachhinein ganz lustig, aber die zwei sehen das anders.

Eine der Damen hat Geburtstag. Als ich ihr ein Ständchen bringe und »Happy Birthday« singe, wird sie ganz rot im Gesicht, und als ich ihr dann noch ein Küsschen gebe, sieht sie aus wie eine überreife Tomate. So zieht sich die Pause eine Stunde hin. Ich gebe ihnen eine Runde Prosecco aus, und wir unterhalten uns richtig nett über Job, Liebe und Gesundheit. Natürlich muss ich ihnen auch von der Wanderung erzählen, und sie sind begeistert von meiner Idee. Die zwei wollen mir sogar ihre Telefonnummern geben, was ich für nicht unbedingt sinnvoll erachte. Natürlich könnte ich sie aus Höflichkeit annehmen, aber ich bin nicht der Typ, der so etwas nur macht, um dem Gegenüber zu gefallen und später die Nummer wegzuwerfen. Sie sind etwas pikiert. Egal.

Ein paar Minuten später taucht noch eine Gruppe Radler auf, die mich vor einer Stunde schon einmal überholt haben und die anscheinend noch irgendwo etwas besichtigt haben. Die scheinen auch einige Pausen eingelegt und diese mit ein paar Bier versüßt zu haben. Sie setzen sich zu uns, und es wird eine schöne Quatschrunde. Herrlich! Jeder möchte eine Runde mit der Waschmaschine drehen. Ein ganz lustiger Haufen. Aber ich muss echt los, sonst komme ich heute gar nicht mehr voran. Heute sind es zwar nur fünfundzwanzig Kilometer, aber das reicht auch. Ist ja schließlich Wochenende.

Meine Bleibe heute ist richtig schön und einfach. Dort habe ich auch genug Platz, um meine Wäsche aufzuhängen. Meine Füße sehen im Vergleich zu den letzten Tagen viel besser aus. Zwar noch lange nicht komplett wiederhergestellt, aber ganz okay. Schmerzen habe ich beim Laufen weiterhin kaum. Ob das wohl klassische Verdrängung ist? Ganz geheuer ist mir das nicht.

In einer Kneipe gucke ich Fußball und bin mal wieder fasziniert von der Wirkung dieser Sportart. Fußball verbindet die Menschen miteinander, egal ob in Brasilien oder Japan oder sonst wo auf der Welt. Die Menschen lieben diesen Sport, und keiner weiß, warum eigentlich. Es fallen kaum Tore, es geht vergleichsweise unspektakulär zu, was Verletzungen und Zoff auf dem Spielfeld angeht, und doch sind so viele Menschen begeistert und vereinen sich in ihrer geteilten Leidenschaft zu dieser Sportart. Die ist grenzübergreifend, auch wenn jeder natürlich in der Regel seine Landsmänner anfeuert. Für mich gibt es kaum etwas Schöneres.

Auch hier in der Kneipe sind einige verschiedene Nationen versammelt. Die kleine UNO, wenn man so will. Und keiner haut dem anderen in die Fresse oder besprenkelt ihn mit Giftgas. Keiner denkt darüber nach, was für eine Religion der andere wohl hat. Es spielt keine Rolle, ob ich ein reicher Krankenpfleger oder ein armer Investmentbanker bin. Wir sitzen da vor der Theke und gucken Fußball. Nicht mehr! Wir freuen uns gemeinsam über schöne Tore oder lachen uns kaputt, wenn ein Torwart ins »Klo gepackt« hat.

In der Halbzeit helfen mir Mustafa (Türke) und Gerome (Nigerianer), die erste Mail meines Lebens zu schreiben. Ich bin und bleibe wahrscheinlich ein Dinosaurier. Ich mag diese Art der Kommunikation einfach nicht. Da bin ich eher konservativ und möchte mit einem Menschen direkt in Kontakt stehen, face to face. Vielleicht ist es aber auch nur die Angst vor dem Neuen oder meiner Blödheit, die neue Technologie zu verstehen. Ich weiß und schätze es auch, dass mir meine Jungs zu Hause damit ab und an den Arsch retten und mir eine Bleibe besorgen, aber meins wird das nicht. Als ich meine Mail fertig habe und auf »Go« oder wie das heißt drücke, bin ich stolz wie Oskar.

Das »Topspiel« gucke ich mit heute nicht mehr an. Irgendetwas wie »burg« gegen »heim« oder so! Also nichts Interessantes. Ich klatsche die Jungs an der Theke noch mal alle ab und verziehe mich in Richtung Dorf.

Am Abend esse ich bei einem Chinesen. Oft finde ich solche Restaurants völlig überladen und kitschig aufgetakelt. Dieses aber gefällt mir sehr gut. Es strahlt eine einfache Eleganz und Schlichtheit aus. Es erinnert mich an irgendetwas, ich weiß nur gerade nicht, wo ich es hinstecken soll. Ich hänge so meinen Tagträumen nach und muss auf einmal an meinen Hund Renko denken, einen Labradormischling, der sein ganzes Leben bei mir verbracht hat. Er war vielleicht der Einzige, der alles von mir wusste, und der Einzige, der mich nie im Stich ließ. Er hat mich schon auf vielen Wanderungen begleitet. Ich hatte vor, ihn auch zu dieser Tour mitzunehmen, musste aber einsehen, dass es für ihn viel zu anstrengend werden würde. Sehr schade. Hätte mir auch früher einfallen können, so etwas zu machen. Sechs Wochen alleine wollte ich ihn auch nicht lassen. Und so beschloss ich, dass es erst losgehen würde, wenn er nicht mehr da wäre. Das erschwerte die genaue Planung etwas – aber etwas anderes konnte ich mir nicht vorstellen. Also habe ich, nachdem ich meinen Plan mit der Waschmaschinentour gefasst hatte, noch zwei Jahre gewartet.

Ich denke da zum Beispiel an unsere gemeinsamen Spaziergänge. Wir hatten so etwas wie einen routinemäßigen Ablauf. Erst kabbelten wir eine Weile auf dem Sofa rum, dann bekam Renko seine Lieblingsspeise: gefrorener Joghurt. Nach dem Leckerchen gingen wir beide fast an jedem Tag eine große Runde spazieren. Von seinem Wesen her war Renko so gutmütig, dass man ihn ohne Weiteres einen Pazifisten nennen konnte. Deshalb leinte ich ihn auch nie an. Er lief ganz locker neben mir her, und wir teilten uns meist die Entscheidung, wo es lang ging. Wenn er mal keine Lust hatte, an einer Kreuzung abzubiegen, blieb er einfach sitzen und wartete auf mich, bis ich nachgab. Bei der nächsten Kurve durfte ich dann wieder entscheiden. Ich hatte mir angewöhnt, beim Spazierengehen ein Buch mitzunehmen und es beim Gehen zu lesen. Eine sehr entspannende Art, vom Alltag abzuschalten. Renko passte schön auf, dass wir beide nicht überfahren wurden, und warnte mich immer, wenn sich ein Auto näherte. Für so einen großen Hund war er schon sehr alt, und so freute er sich, langsam neben mir her zu trotten.

Plötzlich spricht mich der Kellner an und holt mich ins Hier und Jetzt zurück: »Ist alles in Ordnung bei Ihnen?«

»Natürlich. Alles gut. Das Essen ist sehr lecker, vielen Dank. Warum fragen Sie?«

»Weil Sie seit einer Dreiviertelstunde keinen Bissen mehr angerührt haben und es den Eindruck gemacht hat, dass Sie schlafen?«

Ich schaue auf meine Uhr – und tatsächlich. Während ich so meinen Gedanken nachhing, muss ich weggenickt sein.

»Sie sehen sehr müde und erschöpft aus.«

»Ich glaube, das ist die Wirkung Ihres Restaurants, im positiven Sinn. Hier kann man richtig tiefenentspannen. Es wirkt alles sehr edel und mit viel Liebe eingerichtet.«

»Ja, hier kann man Steine wachsen hören«, meint er daraufhin.

»Oder Tee aus einer leeren Tasse trinken«, antworte ich.

Er muss lachen. »Sie haben also auch *Shogun* gelesen?«

»Bestimmt schon zehnmal. Es ist mein Lieblingsbuch, und diese Atmosphäre hier erinnert mich sehr daran.«

»Das ist schön, dass Sie das so sehen. Ich bin auch ein Fan von *Shogun*. Danke für Ihre Freundlichkeit, es erkannt zu haben.«

Auch mal ein schöner Abend, alleine mit seinen Gedanken zu sein. Mein Glückskeks meint übrigens: »Finde deinen Weg.« Wenn das mal nicht wie die Faust aufs Auge passt.

Als ich schließlich im Bett liege, kommt mir Renko wieder in den Sinn. Der ist heute ganz schön oft in meinen Gedanken. Renko war ein fantastischer Hund, aber das würde wahrscheinlich jeder Hundebesitzer über seinen Gefährten sagen. Er war wunderschön und konnte einem tiefer in die Augen gucken als jede Frau, außerdem waren wir uns charakterlich auch sehr ähnlich. Wie ich hatte er überhaupt keine Lust auf Streit mit seinen Artgenossen. Wenn es mal zu einer Konfrontation kam, winkte er schon im Voraus ab, legte sich auf den Rücken und dachte sich seinen Teil über den Aggressor.

Als Renko in seinen Flegeljahren war, war er sexuell hyperaktiv. Wenn er auch nur ahnte, dass eine Hündin im Umkreis läufig war, büchste er aus und ward nicht mehr gesehen, bis er nach Stunden völlig erschöpft und mit langer Zunge wieder im Garten aufkreuzte. Am Anfang habe ich noch versucht, den Garten ausbruchssicher zu machen. Habe einen hohen Zaun gebaut, das Tor verstärkt und sogar Baustahlmatten in die Hecke gesteckt, weil der geile Casanova am liebsten mit großem Anlauf und Kopfsprung durch die Hecke gerast ist, wenn er den Hundedamen mal wieder zu Diensten sein wollte. Doch irgendwann bekam er epileptische Anfälle durch seine Dauergeilheit. Die Tierärztin meinte, wenn Renko nicht kastriert werde, könne ihn das über kurz oder lang das Leben kosten. Also beschlossen wir schweren Herzens (oder eher meine Ex), dass die Eier ab müssten.

Eine Woche später kam ich vom Dienst, und Renko lag mit einem Verband da, wo früher sein ganzer Stolz war, und einem Trichter um den Hals in seinem Körbchen. Er sah mich kurz an und drehte seinen Kopf zur Wand. Ich hatte es nicht über mich bringen können, ihn zur OP zu begleiten. Es dauerte einige Zeit, bis mir Renko verzeihen konnte. Aber als Kumpel, der er war, gelangte er irgendwann zu der Einsicht, dass ja nicht ich es gewesen bin, der das Skalpell geführt hat.

Ab der OP war der Don Juan nur noch ein Sofasportler. Wäre er ein Mensch gewesen, würde man ihn als dickbäuchigen Glatzkopf mit Kapuzenshirt und grauer, fleckiger Jogginghose bezeichnen. Mag sein, dass der Eingriff sein Leben um Jahre verlängert hatte. Doch um welchen Preis?

Das extrahohe Gartentor konnte ich nun wieder abbauen. Renko ging nur noch spazieren. Mal zum polnischen Nachbarn, der ihn liebte und ihn mit Krakauern fütterte, mal zum deutschen Nachbarn, wo er im Wohnzimmer mit zwei Katzen auf dem Teppich lag und Schumacher und Co. beim Formel-1-Rennen im TV beobachtete.

Jahre später machte Renko seine eigene Wanderung und zeigte mir auf seine Weise, dass nichts unmöglich ist. Diese Geschichte erzähle ich später noch.

Bad Säckingen

Die erste Woche geht heute zu Ende. Der Tag ist ganz easy, ich lasse es ruhig angehen. Ist ja Sonntag. Ich habe alle Zeit der Welt und laufe locker. Die Schmerzen lassen immer mehr nach. Und außer der rechten Wade, die immer noch schlecht aussieht, den Blasen an meinen Füßen, die die Form von getrockneten Datteln angenommen haben, und den wunden Schultern ist alles bestens! Ich werde es heute mal ohne Schmerztabletten versuchen und bin gespannt, wie mein Körper reagieren wird. Hoffentlich kommt es nicht zu einer Meuterei.

Der Weg ist super für Mikaela und mich geeignet und die Landschaft wunderschön. Ein tolles Urlaubsziel. So langsam hält der Herbst Einzug, die Sonne scheint, und die Blätter werden schön bunt. Ab und zu bleibe ich einfach mal stehen und beobachte die Szenerie am Rheinufer. Dieser majestätische Fluss strahlt eine unglaubliche Ruhe und Kraft aus. Was sich im Laufe der Zeit hier für Geschichten abgespielt und Dramen ereignet haben mögen? Der alte Vater Rhein könnte sicherlich einige erzählen.

Zwischendurch mache ich viele Pausen und unterhalte mich an einer Tankstelle mal wieder mit einem Tankwart, die Jungs scheinen echt gesellig zu sein. Lustiger Bursche, der sogar eine Runde Gleitcreme für Mikaela schmeißt.

Mittags mache ich auf einem Marktplatz Rast und quatsche mit den Gästen, die mit mir im Café sitzen. Es sind ganz unterschiedliche Gestalten. Eine Truppe Radler besteht fast nur aus Ingenieuren, die sich lang und breit darüber auslassen, wie man meine Karre effektiver aufziehen könnte. Die fertigen sogar eine Zeichnung auf einem Bierdeckel an. Unterhalten sich über Lastverteilung und Kraftübertragungsoptimierung und so ein Zeug. Lustig, lustig – habe davon keine Ahnung und lasse sie fachsimpeln.

Es sind aber auch die ersten Nörgler und Skeptiker dabei, die mir einen Vogel zeigen. Ich solle doch lieber arbeiten und nicht der Gemeinschaft auf der Tasche liegen und solche Sprüche. Bin erst versucht, mich zu rechtfertigen und mich zu erklären. Lasse es aber sein. Sollen sie doch denken, was sie wollen.

Heute sind es nur knapp dreißig Kilometer. Mache also früh Feierabend.

Mein Pensionsgastgeber heute ist ein Mann wie ein Baum. Zwei Meter groß, hundertfünfzig Kilogramm schwer und ein gelockter Haarschopf in der Farbe eines Feuerlöschers. Als er mir die Tür öffnet, füllt er den ganzen Rahmen aus. Seine Hände haben die Größe von Bratpfannen, und sein Händedruck lässt mich fast in die Knie gehen.

»Hallo, ich bin Siegfried. Dein Freund, der mich angerufen hat, meinte, du machst eine Wanderung mit einer Waschmaschine?! Finde ich klasse.«

Siegfrieds Reaktion ist für mich ganz ungewohnt. Kein ungläubiges Kopfschütteln oder Nachfragen, warum und wieso. Er nimmt mich so hin, wie ich bin, ohne große Worte zu machen. Er zeigt mir zunächst meine Bleibe. Ein super Apartment, neu und modern, schick, für ganz wenige Moneten. Als ich aus dem Fenster schaue, sehe ich im Garten ein riesiges Schiff. Oder vielmehr das Gerippe eines Schiffes. »Wow, wie kommt denn dieses riesige Ding in deinen Garten?«, staune ich.

»Meine Vorfahren stammen aus Skandinavien. Sind also alte

Wikinger. Ich habe mich immer schon dieser Volksgruppe verbunden gefühlt, und dann ist mir die Idee gekommen, ein Schiff zu bauen. Ich bin schon seit über einem Jahr damit beschäftigt. Ich hatte viel kleiner angefangen. Aber irgendwie hat mir das nicht gepasst, und so habe ich das Bötchen wieder abgerissen und das Ganze eine Nummer größer gebaut.«

»Super Geschichte. Aber wird das Ding auch schwimmen?«

»Möchte ich gar nicht. Es soll hier bei mir im Garten bleiben und meine Sammlung vervollständigen.«

»Was für eine Sammlung?«

»Zeige ich dir später. Mach erst mal Pause.«

»Gute Idee. Die Bude ist ja echt klasse. Und das Badezimmer erst! Mit Badewanne! Super! Da kann ich später meine Wäsche trocknen.«

»Nee, nee, lass mal. Gib her. Die schmeiße ich kurz in die Maschine und dann in den Trockner. Dann haste heute damit nichts zu tun.«

Ich bin glücklich. Heute mal keine Rei-in-der-Tube-Hände. Die sehen ja schon aus wie bei Tilly in der Werbung aus den Siebzigern.

»Komm doch in einer Stunde runter in den Garten, dann zeig ich dir das Boot.«

Nachdem ich mein erstes Wannenbad seit Jahren genossen und mich etwas ausgeruht habe, gehe ich in den Garten, schaue mir das riesige Schiff an und treffe dort auf den als Wikinger verkleideten Siegfried. In seinem Kostüm erinnert er mich stark an Halvar von Flake, den Papa von Wickie. Er hat sich ein Wams übergeworfen, ein Schwert baumelt am Gürtel, auf dem Kopf trägt er einen Helm mit Hörnern, und an seinen Füßen hat er Lederlappen mit Schnüren befestigt. Eine imposante Erscheinung!

Er drückt mir ein Horn in die Hand, das etwa einen halben Meter lang ist. Gefüllt ist es mit süßem Met. Aus einem Horn zu trinken ist gar nicht so einfach und bedarf etwas der Übung – die ich nicht habe! Und so gieße ich mir einen Großteil der klebrigen Brühe über den Latz. Met ist nicht mein Fall, aber soll ich einem bewaffneten Wikinger das vielleicht unter die Nase reiben?

»Als ich noch ein junger Bursche war«, erzählt er mir, »habe ich auch solche komischen Dinge gemacht wie du. Ich bin zum Beispiel mal mit einer Zahnbürste an einer Hundeleine durch die Stadt gelaufen und habe mit einer Sparbüchse Geld für das Futter für meinen borstigen Kameraden gesammelt. Die Spinner aus der Einkaufsstraße haben sogar die Polizei gerufen und wollten mich abholen lassen. Idioten gibt es überall.« Er grinst. Nach dieser Ansprache gehen wir zu seiner Doppelgarage. Die Sammlung von Schilden, Waffen, Schmuck und vielen weiteren Kostümen, die er dort aufbewahrt, ist beeindruckend. Siegfried erzählt viel über die Treffen mit seinen Kumpels aus dem Wikingerverein. Momentan ist er noch beim Bund als Zeitsoldat beschäftigt. Zwei Jahre muss er noch abreißen, und dann ist er fertig. Danach möchte er seine Leidenschaft zu den Wikingern beruflich irgendwie umsetzen und Geld auf Mittelaltermärkten und anderen Veranstaltungen verdienen. Schöne Idee. Wir trinken noch ein paar Hörner Met, und dann verabschiede ich mich. Bin müde und will früh ins Bett. Mein Essen lasse ich heute mal ausfallen. Ich bin erstens viel zu kaputt, um mich noch einmal aufzuraffen und ins Dorf zu laufen, und zweitens hat der oder das Met mich schon proppenvoll gemacht.

Als ich da so liege, muss ich an meine eigene Bundeswehrzeit denken. Mitte der Achtzigerjahre war es bei mir so weit gewesen. Das Land rief mich zur Pflichterfüllung. Mein zuständiges Kreiswehrersatzamt in Arnsberg wollte, dass ich vorstellig wurde. Zu der Zeit gab es noch die W15-Wehrpflicht (mit fünfzehn Monaten Grundwehrdienst), und alle meine Kumpels hatten diese Klippe der befohlenen Zeitverschwendung bereits erfolgreich umschifft. Ich fand es erstaunlich, mit welchen Mitteln und unter welchen Vortäuschungen kurioser Krankheiten die Jungs sich um diesen, mit Verlaub, Blödsinn drücken konnten, und so versuchte ich natürlich auch mein Glück. Mein Hausarzt schrieb mir ein halbes Dutzend an Attesten, die mich eigentlich vor dem Dienst mit der Waffe hätten schützen sollen, aber die komische Truppe von uralten Männern vor der deutschen Fahne wollte mich unbedingt bei sich haben.

Ich legte Einspruch ein, aber auch mein zweiter Versuch, mich ausmustern zu lassen, schlug fehl, und so beschloss ich, meinem Schicksal freien Lauf zu lassen. Ich wurde also eingezogen, um meiner Pflicht nachzukommen.

Die acht Leute in meiner Stube waren alle okay und gut drauf. Wir freuten uns, dass wir nicht mit irgendwelchen Heißkisten auf einer Bude lagen, die ihre Stiefelmesser abends in Wasser legten, damit sich dort Rost bildete und sie so im Nahkampf ihrem Feind wenigstens eine Blutvergiftung beibringen könnten, wenn sie sie schon nicht umbringen konnten. Das ist kein Scherz, solche kaputten Leute liefen da echt rum, ziemlich gruselig.

Wir sahen zu, dass wir uns in der Mitte des Flusses befanden. Nicht auffallen, weder positiv noch negativ. Das war das Motto. Die Gefahr, aus der Reihe zu tanzen und als Volldepp oder W15-Rambo aufzufallen, schien bei uns nicht gegeben. An einen der Jungs erinnere ich mich besonders gerne: Matthias – ein Kerl wie ein Baum. Zwei Meter neun groß und knapp drei Zentner schwer. Eine interessante Persönlichkeit, die einerseits sehr clever war und studieren wollte, auf der anderen Seite so naiv und unschuldig, dass man den Burschen am liebsten in den Arm genommen hätte.

Matthias kam aus Wattenscheid, und da sich unsere Kaserne in Lippstadt befand, konnte er nur am Wochenende nach Hause. Und dort wartete Gabi auf ihn. Eine etwas über eins fünfzig große Frau mit so viel Power, dass es für drei Mädels gereicht hätte. Gabi wollte nicht nur Händchen halten, shoppen oder bei Ikea Billy-Regale gucken. Sie wollte Billy-Boy-Pariser, und zwar gefüllt mit Matthias' bestem Teil. An den Sonntagabenden, an denen wir alle zurück in der Kaserne sein und um elf in unseren Betten liegen mussten, erzählte Matthias gerne und detailgetreu von Gabi und ihren fast schon akrobatisch anmutenden Sexspielen. Ich, der damals seine erste feste Freundin hatte, konnte nicht glauben, dass das möglich und machbar war. Bei uns standen nur Gefummel, Gestreichel und, wenn ich Glück hatte, etwas Blümchensex auf dem Programm. Die Dinge, von denen Matthias berichtete, kannte ich damals nur aus Siebzigerjahre-Pornofilmen, die wir uns im Mannschaftsheim bei einer Kiste Ritter Pils für acht Mark angesehen haben und in denen die männlichen Darsteller Kotletten wie Eishockeyschläger und die Frauen alle etwas Ähnlichkeit mit Katja Ebstein hatten.

Die kleine Madam war so sexgierig, dass Matthias immer darauf erpicht war, Zusatzdienste zu schieben, um möglichst oft freizubekommen. So war er es auch, der als Erster in der Schlange stand, als das DRK aufrief, Blut zu spenden. Jeder blutspendende Soldat sollte einen Tag Sonderurlaub erhalten. Da ich noch zu tun hatte, konnte ich nicht mit ihm zur Spende gehen und kam erst eine halbe Stunde nach »Anstich« in den Sanibereich. Dort standen eine Menge Leute um den am Boden liegenden Matthias herum. Der Gute hatte sich in der Hoffnung auf einen weiteren Urlaubstag zweimal pieken lassen. Einmal links und einmal rechts. Und bei einem Liter abgezapftem Blut fällt auch der größte Bär um. Die Weißkittel pumpten Matthias den eigenen roten Saft wieder rein, und ihm ging es bald darauf besser. Toller Typ.

Am nächsten Tag war, wie jeden letzten Freitag im Monat, Kampfmarsch. Zwanzig Kilometer mit zehn Kilo Gepäck. Matthias musste nicht mitlaufen. Ich schon. Das waren meine ersten Erfahrungen mit langen Märschen. Dass ich Jahre später mit wesentlich mehr »Gepäck« freiwillig unterwegs sein würde, hätte ich damals für unmöglich gehalten. So kann man sich irren.

Würde mich schon interessieren, was aus den Jungs geworden ist. Künstler? Doktoren? Politiker? Oder andere Kriminelle? Matthias aber ist sicherlich ein guter Mensch geblieben.

Eine schwere Nacht liegt hinter mir. Der Grund dafür ist nur teilweise die große Menge Met, die ich gestern mit Siegfried vernichtet habe. Ich muss wieder ein paar Pillen nehmen, weil ich unfassbare Schmerzen habe. Meine Wade ist immer noch extrem dick. Immerhin sind die Blasen an meinen Füßen fast verheilt. Na wenigstens etwas. Die Schulterschürfwunden verheilen, und langsam bilden sich Krusten. Ich erinnere mich selbst an eine sich häutende Schlange, igittigitt, aber mich sieht ja keiner nackt.

Super Wetter. Super Strecke. Ich mache heute nur dreißig Kilometer, das muss reichen. Und die sind auch schnell erledigt. Heute finde ich das Wandern zum ersten Mal fast schon langweilig. Nicht, dass ich schon die Nase voll hätte von meiner Tour, aber ich habe fast keinen Kontakt zu irgendwelchen Leuten. Die Gegend ist zwar superschön, aber ich vermisse die zwischenmenschlichen Begegnungen. Ich bin schon versucht, auf die andere Rheinseite zu wechseln, um mir das schweizerische Rheinfelden auch noch anzuschauen, lasse es aber doch gut sein.

Benne hat heute leider keine Unterkunft für mich gefunden. Das fängt ja gut an mit der neuen Methode. Vielleicht war er zu spät dran, und alles war schon ausgebucht. Dann werde ich mich wie gehabt mal direkt vor Ort umsehen. Ich parke meine Karre bei einer Wäscherei, hahaha. Die Dame hinter dem Tresen guckt zwar etwas komisch, aber ist mir doch eher wohlgesonnen, Mikaela darf bleiben. Das ist gut, dann brauche ich das gute Stück nicht kreuz und quer durch die Stadt zu schieben.

Ich habe Glück und finde relativ schnell ein Zimmer über einer griechischen Taverne. Den Namen habe ich vergessen, aber wahrscheinlich was mit Akropolis oder so. Mikaela darf ich in einer Garage abstellen. Schlaf gut, meine Schöne. Die Schankstube ist genauso eingerichtet, wie man sich das vorstellt. Plastiksäulen, Statuen von nackten Frauen und Männern, Amphoren und kitschige Landschaftsbilder an den Wänden. Mein Favorit ist ein ausgestopfter Esel, der in einer Ecke steht. Wie damals bei »della italia«.

Was mich aber am meisten überrascht, ist eine Art Altar. Ein etwa zwei Meter langer Tisch mit einer griechischen Fahne als Tischdecke. Darauf stehen Kerzen und kleine Vasen mit Blumen, zwei Fußbälle und eine Nachbildung des Europameisterschaftspokals. Darüber ein Poster in Überlebensgröße von Otto Rehhagel und daneben zwei Trikots der griechischen Nationalmannschaft.

Nachdem ich eingecheckt habe, kommen wir natürlich auf dieses Thema zu sprechen. Wir, das sind zwei Angestellte, der Hotelchef und ich. »Ich sehe, du hast unseren Altar schon begutachtet. Klasse, ne?«, meint der Hausherr.

»Habe ich mir angeguckt. Ihr haut ja ganz schön auf den Putz.«

»Was war das für eine Mannschaft! Was für ein Erfolg für unser stolzes Land! Was für ein grandioser Trainer!« Ich meine, Tränen in seinen Augen aufblitzen zu sehen, als er mir von dem Triumph erzählt. »Hat man je schon einmal so eine Leistung eines Außenseiters bei so einer großen Sportveranstaltung gesehen? Wohl kaum!«

»Mir fällt da spontan '54 in Bern ein. Da gab es einen Außenseitersieg der ersten Klasse. Und dann noch verdient und mit fußballerischen Mitteln. Nicht so ein Gegurke wie in Portugal.« Oh, oh. Ab und an kann ich meine Klappe nicht halten. Vor allem, wenn mir ein Großschwätzer gegenübersteht.

Der Wirt stutzt. Anscheinend hat er nicht erwartet und ist es auch nicht gewohnt, dass es jemanden gibt, der nicht seiner Meinung ist. »Wie meinst du das, Gegurke?«

Ich lenke noch etwas ein: »Na ja, wir haben uns bei diesem Turnier ja nicht mit Ruhm bekleckert und sind verdient früh ausgeschieden. Das war auch gut so. Denn wer scheiße spielt, der sollte das Ganze nicht auch noch gewinnen. So wie ihr.«

Stille in der Akropolis-Taverne. Ich merke, wie der griechische Vulkan brodelt und nahe dran ist zu explodieren. »Wir haben super Fußball gespielt und alle großen Mannschaften geschlagen.«

»Na ja, alle großen? Aber ist ja alles gut.« Ich merke, gegen so einen Typen will ich heute nicht anstänkern. »Ihr habt ein super Team, ihr seid nette Menschen. Habt ihr guten Ouzo, oder hat den auch ein Deutscher gebrannt?«

Gut, dass die Burschen den Seitenhieb nicht richtig verstanden haben, sonst hätte ich sicher Kloppe gekriegt. »Wir haben hier im Restaurant den besten Ouzo, den man in Deutschland kaufen kann. Aber nicht im Geschäft, dafür brauchst du Beziehungen.«

»Schwarz gekauft, oder?« Ach Bücker, halt die Klappe, das gibt nur Ärger. »Kommt Jungs, ich schmeiße eine Runde von eurem leckeren Tropfen.« Einmal anstoßen und dann ist auch gut jetzt.

Mein Zimmer entspricht leider gar nicht der Klasse eines Europameisters. Sehr alte Möbel empfangen mich, die dann auch noch mit einer dicken Staubschicht bedeckt sind. Na ja, ist ja nur für eine Nacht.

Ich gehe lieber noch eine Runde durch die Stadt und kaufe mir eine bessere Karte. So geht das nicht weiter. Mit meinem alten Ding ist es eine Katastrophe. Da könnte ich ja gleich einen Globus mitnehmen. Sehr hilfreich war sie für meine Bedürfnisse nicht. Jeder kleinste Weg war eingezeichnet, das verwirrt mich mehr, als dass es hilft.

Der Ort ist richtig schön, und die Einkaufsstraße mit ihren Brunnen und Skulpturen, Bäumen und netten Cafés gefällt mir auch sehr gut. In einem Buchladen werde ich professionell beraten, und gemeinsam finden wir eine super Karte für mich. Endlich mal eine, die auch ich verstehen kann. Der Maßstab ist deutlich kleiner, was für meine Wanderung effektiver ist. Außerdem sind nur Radwege eingezeichnet. So komme ich nicht in die Versuchung, Wanderwege einzuschlagen und womöglich wieder bis zu den Knöcheln im Matsch zu stehen.

Danach setze ich mich in ein Straßencafé und genieße den besten Frappé, den ich je getrunken habe. Weil er so gut war, bestelle ich mir sofort noch einen hinterher. Eine alte Dame, die einen etwas verwirrten Eindruck macht, sitzt neben mir, und wir kommen ins Gespräch. Schnell geht es darum, wo sich besser einkaufen lässt, bei Aldi oder Lidl. Die Omi hat richtig Ahnung und erzählt mir alles über die Ergebnisse von Stiftung Warentest der letzten zehn Jahre. Man lernt nie aus. Leider kann ich ihr aber nicht so ganz folgen. Denn in Gedanken bin ich bei Nicole.

Wer Nicole ist? Nicole ist eine ganz bezaubernde Frau, der ich kurz vor meiner »Abwanderung« begegnet bin. Ab und an gehe ich mit meinem Kumpel Uwe in die Sauna, und neben dem intensiven Schwitzen haben wir auch intensive Gespräche.

Meistens über Fußball, Frauen, Toto-Gewinnchancen, Frauen, Arbeit, Frauen, Geldsorgen, Frauen, Auswanderungspläne, aber noch öfter über Frauen und unsere Schwierigkeiten, sie zu verstehen.

Wir lümmelten eines Abends im Kaminzimmer der Sauna rum, stellten gerade Thesen über effektive Anmachsprüche auf und rätselten, warum Frauen so oft nicht darauf ansprangen. Auf die Idee, dass wir ihnen eventuell völligen Blödsinn erzählen würden, kamen wir natürlich nicht.

Da stand *sie* auf einmal im Raum. Wir kannten sie zwar schon vom Sehen, aber gesprochen hatten wir mit ihr noch nicht. Nicole arbeitete als Masseurin in diesem Laden und war deshalb auch an diesem Abend in ein Wickelgewand gekleidet. Mit einem wunderschönen Lächeln wie dem von Mona Lisas Schwester setzte sie sich zu uns, und so fingen wir an zu plaudern.

Ihr Exfreund, so ein Esoterikfuzzi, habe sie um Geld beschissen und sei dann auch noch fremdgegangen. Kurzfristig suche sie eine Bleibe, wo sie sich von diesem Arsch erholen könne. Ob wir eine Idee hätten, wo sie bleiben könnte? Echt nettes Mädchen, dachte ich noch so ganz ohne Hintergedanken (isch schwöööre), und gutherzig wie ich bin, bot ich ihr an, meine Bude zu bewohnen, solange ich auf Wanderschaft bin. Ab und zu habe ich so einen Furz im Kopf. Ist für mich schwer zu beherrschen, und das macht das Leben mit mir auch nicht gerade einfach. Ich treffe dann Entscheidungen aus dem Bauch raus, ohne viel nachzudenken und ohne mir der Konsequenzen bewusst zu sein.

Kurz und gut: Sie war ganz begeistert, guckte sich am nächsten Tag meine Bude an, und ich gab ihr einen Schlüssel. Jetzt wohnt sie also schon eine Woche bei mir. Hoffentlich versteht sie sich mit meinem Grünzeug. Ich habe eine Vorliebe für Stachelgewächse, am liebsten Palmen und Kakteen. Da ich gehört habe, dass Pflanzen besser gedeihen, wenn man mit ihnen redet, habe ich das mal ausprobiert und bin heute so weit, dass jede Pflanze ihren eigenen Namen hat. Sie kommen alle prima miteinander klar. Agathe, eine alte, riesige Aloepflanze, ist der ruhende Pol bei mir im Wintergarten und erinnert mich immer an Morla, die weise uralte Schildkröte aus dem Buch *Die unendliche Geschichte*. Vielleicht täusche ich mich in dieser Hinsicht auch.

Wie es Nicole wohl in diesem Moment geht? Ob sie die Ruhe findet, die sie braucht, um über ihren Ex hinwegzukommen?

Die Stiftung-Warentest-Omi holt mich mit Informationen über Staubsauger in die Realität zurück. Sie empfiehlt das Modell mit Zyklonsystem von Penny. Ich gebe ihr aus Dankbarkeit für die wichtigen Verbraucherinformationen noch einen Frappé aus. Ich glaube, das ist für mich der vierte oder fünfte. Egal! Die gute Frau freut sich ein Loch in den Bauch und strahlt wie ein Kind zu Weihnachten. Meine Güte, das hat mich gerade zwei Euro dreißig gekostet, und die nette alte Frau flippt fast aus.

Ich glaube, das mache ich ab heute öfter. Einfach jemanden auf ein Getränk einladen, ohne Grund und Anlass. Ich freue mich immer, wenn andere sich freuen, und wenn man die gemeinsame Freude so leicht vervielfachen kann, dann mache ich das natürlich!

Aber dann ist es auch irgendwann gut, und wir verabschieden uns. Ich fühle mich auf einmal müde und kaputt und möchte nicht mehr so viel durch die Stadt laufen, um ein Lokal zu finden und eine Kleinigkeit zu essen. So entschließe ich mich, bei meinem »Otto Rehhagel«-Griechen einzukehren und laufe zurück zu meinem hellenischen Freund.

Der »Grillteller Hellas« soll es werden. Ich kann jetzt nicht sagen, ob das eine normal große Portion ist oder ob ich »Nana Mouskouris Bruder« mit meiner großen Klappe beeindruckt habe, auf jeden Fall knallt er mir daraufhin eine Fleischplatte in der Größe von Odysseus' Schild auf den Tisch, aber es geht beim besten Willen nur ein Bruchteil davon rein. Anschließend ist mein Ranzen so voll, dass ich um Linderung in Form von Raki bitte. Wahrscheinlich liegt es daran, dass mein gesamtes Blut zu diesem Zeitpunkt mit Verdauung und dem Abtransport der Fleischberge beschäftigt ist und daher nichts mehr für die Hirnaktivitäten übrig bleibt. Bücker! Wie kann man so blöd sein und beim Griechen einen türkischen Schnaps bestellen!

Die Tumulte in der Akropolis-Taverne ebben erst ab, als ich mich zum wiederholten Mal entschuldige und eine Runde Ouzo, dieses leckere Aniströpfchen griechischer Herkunft, für alle spendiere. Ab und an muss man sich auch mit einem Unentschieden zufriedengeben.

Benne hat für morgen ein Zimmer gefunden. Bin gespannt, was er für mich gebucht hat. So habe ich eine Sorge weniger. Und ich dachte schon, das Internet sei kaputt.

Tag 9

Weil am Rhein-Haltingen

Meine rechte Wade ist immer noch ganz dick und geschwollen. Der Rest von meinem Körper ist mir fast schon egal, Hauptsache, es funktioniert alles.

Das griechische Frühstück sieht echt lecker aus. Frische Tomaten, Oliven, Joghurt und die ganze Palette der Mittelmeerköstlichkeiten. Leider bekomme ich kaum was runter, weil ich von gestern Abend noch mehr als satt bin. Ich belasse es also bei einem Kaffee und einem Apfel. An apple a day keeps the doctor away, wie die Engländer sagen – mal gucken, ob sie recht behalten.

Einmal gestartet, komme ich aber gut in Schwung. Die ersten zwei Stunden? Easy going! Danach wird's etwas schwieriger. Ich Doofmann habe trotz meiner neuen super Karte wieder einen Wanderweg genommen und muss nun für meine Blödheit bezahlen. Der Weg führt durch Wälder, über Treppen und matschige Steigungen. Hab es aber nicht anders verdient. Ich breche die Tour kurzerhand ab und mache mich über Radwege und Straßen auf den Weg nach Basel. Das sind zwar etwa acht Kilometer mehr, aber bin ja selbst schuld dran.

Basel ist klasse. Ganz viele schöne alte Gebäude und Brücken. Die Menschen sind locker, gut gelaunt, haben Spaß an mir und freuen sich über kurze Gespräche über Anlass und Umsetzung meiner kleinen verrückten Reise. Die Schweizer strahlen eine Lebensfreude und Souveränität aus, die mich beeindruckt.

Unterwegs passiert nicht viel. Ist auch mal ganz schön, nur so vor sich hin zu laufen und seinen Gedanken nachzuhängen. Wenn ich nach neun Tagen eine kleine Zwischenbilanz ziehen würde, was könnte ich über meine Tour erzählen und wie würde ich sie bewerten? Sicherlich ist da zum einen die physische Belastung. Aber damit habe ich gerechnet, ist ja auch eine ziemliche Nummer, ganz ohne körperliche Vorbereitung so eine Anstrengung zu unternehmen. Dafür ist es bisher glimpflich verlaufen: Die Blessuren an meinem Körper sehen zwar schlimm aus, sind aber alle eher oberflächlich. Außer der Wade natürlich. Was ich mir da wohl eingefangen habe? Vor zwanzig Jahren wäre das für meinen Körper kein Problem gewesen, aber so muss ich ihn jeden Tag neu mobilisieren, um das angestrebte Pensum zu schaffen.

Und dann ist da noch die mentale Herausforderung während der Reise. Denn obwohl ich immer wieder Menschen begegne, bin ich doch oft auf mich allein gestellt und konzentriere mich daher viel mehr auf mich selbst als im normalen Alltag. Mache mir Gedanken über mein Leben und ziehe eine Art Zwischenbilanz über das, was war, was noch sein wird und was jetzt gerade ist. Ich bin jetzt knapp fünfzig und habe zwei Drittel meines Lebens bereits hinter mir, wenn es gut läuft. Da kann man schon mal einen Blick zurückwerfen und ein bisschen ins Grübeln geraten, darüber nachdenken, welche Konsequenzen man aus dem bisher Erlebten ziehen kann und was man in Zukunft anders machen möchte.

Diese Geschichten, die ich hier von einigen Leuten mitbekomme, die Schicksalsschläge, Krankheiten oder Unfälle, kommen mir zu Hause ja auch immer häufiger zu Gehör. Früher hat mich das nicht so interessiert, aber jetzt denke ich schon mal: »Hoppla, der Bursche aus dem Nachbardorf, der beim Gartenumgraben einfach so umgefallen und nach einem Herzinfarkt gestorben ist, war zwei Jahre jünger als du!« Je mehr ich von solchen Schicksalsschlägen höre, umso überzeugter bin ich von meinem Entschluss, diese Reise zu machen. Jetzt geht es noch, und ich bin entschlossen, nichts mehr aufzuschieben. Wenn ich die Leute immer höre, die alles Mögliche unternehmen wollen, wenn sie erst mal in Rente gehen, kann ich denen eigentlich nur raten: »Hallo, hört zu! Alles, was ihr vorhabt: unternehmt es jetzt! Morgen kann es vielleicht schon zu spät sein.«

Mein heutiger Anlaufpunkt ist die ehemals selbstständige Gemeinde Haltingen, nun ein Ortsteil von Weil am Rhein. Das Kaff ist schrecklich. So groß wie Herzfeld (und Herzfeld ist gar nicht groß), aber gar nichts los (in Herzfeld schon). Keine Geschäfte, keine Kneipen, keine Lokale. Meine Pension liegt wieder in der hintersten Straße des Dorfes. Das Zimmer ist grauenvoll, ich komme mir vor wie in einer Dunkelkammer. Hat aber vielleicht auch sein Gutes. Dann sehe ich vieles nicht und brauche mir keine Gedanken über Kleinsttiere, Landkarten auf dem Bettlaken oder Stockflecken im Badehandtuch zu machen. (Die ich natürlich trotzdem sehe. Das ist aber auch ein Kreuz mit meiner Pingeligkeit!)

Die Wirtin gibt mir den Tipp, mit dem Bus ins nächste Dorf zu fahren. Dort soll es angeblich eine Frittenbude geben. Sie weiß allerdings nicht, ob der Laden noch auf hat. Also wackele ich ins Industriegebiet und habe das Glück, dass bei einer großen Firma, wo zurzeit eine Holzmöbel-Ausstellung stattfindet, die Kantine noch geöffnet ist. Dort esse ich eine Kleinigkeit und trinke ein paar Bierchen. Die Besucher der Ausstellung zeigen sich recht trinkfreudig. Ich glaube nicht, dass sie viel von dem angebotenen Rundgang gesehen haben.

Die beiden Damen hinter der Theke sind sehr nett, ich komme mit ihnen ins Gespräch. Es gibt ja schon witzige Zufälle im

Leben. Als ich ihnen erzähle, wie ich unterwegs bin, erfahre ich, dass eine der beiden die Großnichte von Frau Schmitthuber ist. Ihr wisst schon, das dreiundachtzigjährige Exmodel aus Waldshut. Carola, so heißt die junge Frau, ist begeistert und berichtet mir, dass ihre Großtante ihr von mir erzählt habe.

»Was haben Sie eigentlich mit meiner Tante gemacht? Die ist seit ein paar Tagen wie ausgewechselt. Gut gelaunt, und sie lacht so viel. Ich war gestern noch bei ihr. So habe ich sie noch nie erlebt.«

»Ich habe nichts gemacht. Wir haben uns nur etwas unterhalten, und sie hat mir ihre Modelfotos gezeigt.«

»Modelfotos? Die habe noch nicht einmal ich gesehen. Wieso zeigt sie Ihnen die und mir nicht? Verstehe ich nicht. Wir haben doch einen super Kontakt.«

Ich glaube, ich sollte jetzt etwas vorsichtiger sein. Wer weiß, was Frau Schmitthuber mir alles erzählt hat, von dem ihre Familie nichts wissen soll. »Ich würde sie einfach mal darauf ansprechen. Sie hatte so viel Freude daran, ihre Geschichte zu erzählen.«

Dass Carola zur Familie Schmitthuber gehört, kann man auf Anhieb nicht erkennen, nur an ihrer Lust zu reden wird es deutlich. Sie ist wie ein akustisches Perpetuum mobile, sie redet und redet und redet.

Es ist unglaublich, was sie mir in der kurzen Zeit alles mitteilt. Vieles davon kann ich gar nicht behalten. Vieles davon will ich aber auch gar nicht behalten. Zum Beispiel die Episode über die erblich bedingten Reiterhosen bei den Frauen in ihrer Familie oder die Geschichte von der rachsüchtigen Tante Helene, die die ganze Familie terrorisiert. Es ist schon faszinierend, was diese junge Frau mir alles offenbart. So wie ihre Tante auch.

Die andere junge Frau, Daisy, kümmert sich in der Zwischenzeit um den Laden und bedient die wenigen verbliebenen Kunden. Als die auch so langsam verschwinden, gesellt sie sich zu uns, und ich leiste den beiden Gesellschaft bis zu ihrem Feierabend.

»Was machst du eigentlich beruflich?«, fragt sie mich, als Carola aufs Klo verschwindet. Dabei lächelt sie mich so was von flirtmäßig an, was ich Esel erst mal gar nicht bemerke. »Ich arbeite als Krankenpfleger. Schon recht lange. Gefällt mir aber immer noch ganz gut«, gebe ich ihr zur Antwort und bin überrascht, wie sie reagiert.

»Ooooh, so ganz in Weiß? Wie die Leute im Fernsehen?«

Ich lasse es erst mal so stehen. Mir ist grad nicht danach, ihr meinen Job zu erklären. Früher habe ich damit oft bei Partys auf die Kacke gehauen. Weil mein Job ungewöhnlich ist und die Leute sich nichts darunter vorstellen können oder eine völlig verkehrte Vorstellung haben. Muss ich aber heute nicht mehr haben. Meine Ausbildung habe ich in einer der größten Kliniken für Forensische Psychiatrie in Deutschland gemacht. Viele von meinen damaligen Mitschülern haben das als Sprungbrett genutzt, um sich nach der Ausbildung in somatischen Kliniken zu verwirklichen. Ich hatte immer Spaß daran, in der Forensik zu arbeiten und bin in dieser Klinik geblieben. Bis heute. Leider sind wir in Deutschland immer noch nicht so weit, psychisch kranke Menschen als Teil der Gesellschaft anzunehmen. Viele denken immer noch in Klischees und meinen, die Patienten stecken in Zwangsjacken oder sind in Gummizellen untergebracht. Der Job in der Forensik ist in der Gesellschaft generell eher verpönt und wird von vielen nicht gerne gesehen. Bei uns sind Menschen untergebracht, die auf Grund ihrer psychischen Störungen Straftaten begangen haben, für die sie dem Gesetz nach nicht verantwortlich gemacht werden können. Leider spielen sich viele »Normalos« als Richter auf und sind der Meinung, die Menschen, die ich betreue, gehörten für immer weggeschlossen, Sack ab oder gar an die Wand gestellt. Wenn man deren Geschichte kennt, denkt man ab und zu anders.

Immer noch schnalle ich nicht, dass mich Daisy anbaggert. Wie auch, sie ist ja halb so alt wie ich, und damit rechnet ja auch keiner. Vor allem ich nicht. Mit meinen Klamotten, die aussehen wie von der Altkleidersammlung, und dem Dreitagebart sehe ich doch aus wie »Der Mann aus den Bergen«. Eine wunderbare Serie aus meiner Jugend, die ich immer gerne geguckt habe.

Nun entgegne ich auf Daisys Frage doch noch: »Nein, nicht so wie im Fernsehen. Die Realität sieht schon etwas anders aus.«

»Ich finde Krankenpfleger gaaaanz toll. Die helfen den Menschen und so.«

Ach du meine Güte. Als sie jetzt noch mit ihren langen Haaren spielt und diese um ihre Finger wickelt, raffe ich es endlich. Gut, dass Carola wieder auftaucht. Gegen deren Redeschwall kann selbst die »Bagger-Daisy« nichts ausrichten.

Die beiden wollen später noch nach Basel fahren und eine Tour durch die Kneipen drehen. Sie fragen mich, ob ich nicht mitkommen will. Als ich ihnen absage, sind beide schon etwas enttäuscht, aber das kann ich echt nicht machen. Wir verabschieden uns mit Küsschen rechts, Küsschen links (wobei Daisy mir näher kommt, als unbedingt nötig gewesen wäre). Ich bitte Carola noch mal, ihre Tante zu grüßen und ziehe Leine.

Ich mache mir stattdessen einen schönen Fernsehabend und telefoniere kurz vorm Zubettgehen mit Jürgen. Mental habe ich grad einen kleinen Hänger, meine Motivation lässt ziemlich nach, wenn ich daran denke, was noch alles vor mir liegt. Mit meinem Kumpel zu quatschen hilft mir aber sehr und tut gut, das Gespräch kommt gerade zur rechten Zeit.

Meine Wade sieht schrecklich aus. Immer noch sehr dick und

gespannt. Ich nehme neben den Schmerzpillen vorsichtshalber noch etwas Aspirin. Nicht, dass sich da eine Thrombose entwickelt. Daumen drücken.

Als ich im Bett liege, muss ich noch mal an die beiden Mädels denken, und mir fällt bei der Sabbeltante Carola sofort wieder Maja ein. Die Dame, die mir bei der Zappelparty ihre Telefonnummer auf den Arm geschrieben hatte.

Die gute alte Zeit! Kein Handy, kein PC. Weder Facebook noch sonst ein System, mit dem man sich vor der ganzen Welt zur Schau stellen konnte. Das gute alte Tastentelefon in Moosgrün von der Post und als technisches Highlight einen Anrufbeantworter, das war alles, was man hatte.

Als ich am Tag nach der besagten Party abends nach Hause kam, blinkte die Kiste wie verrückt. »Sie haben vierzehn neue Nachrichten«, sagte mir eine blecherne Frauenstimme, die sich anhörte, als sei sie die Schwester von Stephen Hawking. Ich drückte erst mal die Stopptaste und überlegte, ob es überhaupt vierzehn Menschen gab, die meine Nummer hatten. Bevor ich die Abspieltaste drückte, schlug mein Körper Alarm: »Was ist hier los? Im letzten halben Jahr hast du maximal zehn Anrufe auf dem dafür angeschafften Beantworter gehabt, und jetzt innerhalb von einigen Stunden vierzehn?«

Dass dieses Anrufbombardement mit dem gestrigen Abend zu tun hatte, schien recht eindeutig. Oh, oh … Aber Augen zu und durch. Als ich den Abspielknopf losließ, ertönt eine unangenehm schrille Frauenstimme: »Hallihallo! Hier spricht die Maja, aber nicht die Biene! Hihihi. Du bist mir ja einer, mich vorm Herrenklo stehen zu lassen! Du Schlingel. Habe dich gar nicht mehr gefunden auf der Party. Fand ich schade und hat mich schon etwas traurig gemacht. Wir können uns ja mal treffen? Meine Nummer hast du ja. Tschüüüüüs!«

Die nächsten zwölf Mitteilungen gaben diesen Inhalt fast identisch wieder. Ansage Nummer vierzehn endete mit dem Satz: »Ich versuche es morgen noch einmal. Kussi!«

Hilfe! Was hatte ich getan? Trotz intensiver Bemühungen konnte ich mich beim besten Willen nicht erinnern. Der Einzige, der jetzt noch helfen konnte, war Jürgen. Schwach kam es mir in den Sinn, dass er vom vielen Wein Sodbrennen bekommen und ab diesem Zeitpunkt Wasser getrunken hatte. Der musste was wissen. Ich rief ihn an, und die Informationen, die er mir durchgab, ließen mir die Haare zu Berge stehen (wenn ich welche gehabt hätte): »Maja, eine knapp Vierzigjährige, relativ hübsch, Schnabbelfutt der besonderen Art, extrem nervige Stimme, geschieden und vier Kinder. Ich habe mehrmals versucht, dich von ihr loszueisen, aber du hattest dich festgebissen«, gab Jürgen Auskunft.

Solche Rettungsversuche sind bei uns bekannt, und meistens funktioniert die Taktik mit dem Kopiloten. Aber leider gibt es eben auch Ausnahmen. Es ist schon interessant, dass man trotz fortschreitenden Alters immer wieder die gleichen Fehler macht. Wie eine Fliege, die immerzu gegen die Fensterscheibe knallt. Die Nacht über bastelte ich an einer Lösung, und am folgenden Abend, nach weiteren zehn Nachrichten von Maja auf meinem AB, rief ich sie an.

»Hi Maja.«

»Hallihallo, du treulose Tomate! Warum meldest du dich denn nicht? Ich dachte schon, dir ist etwas passiert. Das war so ein schöner Abend, und auf einmal warst du weg. Ich habe dich noch überall gesucht. Man weiß ja nie, was bei solchen Veranstaltungen für kranke Menschen rumlaufen, die einem K.o.-Tropfen ins Getränk kippen und einen dann ausrauben oder was weiß ich mit einem machen. Habe ich vor Kurzem noch bei »Stern TV« mit dem Jauch gesehen. Den finde ich

sooo toll und süß und schlau, das glaubst du gar nicht. Bei
»Wer wird Millionär?« würde der immer wenigstens bis zur
halben Million kommen. Da wette ich drauf. Was ich gar nicht
sooo toll von dir fand, war, als du mich vor dem dicken großen
Kerl mit der Glatze verteidigt hast. Ich bin eine Frau, die mit
beiden Beinen im Leben steht, und nur, weil so ein Typ mir an
den Hintern fasst, brauchst du nicht den Helden zu spielen.«

»Ja, ähm.«

»Du brauchst dich jetzt gar nicht rauszureden. So ein
Machogehabe kann ich überhaupt nicht leiden, und wenn du
das nicht abstellst, wird das mit uns beiden nichts. Ich hoffe
mal für dich, das war ein einmaliger Ausrutscher. Die Femi-
nistinnen haben in den letzten Jahrzehnten nicht umsonst für
die Gleichberechtigung gekämpft. Da musst du dann nicht auf
Tarzan mit Lendenschurz machen. Außerdem ist mir noch aufgefallen, dass du wenigstens vier Bier getrunken hast. Das geht
ja gar nicht. Wenn du nicht so nett gelächelt hättest, hättest du
bei mir gar keine Chance.«

»Ja, ähm.«

»Ich weiß, dass du einen guten Kern hast, und ich weiß auch,
dass du super mit Tim, Kevin, Tina und Marion klarkommst,
die Kleinen freuen sich schon, dich kennenzulernen, aber daran
musst du arbeiten. Ich weiß, dass du das kannst, und ich bin dir
in jeder Beziehung eine gleichberechtigte Partnerin und auch
Stütze, aber du musst dich in diesen Punkten ändern. Warum
sagst du denn gar nichts?«

»Maja. Was ich dir sagen wollte, ist: Ich bin schwul. Ich
wünsche dir ein schönes Leben. Tschüss.« Mit diesen Worten
legte ich auf.

Als wir am Wochenende darauf nach Willingen fuhren, um
in »Siggis Hütte« einen draufzumachen, hatte einer meiner
Kumpels die grandios bescheuerte Idee, den Weg zur Hütte

zu Fuß raufzulaufen. Bekloppt. Denn diese Wanderung hätte mich, wie sich später herausstellen sollte, um ein Haar in eine höchst prekäre Situation gebracht.

Es ist so: Diese »Location« ist bei uns in Westfalen recht gut bekannt und beliebt. Vor allem Junggesellenabschiede treffen sich dort sehr gerne. Aber auch Kegelclubs, Mannschaftsabschlussfahrten egal welcher Sportart und egal welchen Geschlechts oder einfach nur ein paar Saufköppe wie wir machen sich mit Feuereifer auf den Weg, um dem Samstag »Tschüss« zu sagen und den Sonntag mit einem kleinen Gläschen unter Freunden zu begrüßen.

Als wir also den Berg hochwanderten, hörte ich auf halbem Weg an einer Baumgruppe eine nervige Frauenstimme, die mir sofort in die Knochen fuhr und mich erbleichen ließ. Mir war schlagartig klar, dass es Maja sein musste, die dort den Berg herunterkam. Bevor ich mich mit einem Hechtsprung in die Büsche rettete, sah ich noch, dass sie ihre vier Kinder im Schlepptau hatte. Die legten eine so unglaubliche Lautstärke an den Tag, dass sie bei genügend Schnee sicherlich eine Lawine hätten auslösen können. Sogar im Unterholz konnte ich noch hören, wie Maja meine Kumpels zusammenstauchte, weil sie ihr nicht genügend Platz zum Durchkommen gelassen hatten. Meine Kumpels nahmen die Standpauke aber mit Humor und verrieten mich nicht, was ich, oben angekommen, mit einem Fässchen Bier honorierte.

Neue Lektion: Beim Wandern gibt es also nicht nur die Gefahr, dass man abstürzt, sondern man kann auch durch Unachtsamkeit in so manch brenzlige Situation geraten. Glück gehabt.

Nach diesem gedanklichen Ausflug in die Vergangenheit komme ich endlich zur Ruhe und bin innerhalb weniger Minuten weg.

Steinenstadt

Ich habe gut geschlafen und bin froh, heute weiterzukommen. Diese Dunkelkammer, in der ich genächtigt habe, macht schon etwas depressiv. Es ist noch dunkel, als ich mich auf die Socken mache, was in einem unachtsamen Moment dazu führt, dass mich ein Lkw knapp verfehlt. Der Schock fährt mir durch alle Glieder. Puh, das ist gerade noch mal gut gegangen! Ich muss unbedingt vorsichtiger werden. Falls ich so eine verrückte Wanderung noch einmal machen sollte, muss ich dringend daran denken, mir eine Warnweste und eine Taschenlampe mitzunehmen. So kann ich wenigstens auf mich aufmerksam machen.

Kurz nach diesem Beinahzusammenstoß hält ein Bulli an. Der Fahrer fragt mich, ob ich Hilfe brauche. Als ich ihm von meiner Wanderung erzähle, zeigt er mir einen Vogel, nennt mich Spinner, knallt die Tür wieder zu und braust von dannen. Na ja, ich kann es ihm nicht verdenken. Es muss ja auch nicht jeder verstehen, was ich mache.

Ich bin heute ausgesprochen gut drauf und habe kaum Schmerzen. Die Route ist einfach, und ich treffe bei Kilometer 191 wieder auf den Rhein. Wenn ich mal hochrechne, wie viele Kilometer ich schon hinter mir habe, und mir vorstelle, dass heute mein zehnter Tag unterwegs ist, wird mir klar, dass noch einiges vor mir liegt. Am besten, ich setze mich heute Abend mal hin und gucke, ob meine Zeitplanung noch in der Reihe ist. Meine Pläne für heute muss ich jedenfalls schon mal etwas ändern, da auf meinem geplanten Weg eine Brücke wegen Bauarbeiten gesperrt ist. So ein Mist. Das ist ein Umweg von mindestens sieben Kilometern, aber was soll ich machen?

Mein Pensionsdorf heute ist Steinenstadt, sehr schön, klein zwar, aber oho. Nachdem ich mein Pflegeprogramm abgespult und Mikaela in einem Schuppen verstaut habe, drehe ich erst mal eine Runde durch den Ort. Es gibt viele kleine Häuschen, aber auch sehr große Gehöfte und alte Bauernhäuser, und alle scheinen mir gut in Schuss zu sein. Ich kaufe mir etwas Brot, Aufschnitt und was zu trinken. Danach schlendere ich einen Weinberg hoch, setze mich auf eine Bank, die dort einsam und verlassen steht, und nehme diese wunderschöne Umgebung in Augenschein.

Endlich habe ich mal wieder etwas Zeit und Muße zu lesen. Ist schon interessant, was ich in den letzten Jahren so alles gelesen und mir an Büchern angeschafft habe – das hätte ich noch in meiner Schulzeit niemals für möglich gehalten. Wenn ich bedenke, wie schlecht ich früher in Deutsch war und dass ich überhaupt keinen Spaß am Lesen hatte! Mein erstes gebundenes Buch, das ich geschenkt bekam, war *Pitje Puck, der spaßige Briefträger* – ein Sechzig-Seiten-Heftchen, bei dem ich damals gedacht habe: so ein dickes Buch? Das kannst du ja nie im Leben durchgelesen bekommen.

Ich habe es aber geschafft, und weil ich die Geschichten echt lustig und spannend fand, hat mir meine liebe Schwester noch ein paar Bände von dem tollkühnen Helden besorgt. Ab diesem Moment war meine Leidenschaft für Bücher geweckt. Doch leider fehlte mir das Geld, um mir welche zu besorgen, und eine gute Bücherei gab es bei uns nicht. Da ich aber Lust aufs Lesen hatte, blieb mir nur eine Möglichkeit: Ich begann mit ganz flacher und für mich erschwinglicher Literatur. Anders ausgedrückt: Ich las Groschenromane. Von *Jerry Cotton* über *Lassitter* bis hin zu *Das Geisterschloss*. Ich nahm die ganze Bandbreite mit. Mein Glück war es, dass sich meine Leseleidenschaft parallel zur Beliebtheit von Flohmärkten entwickelte. Dort konnte ich für ganz wenig Geld Bücher kaufen, die mir vom Cover und vom Titel her lesenswert erschienen. Das mag nicht unbedingt literarisch anspruchsvoll gewesen sein, aber funktioniert hat das Prinzip schon. Und ich wende es noch heute an – für mich haben gebrauchte Bücher einfach auch etwas Nostalgisches, weil sie interessante Geschichten erzählen können. So habe ich zum Beispiel einmal in einem Buch aus zweiter Hand etwas gefunden, das sich jeder hinter die Ohren schreiben sollte. Einen Zettel, der schon ganz schön abgegriffen war, was vielleicht auch bedeutete, dass jemand den Text, der darauf stand, sehr oft gelesen hatte.

Das Gedicht, um das es auf diesem zerknitterten Zettel ging, stammt von einer Autorin namens Sandy Stevenson. Ich kenne die Dame nicht, ich habe auch sonst noch nichts von ihr gelesen oder jemals etwas von ihr gehört. Das Gedicht heißt »Bedingungslose Liebe«. Hört sich schon etwas schräg an, aber der Inhalt entspricht genau meiner Vorstellung davon, wie eine Beziehung laufen sollte. Den konkreten Wortlaut will ich an dieser Stelle nicht wiedergeben. Kann ich auch gar nicht. Ist schon zu lange her und im Auswendiglernen war ich immer schon schlecht gewesen. Außerdem kommt am Schluss des Gedichtes für meinen Geschmack der liebe Gott ein bisschen zu oft ins Spiel. Ich habe zu Religion und Glaube ein eher distanziertes Verhältnis. Auf jeden Fall geht es in Sandy Stevensons Gedicht darum, dass ein Mensch keine Ansprüche an den Menschen stellen sollte, mit dem er zusammen ist. Er nimmt den anderen so, wie er ist. Mit all seinen Macken und mit all seinen Fehlern. Weil er die Geschichte des Menschen, den er liebt, nur aus seinem eigenen Blickwinkel sehen kann. Am meisten hat mir imponiert, dass es so einfach ist, eine Beziehung zu leben, wenn man den anderen so lässt, wie man ihn kennt, ihn nicht verändern möchte und ihn so liebt, wie man ihn lieben gelernt hat.

Als ich diesen Text das erste Mal gelesen habe, fand ich ihn auf Anhieb für mich und mein Leben zutreffend. In meiner Denkweise spielt sich eine Beziehung nämlich so ab, wie sie hier beschrieben wurde. Nichts von Aufopfern und Hingabe. Nichts von Verschmelzung von zwei Persönlichkeiten zu einer immerwährenden Beziehung oder Kämpfen um etwas, was ich mit meiner eigenwilligen Selbstverständlichkeit verschenke.

Der Tod einer Beziehung beginnt dann, wenn man seine Persönlichkeit aufgibt und nur noch im »wir« denkt und lebt.

Wenn alle bereit sein würden, diesen Zeilen zu folgen, wenn alle diesen Prinzipien treu sein würden, wir würden uns auf einem guten Weg befinden.

Heute lese ich natürlich nicht mehr *Jerry Cotton* und Co. Je nach Stimmung greife ich am liebsten zu lustigen Büchern, aber auch zu Krimis oder historischen Romanen. Ich mag zum Beispiel den Autor James Clavell, der sich oft in der Historie des asiatischen Raums bewegt und unter anderem *Shogun*, eines meiner Lieblingsbücher, geschrieben hat. Eine Granate von Autor ist für mich auch Martin Cruz Smith mit seinem *Gorki Park* oder *Polar Star* und den Folgeromanen. Der Protagonist gab übrigens Renko seinen Namen. Die Bücher von Matthias Sachau, der mit seinen lustigen Alltagsgeschichten die Schwierigkeiten zwischen Mann und Frau versucht zu erklären, lese ich auch sehr gern. Ganz schön bunt, meine Leseauswahl, oder?

Auf jeden Fall bin ich immer gut damit gefahren, das zu

lesen, was mir Freude gemacht hat. Ob nun Spannung oder Dramatisches, Lebensphilosophie oder ironische Bücher über Beziehungsfragen, alles hat seinen Platz in meinem Bücher-regal.

Ich gebe jedem Buch mindestens hundert Seiten Zeit, mich zu überzeugen. Danach bin ich entweder gefesselt und lese es bis zum Ende, oder ich lege es weg, weil ich nicht im Boot bin. Solltet ihr eine ähnliche Taktik anwenden, habt ihr euch also vor ein paar Minuten dazu entschlossen, das Buch zu Ende zu lesen. Danke schön für euer Vertrauen.

Abends esse ich in einem Winzergasthof. Schön urig, diese Art von Kneipe. Überall hängen Handwerksutensilien und alte Bil-der, die zeigen, wie hart die Arbeit früher im Weinanbau war. Durch die technischen Neuerungen, die vielen Maschinen und Traktoren, wird den Winzern die Arbeit heutzutage sicherlich etwas erleichtert, aber hart ist der Job bestimmt immer noch. Man muss ihn mit ganzem Herzen betreiben, wenn man ihn gut machen will.

Ich wundere mich nur, dass die Kneipe geschmückt ist wie die Festzelte auf der Wiesn in München. Weiß-blaue Girlanden, Bierzeltgarnituren, und dazu legt auf einer kleinen Bühne ein Seppel-DJ auf. Ich erkundige mich bei der netten Wirtin nach dem Hintergrund für diese Verkleidung: »Entschuldigung, wa-rum feiert ihr hier in der Ecke eigentlich das Oktoberfest nach? Ihr habt doch nichts mit den Bayern zu tun!«

»Das liegt daran, dass die Leute hier eine Abwechslung brau-chen, und gerade die jungen Menschen haben Spaß daran, sich wie die Bazis zu verkleiden. Wenn Sie unsere jungen Mädchen in ihren feschen Dirndln später sehen, werden Sie verstehen, was ich meine. Und erst die Jungs in ihren Lederhosen! Total knackig, ein echter Hingucker.«

»Ich hoffe, ich bekomme bei Ihnen trotzdem Spezialitäten aus der Gegend. Sonst hätte ich ja auch nach München laufen können.«

Und so bringt die gute Frau mir einen süffigen Wein und Flammkuchen. Lecker, lecker. Ich esse schön langsam und genieße die Atmosphäre. So langsam füllt sich der Laden mit schick angezogenen Menschen. Ich habe mir einen Platz in der Ecke ausgesucht und kann von hier aus das Treiben der Gäste beobachten. Die Stimmung wird immer ausgelassener. Die jungen Männer stemmen Maßkrüge und knallen sie gegeneinander, die Dirndlmädels tanzen auf den Tischen und lassen ihre Röcke kreisen.

Da an meinem Tisch noch Plätze frei sind, setzt sich der Opa Winzer zu mir und fängt an zu erzählen. Ihn zu verstehen, gestaltet sich allerdings als schwieriges Unterfangen. Er hat weder oben noch unten Zähne im Mund, einen absolut unverständlichen Dialekt und mindestens schon eine halbe Badewanne Wein intus. Gott sei Dank kommt seine Tochter ab und zu vorbei und übersetzt mir die Geschichten ihres alten Herrn in kurzen Sätzen. Sie sieht, wie verzweifelt ich bin. Ich möchte den alten Mann ja nicht vor den Kopf stoßen – aber ich versteh halt nicht, was er sagt, und kann deshalb auch nicht wirklich auf ihn reagieren.

»Sie dürfen meinen Opa nicht so ernst nehmen. Er erzählt gerne. Und es spielt auch keine Rolle, ob Sie was verstehen oder nicht. Schön, dass Sie sich für ihn Zeit nehmen und ihm etwas Aufmerksamkeit schenken. Wenn er gleich etwas lauter wird, bitte nicht erschrecken. Dann geht es um unseren Nachbarn, den mag er gar nicht.«

Gut zu wissen. Und so kommt es dann auch. Auf einmal schimpft der Opi wie verrückt, steht auf und schwenkt seine Fäuste. Hätte ich nicht die Info von seiner Tochter bekommen, hätte ich nicht die geringste Ahnung, wie ich diesen plötzlichen Wutausbruch einordnen sollte.

Der Kernpunkt seiner Ausführungen sei, so berichtet mir die Wirtin später, dass der Nachbar nicht nur geschäftlich sein Konkurrent gewesen sei, nein, der Mistkerl habe ihm auch vor sechzig Jahren die Frau ausgespannt. Und darüber hätten sich die beiden Winzer viele Jahre lang in den Haaren gehabt. Es habe Streit im Schützenverein gegeben, in der Winzergenossenschaft und sogar bei der Auswahl der Grabstätten, weil beide die gleiche Parzelle hätten haben wollen. Später habe Opa dann seine Maria kennengelernt, und die beiden hätten eine Familie gegründet. Seine Frau sei ein Engel von Mensch gewesen. Leider sei sie vor zehn Jahren gestorben. Danach sei der alte Winzer merkwürdig geworden. Er habe mit vielen Menschen aus dem Dorf Streit gesucht, und vor ein paar Jahren sei die alte Rivalität zu seinem Nachbarn wieder aufgeblüht. Seitdem erzähle er jedem, der es hören wolle oder nicht, die alten Geschichten. Zum Beispiel die »Pinkelaffäre«: Vor vierzig Jahren habe der Schweinehund ihm mal in den großen Weinzuber gepinkelt (dafür gab es Zeugen). Der Wein sei zwar sensationell gewesen, aber es ginge ihm schließlich ums Prinzip.

So gerne ich diesen Geschichten auch noch weiter gelauscht hätte, ich bin müde, zum Einschlafen müde. Mal wieder.

Meine Bleibe heute ist richtig schön. Sehr liebevoll und schick eingerichtet. Super. So ein Dach über dem Kopf wünsche ich mir jeden Tag.

Mir geht es so durch den Kopf, was dem Opa Winzer und seinem Nachbarn wohl gefehlt hätte, hätten sie sich nicht gegenseitig gehabt und gehasst. Eine Freundschaft kann belebend sein, eine Feindschaft aber offensichtlich auch. Wahrscheinlich spricht der Weingeist aus mir.

Super Wetter, die Sonne scheint, und es sind um die fünfundzwanzig Grad. Die Route ist auch prima, die Wege sind gut
gepflastert oder mit einer guten Teerschicht belegt, und es gibt
kaum Steigungen.

Ich laufe über die Landstraße, und viele Lkw-Fahrer grüßen
und hupen. Zwei halten sogar an und fragen, ob ich eine Panne
hätte, ob ich umziehen würde oder ob meine Frau mich raus-
geschmissen hätte. Ja, sehr komisch. Ich erzähle mal wieder
meine kleine Geschichte, genieße ansonsten meine Reise und
freue mich, dass es mir heute so gut geht. Der ruhige Nachmittag gestern auf dem Weinberg mit einem schönen Buch war
richtig entspannend. Körperlich geht es mir super. Ich versuche es mal wieder ohne Pillen. Unterwegs komme ich an einem
kleinen Flughafen vorbei, mache dort meine Mittagspause und
beobachte die Flugkünste der Sportmaschinenpiloten. Da hätte ich auch mal Lust zu. Oder vielleicht Fallschirmspringen.
Ich glaube, das probiere ich auch bald mal aus. Später komme
ich an einem Radler vorbei, der auf einer Bank Pause macht,
grüße freundlich und denke mir nichts dabei. Keine zehn Minuten später überholt mich der Mann und fängt ein Gespräch
an. »Entschuldigen Sie, wenn ich Sie einfach so anspreche. Ich
habe Sie ja gerade schon gesehen und mich gefragt, was Sie da
machen. Ist das eine neue Sportart oder haben Sie eine Wette
verloren oder so etwas in der Art?«

»Nee, nee, das mache ich nur zum Spaß. Und je länger ich unterwegs bin, desto sinnfreier wird das Ganze. Es ist eine schöne Art, abzuschalten und Leute kennenzulernen. Siehst du ja. Hat funktioniert.« Ich lächele ihn an.

Der gute Mann wirkt nachdenklich, als ich ihm das so sage. Ich glaube, da ist irgendwas im Busch.

»Und du? Eine schöne Radtour?«, versuche ich den Gesprächsball am Rollen zu halten. Dabei schiebe ich meine Mikaela vor mir her, und der Mann fährt ganz langsam mit seinem Rad an meiner Seite.

»Ich bin psychisch krank«, meint er nur kurz und knapp und schweigt anschließend, ohne das eben Gesagte genauer zu erörtern.

Ach du Scheiße! Ich hoffe mal, ich habe da nicht in ein Wespennest gestochen. Krankheiten gibt es ja viele, aber wenn dir ein wildfremder Mann so eine Info vor den Latz knallt, hat das oft einen tieferen Hintergrund, der nicht so angenehm ist. Meistens hat so ein Mensch niemanden, dem er seine Probleme anvertrauen kann. Die Familie und die Freunde haben oft kein Verständnis, und die guten Profis in diesem Bereich kann man auch mit der Lupe suchen. Mal gucken, was da noch kommt.

»Es ist immer ein guter Anfang, wenn man die Einsicht hat, ein Problem zu haben. In welche Richtung bewegst du dich da?«, starte ich mal einen Versuch.

»Burn-out«, kommt es wie aus der Pistole geschossen, und dann fängt er ganz bedächtig an zu erzählen: »Ich bin in der Leitung eines ziemlich großen Betriebes für Hydraulikmaschinen tätig, und mein Job frisst mich von innen auf. Ich hab das die ganzen Jahre überhaupt nicht bemerkt. Immer voran, immer präsent, immer im Stress. The sky is the limit. Permanent das Handy am Ohr, zum Verrücktwerden. Und dann ging zu allem Überfluss vor einem halben Jahr der Betrieb den Bach runter. Wir hatten keine Aufträge mehr, viele Außenstände kamen nicht rein, und diese Flaute trieb uns dazu, einem Großteil der Belegschaft kündigen zu müssen. Mein Boss hat das Geschäft von seinem Vater geerbt und kümmert sich einen Scheißdreck um den Laden. Der zieht nur die ganze Kohle ab, ohne zu investieren, und so läuft das nun mal nicht. Ich war es dann, der den Arbeitern erzählen konnte, dass für viele von ihnen der Ofen aus war. Kannst du dir vorstellen, was für eine blöde Situation das war? Da waren Männer drunter, die waren schon zwanzig Jahre und länger bei uns, und denen musste ich die rote Karte zeigen, sonst wäre das ganze Schiff abgesoffen. Die haben vor mir gestanden und geheult wie die Schlosshunde. Ich kann dir sagen, so etwas will ich nie wieder erleben.«

Und er erzählt und erzählt und erzählt. Dabei erwähnt er auch, dass seine Ehe nur ein Scheinkonstrukt sei. Seine Ehefrau habe finanzielle Erwartungen gehabt, die er nur mit Mühe habe stemmen können. Sie achte nur darauf, was die Nachbarn und die Leute im Dorf so über sie reden würden. Das sei ihr wichtig. Immer neue Autos, Klamotten vom Feinsten, Schmuck wie eine Prinzessin. Vielleicht sei es doch keine gute Idee gewesen, eine so viel jüngere Frau zu heiraten. Seine Kumpels vom Golfen oder der Partei würden auch nur auf dicke Hose machen. Alles immer größer, schneller, teurer. Tja, und irgendwie sei jetzt einfach sein Akku leer. Beim Erzählen hat er Tränen in den Augen, muss aber gleichzeitig lächeln. Offenbar befreit es ihn, sich das Ganze mal von der Seele zu reden. Als er merkt, was und wie viel er mir gerade anvertraut hat, wechselt er das Thema. »Aber wieso denn sinnfrei? Das hört sich komisch an. Warum nicht sinnlos?«

Gute Frage. Ich versuche es mal. »Sinnlos wäre meine Reise, wenn ich stur ein Ziel verfolgen würde, ohne nach rechts und links zu schauen, und dieses Ziel nicht erreichen würde.

Dann wäre ich gescheitert und hätte mir gleichzeitig die Möglichkeit genommen, die schöne Landschaft wahrzunehmen und die vielen netten Menschen kennenzulernen, die mir begegnen. Sinnfrei hingegen bedeutet für mich, dass ich kein äußeres Ziel verfolge, meine Reise also keinen gesellschaftlich anerkannten Sinn hat. Klar laufe ich nach Hause, und du hast recht, wenn du sagst, das ist doch ein Ziel, aber darum geht es mir gar nicht. Ich laufe nicht für den Weltfrieden oder wegen einer Wette. Mir ist es egal, was die Leute davon halten oder wie sie es sehen. Mich interessiert nur, was ich dabei empfinde und erlebe und wie die Begegnungen und all die Eindrücke, die ich sammle, meinen Horizont erweitern. Diese Erfahrung ist für mich etwas ganz Besonderes. Wenn ich ohne die Waschmaschine unterwegs wäre, wäre die Wanderung sicher weniger hart und anstrengend, aber ich hätte auch nicht so viele interessante Gespräche geführt und neue Blickwinkel kennengelernt. Ich sage dir, ich hätte diese Kiste beinah schon in den Rhein gekippt, aber was wäre dann gewesen?«

Wir laufen so nebeneinander her, bestimmt eine Viertelstunde lang, ohne was zu sagen.

»Das gefällt mir«, sagte er schließlich. »Aber deine Karre könnte man sicherlich noch etwas effektiver machen. Stoßdämpfer, eine Bremse, Kugellagerachsen und ein vernünftiges Zaumzeug. Könnte ich dir alles bauen.«

»Das denke ich mir. Aber ich finde sie gut so, wie sie ist, und sie passt zu mir. Du musst dir deine eigene Karre bauen. Und sie muss nur dir gefallen.«

»Gibt es einen Grund, warum du dir ausgerechnet eine Waschmaschine ausgesucht hast? Das Ding ist doch sauschwer, oder?«, will er noch wissen.

Diese Unterhaltung gestaltet sich gar nicht so einfach. »Vor ein paar Jahren, als bei mir vieles den Bach runterging, habe ich mir über den Sinn und Unsinn in meinem Leben Gedanken gemacht. Natürlich hat dabei der zweite Teil wesentlich mehr Zeit in Anspruch genommen. Ich habe versucht, in Büchern Rat oder Lösungen zu finden, und davon gibt es eine Menge. Ob philosophisch, spirituell oder Lebenshilfe, ich habe sämtliche Optionen abgeklopft. Für mich als Hauptschüler war es unheimlich schwierig, diese Art von Literatur zu lesen, und ich fand es noch schwieriger, sie zu verstehen. Ich las sie einfach trotzdem und hoffte auf Anregungen und Hilfe für meine Probleme mit der kaputten Ehe und mit einem Job, der mir zwar viel Spaß macht, auf Dauer aber körperlich und mental sehr belastend ist, und ich mich deshalb immer wieder frage, ob er das Richtige für mich ist. Antworten und Lösungen fand ich allerdings nicht oder nur bedingt, und so musste ich meine eigene Lebensphilosophie auf die Beine stellen.«

Ich erzähle dem Radfahrer weiter von meiner Überzeugung, dass jede Aktion oder Entscheidung von mir Einfluss auf mein Leben habe und dass sogar Dinge, die von anderen ausgehen und mich nicht unmittelbar betreffen, egal wie simpel und nebensächlich sie auch erscheinen mögen, mein ganzes Leben beeinflussen und in eine andere Bahn lenken können. Dazu kommt mir das Bild des Schmetterlings in China in den Sinn, der mit seinem Flügelschlag in Hamburg ein Unwetter auslöst.

Wenn ich also hier weiterlaufe, statt eine kleine Pause auf der Parkbank einzulegen, verändere ich möglicherweise nicht nur die Reise, sondern auch mein ganzes Leben. Vielleicht werde ich an der nächsten Straßenecke von einem Lastwagen überfahren, den ich, hätte ich eine Pause gemacht, noch nicht einmal mehr aus der Ferne gesehen hätte.

Vielleicht passiert auch genau das Gegenteil.

Vielleicht rette ich mit einer kurzen Unterhaltung, die ich mit einer alten Dame führe, deren Leben, weil sie durch meine Gedanken über das Leben und meine »Sinnfreiheit« eine andere Sichtweise über ihren Mann erlangt, ihre Denkweise verändert, und der sie dann doch nicht mit dem Beil erschlägt, weil sie ihn sonst mit ihrer Nörgelei in den Wahnsinn getrieben hätte. Vielleicht passiert auch das Gegenteil.

Vielleicht habe ich völlig unbewusst einem Menschen einen Impuls gegeben, mit dem ich eventuell noch nicht mal gesprochen habe. Der von einem Bekannten von mir gehört hat und daraufhin seinen Job hinschmeißt, seine Siebensachen schnappt und endlich den Mut hat, nach Paris zu ziehen, um dort seiner Leidenschaft für Malerei den größten Teil seiner Zeit zu widmen. Der dann große Kunstwerke erschafft und irgendwann einmal in den Museen hängt und den Betrachtern Tränen in die Augen treibt, weil sie so beeindruckt und hingerissen sind.

Vielleicht passiert auch genau das Gegenteil.

Es ist schön, so rumzuspinnen, aber wenn man es übertreibt und gedanklich nur noch in solchen Sphären unterwegs ist, wird man bekloppt. Es ist sicherlich nicht so gesund, jeden Minischritt, den man macht, auf seine Auswirkung auf das Leben hin zu untersuchen. Und was noch viel schlimmer ist: Man vergisst zu leben. Denn wenn ich nur an Entscheidungen denke, die ich mal getroffen habe, und mich frage, was gewesen wäre, wenn ich mich anders entschieden hätte, werde ich im Leben nicht vorankommen und blockiere mich selbst.

Ich kann für mich sagen, dass ich jede Entscheidung aus der Überzeugung heraus getroffen habe, dass sie richtig war. Egal, ob im beruflichen, sportlichen oder privaten Bereich, wenn ich mich für etwas entschieden habe, stehe ich dahinter und bin überzeugt davon, dass es richtig ist.

Das Problem ist leider, dass ich manchmal halt doch danebengelegen habe. Einige Entscheidungen, vielleicht sogar die meisten, muss ich nach kurzer Zeit als falsch einstufen oder einsehen, dass ich mir doch mal überlegen soll, was ich da gemacht habe. Aber mir deshalb fortwährend einen Kopp machen? Nö. Sicherlich ist es das Beste, nach der Einsicht über eine Fehlentscheidung noch einmal darüber nachzudenken, wie man auf so eine blöde Idee gekommen ist, und dann ... sollte man drüber lachen und weiterleben. Und möglichst denselben Fehler nicht noch mal machen.

»Aber warum ich eine Waschmaschine genommen habe?«, nehme ich die ursprüngliche Frage des Radfahrers wieder auf. »Das kam so: Ich war auf einem Schrottplatz, und neben einem Elektroofen mit einer wenig robusten Glastür und einer sehr sperrigen Kühlgefrierkombination stand da die Mikaela. Und die hat mir gefallen und war für meine Zwecke am besten geeignet. Auch so eine Entscheidung, die genau richtig für mich war. Ein anderer hätte vielleicht den Herd genommen. Ich halt die Waschmaschine.«

Was für ein Monolog, Bücker. Du wolltest doch die Leute nicht zuquatschen!

Damit verlassen wir die philosophischen Gefilde und unterhalten uns noch eine knappe Stunde über Gott und die Welt. Als wir an einer Brücke vorbeikommen, meint mein Gesprächspartner, dass er da nun rübermüsse, da führe seine Route entlang.

»Wenn du meinst. Aber probiere auch mal andere Wege aus. Vielleicht gefallen dir die dann noch besser. Mach es gut ...«

»Dank dir und viel Glück für deinen Weg.« Mit diesen Worten verschwindet er am anderen Ufer.

Ab dem frühen Nachmittag erscheint mir meine Karte etwas verwirrend, das kann aber auch daran liegen, dass ich bei meiner Rast in einer Kneipe hängen geblieben bin und einige Weizen geschlürft habe. Das durchkreuzt zwar meine Pläne etwas, musste ich mir aber gönnen. Einfach in der Sonne sitzen und abschalten. Außerdem treffe ich dort noch ein paar Kollegen, die der gleichen Meinung sind und sich eine Dosis Ruhe geben. Eine Gruppe von Radfahrern macht mit mir Pause, und wir unterhalten uns ganz trivial über Fußball und die bald anstehenden WM-Qualifikationsspiele. Nach dem Gespräch von heute Nachmittag genau das Richtige, ein guter Ausgleich.

Meine Bleibe heute ist etwas dreckig, unaufgeräumt und gar nicht schön. Aber egal. Ich esse nur etwas und bin in Gedanken oft bei meinem Weggefährten von heute Mittag. Mir geht's gut.

Tag 12

Ottenheim

Was für ein Tag! Bin ganz früh raus und topfit. Wade? Übel. Mist! Gestern kaum Probleme und heute das. Wetter? Klasse, sonnig und warm. Wie gehabt. Route? Super, die Wege sind gepflastert, und es gibt kaum Steigungen. Ebenfalls wie gehabt. Die Karre rollt fast von selbst. Ich bin schon am Mittag in Wyhl, wo heute eigentlich Schluss sein soll. Fühle mich aber noch fit und verabrede telefonisch mit Benne, das Zimmer für heute zu stornieren und mir in Ottenheim eine Bude zu suchen. Das werden dann insgesamt etwas an die sechzig Kilometer. Bekloppt! Manchmal brauche ich solche Spinnereien. Diese Herausforderung und der Ehrgeiz, diese enorme Strecke zu schaffen, kitzeln mich doch sehr. Ab und an kommt dann doch noch der sportliche Schweinehund unter der etwas speckigen Fassade hervor und zeigt mir seine Zähne. Dann komm du mal, du liebes Hündchen. Tanzen wir zwei beide Tango!

Ich wechsele die Rheinseite und laufe das erste Mal durch Frankreich. Die Wege hier sind flach und erscheinen mir endlos. Man kann kilometerweit gucken. So schaue ich weit in die Ferne und sehe ein riesiges Bauwerk, könnte ein Stauwerk oder so etwas Ähnliches sein. Aber gefühlt komme und komme ich dem Gebäude einfach nicht näher, und das ist für die Motivation gar nicht gut. Gerade bei solchen Mammutaufgaben braucht man ab und zu Mini-Etappenziele, die man sich selber setzt, um voranzukommen. Ich versuche, mir dann immer Anhaltspunkte in der Ferne zu suchen und diese Schritt für Schritt zu erreichen. Ich treffe keine Menschenseele und hoffe, dass mir meine Karre nicht abkackt. Das fehlte mir noch, eine Reifenpanne in dieser einsamen Gegend.

Die Auto- und Lkw-Fahrer, die ab und zu vorbeidüsen, sind echt verrückt hier. Rücksicht scheinen die nicht zu kennen. Da waren schon ein paar Situationen, wo ich fast in den Graben hätte springen müssen. Und Radwege sind im Land der Tour de France anscheinend auch unbekannt, zumindest in dieser Ecke hier. Na ja. Nach vier Stunden geht's wieder rüber nach Deutschland.

Das Wetter wird am Nachmittag schlechter, es fängt an zu regnen. Aber ich kann mir durch die Erweiterung meiner heutigen Strecke keine große Pause leisten. Es dämmert schon. Die Regensachen lasse ich weg, die bringen sowieso nichts. Ich bin klitschnass vom Schweiß und ahne schon, das wird heute eine Mentalübung in Sachen Wille, Kraft und Ausdauer. Aber ich habe es ja so gewollt, da nützt kein Jammern und kein Klagen.

Die letzte Stunde laufe ich wie von selbst, ohne nachzudenken, fast mechanisch. Ich habe keine Schmerzen, aber auch fast kein Gefühl mehr in den Beinen. Meine Schultermuskulatur ist knüppelhart, mein Kopf komplett leer. Es gibt keinen einzigen Gedanken, den ich greifen könnte. Vielleicht ist es diese Leere, die ich gesucht habe? Vielleicht geht es letzten Endes darum, einfach nur zu *sein*? Vielleicht ist die Leere der Gewinn?

Nach über zwölf gelaufenen Stunden komme ich in Ottenheim an. Ich stehe vor meiner Gaststätte im Regen und bin völlig kaputt. Die Wirtin ist so aufgedreht – vielleicht wegen meiner ungewöhnlichen Mitreisenden Mikaela –, dass sie gar nicht zu bemerken scheint, dass ich völlig fertig bin und sie gar nicht aufhört zu reden. Irgendetwas vom Wetter morgen. Von Angela Merkel in Paris. Von sooo schönen Wanderwegen hier in der Gegend und von der guten Küche der Region. Ich kann gar nicht mehr zuhören und weiß nicht, was die Frau von mir will. Ich bin ja sonst ziemlich geduldig, aber das ist auch für mich zu viel. Nach einer gefühlten Stunde zeigt sie mir endlich mein Zimmer, und ich bin froh, dass ich die Tür hinter mir zumachen kann.

Die Dusche ist so was von toll! Wie einfach ist es doch, sich glücklich zu fühlen. Mit jedem Tropfen des heißen Wassers löst sich die Spannung. Ich habe echt ein paar Tränen vor Erschöpfung und Freude über meine Leistung in den Augen und bin richtig platt.

Wäsche fällt heute aus. Stinke ich morgen eben, was soll's. Ich schmiere mir noch die letzten Reste von meiner Salbe auf die Beine. Ich muss mal gucken, was ich als Ersatz finde. Vielleicht Pferdesalbe?

Als ich die Treppe zur Schankstube runtergehe, knicken mir die Knie ein. Um ein Haar wäre ich hingeflogen. Alter Mann. In der Kneipe ist es fast leer, und so setze ich mich an einen Tisch in der Ecke. Hunger habe ich keinen. Das ist komisch, denn ich habe heute nur ein paar Müsliriegel gegessen. Stattdessen trinke ich grünen Tee mit Honig und bin damit auch sehr zufrieden. Während ich so dasitze, kommt die Erschöpfung wieder hoch. Die Schnatterwirtin hat zum Glück ein anderes Opfer gefunden. Man muss auch mal Glück haben.

Mir fällt auf, dass ich heute kaum mit einem Menschen geredet habe. Natürlich war die Zeit für gemütliche Pläuschchen bei Kaffee und Kuchen bei dem straffen Tagespensum auch gar nicht da. Aber hat mir etwas gefehlt? Im Gegenteil. Es hat mir überhaupt nichts ausgemacht, so ganz ohne Unterhaltung und ohne Kontakt zu anderen durch die Gegend zu laufen, nur auf mich selbst konzentriert. Ist das doch schon der erste Laufkoller? Geht mir dieses Erzählen, Erklären und Rechtfertigen schon auf den Zeiger, sodass ich lieber meine Ruhe möchte? Jetzt reiß dich mal ein bisschen zusammen, ermahne ich mich selbst. Vor ein paar Tagen war dir noch fast langweilig, weil du niemandem begegnet bist, und jetzt ist es genau anders rum. Du bist müde. Genieß doch diesen Zustand der Erschöpfung nach der körperlichen Anstrengung. Erinnere dich an die Zeit, wo du dich nach dieser Müdigkeit gesehnt hast. Wie oft bist du nachts aufgestanden und mit Renko durch die Gegend gelaufen, weil du keinen Schlaf finden konntest?

Mein treuer Freund, du hast mich stets bei meinen nächtlichen Ausflügen begleitet, ohne zu murren. Du warst ein toller Hund. Und du hattest deine eigene große Wanderung, die du ganz allein, ohne mich absolviert hast. Das kam so: Für uns als Hobbyfußballer stand wie jedes Jahr zum Abschluss der Saison eine Mannschaftsfahrt an. Zum fünften Mal wollten wir Hamburg unsicher machen, weil wir alle so auf diese Stadt abfuhren. An die Erkundung der Stadtgeschichte, kulturelle Veranstaltungen oder gar Erholung ist bei solchen Fahrten nicht zu denken. Stattdessen standen drei Tage Party auf dem Programm. Drei Tage Gespräche über Fußball und Frauen. Überhaupt nichts Tiefes. Eher flach. Noch flacher. Am flachsten. Eine Mannschaftsfahrt eben, Männer unter sich, niedrigstes Niveau. Renko konnte natürlich nicht mitkommen, also musste er die drei Tage zu meiner Ex. Die wohnte etwa sechs Kilometer von meinem Haus entfernt.

Ich merkte schon, dass Renko keine Lust hatte, ausquartiert zu werden. Bei meiner Ex durfte er nicht alleine in den Garten (das Gelände bei ihr zu Hause ist nicht eingezäunt), wie er es bei mir machen konnte (die Tür stand bei mir immer offen, sodass er selber entscheiden konnte, wann er rauswollte), und beim Gassigehen wurde er auch immer angeleint. Das

Futter, das er dort bekam, schmeckte ihm auch nicht. Immer, wenn er zu mir zurückkam, musste ich mir anhören, dass der Hund krank sei, weil er gar nichts fressen würde. Wenn ich dann für ihn was Leckeres gekocht habe, hat er fast den Napf mitgefressen, so einen Heißhunger hatte er. Seinen gefrorenen Joghurt bekam er ebenfalls rationiert. Zugegeben, eine etwas ungewöhnliche Nahrung für einen Hund. Aber für Renko eine schmackhafte Alternative zu den wöchentlichen Kalziumspritzen, die der Tierarzt zur Vorbeugung von Osteoporose empfohlen hatte. Er war ja schon ein alter Mann. Ich legte einfach Joghurtbecher ins Gefrierfach, und so konnte er seine Leckerei lutschen wie in einer italienischen Eisdiele. Er liebte es.

Ich tröstete ihn damit, ihn am Sonntagmittag abzuholen, dann würden wir beide es uns auf dem Sofa gemütlich machen und das Fußball-WM-Spiel Deutschland gegen England angucken. Er würde dann so viel Joghurt bekommen, wie er wollte, und ich würde ihm das ganze Spiel über den Nacken kraulen. Deal! Er gab mir seine Pfote und schlug ein.

Nach einer ziemlich anstrengenden Hamburg-Reise mit wenig Schlaf und viel Alkohol kamen wir wie geplant Sonntagnachmittag zurück. Die Jungs wollten das Spiel noch zusammen in einer Kneipe gucken. Aber ich war ja mit Renko verabredet, und außerdem stehe ich nicht so auf diesen Gemeinschaftskult Public Viewing. Mich nerven die aus dem Sportstudio abgehörten und mit Perwoll gewaschenen Fußballweisheiten, die zu solchen Gelegenheiten lautstark von Kneipengängern verkündet werden, die alles besser wissen.

Gut, dass ich eine Verabredung mit meinem Renko hatte. Ich wackelte also nach Hause. Und musste, dort angekommen, feststellen, dass Renko auf der Treppe saß, der treue Hund. Als er mich sah, freute er sich wie verrückt. Der alte Sack sprang trotz seiner sechzehn Lenze um mich rum wie ein Flummi. Offenbar war der Gute ausgebüchst. Und meine Ex bestätigte später das ganze Ausmaß der Dinge: Den ganzen Freitag habe er in seinem Körbchen gelegen. Sei nur für die kleinen und großen Geschäfte vor die Tür gegangen und habe geschlafen wie ein Toter. Am Samstag das Gleiche, keine Probleme, total pflegeleicht. Erst am Sonntagmorgen sei er total verändert gewesen. Sei unruhig im Haus rumgelaufen, habe vor der Tür gestanden und oft gebellt. Meine Ex war froh gewesen, dass er so aktiv war, und habe eine große Runde mit ihm drehen wollen. Aber als die beiden in Richtung Wald und Wiese unterwegs gewesen seien, habe er sich auf die Straße gelegt und sei keinen Schritt weitergegangen. Verzweifelt habe meine Ex ihn wieder nach Hause geschleift. Sie habe das auf altersbedingte Demenz geschoben. Gegen Mittag sei das Gebell noch schlimmer geworden und, genervt von dem Getöse, habe sie ihn im Garten an einen Baum gebunden. Als es nach einer Stunde verdächtig ruhig geworden sei und sie nachgeschaut habe, was los sei, habe sie festgestellt, dass Renko verschwunden war. Leine und Halsband hätten noch am Baum gehangen und gebaumelt wie eine stumme Anklage im Wind. Der Hund war weg! Wie sich mein Kumpel von seinen Fesseln befreit hatte, war nicht nachvollziehbar gewesen. Es wurde in der Nachbarschaft eine Suchaktion gestartet, aber ohne Erfolg. Dass der alte Kerl zu mir laufen würde, hätte keiner für möglich gehalten.

Doch Renko lief den ganzen Weg nach Hause. Die Strecke hatten wir vorher noch nie zu Fuß zurückgelegt. Ab und zu sind wir sie mit dem Auto abgefahren. Und das alles schaffte er an diesem Tag ohne Navi. Die Geschichte erinnerte mich an den Film »Lassie kehrt zurück«.

Renko hatte seine Wanderung ohne mich gemacht, wie ich die meine ohne ihn machen würde.

Wir hatten einen schönen Männernachmittag auf dem Sofa.

Mit kühlschrankkaltem Bier und Chips für mich und einem Leberwurstbrot und gefrorenem Joghurt für Renko. Deutschland gewann 4:1 gegen England. Wir sahen dieses unglaubliche, legendäre »Nichttor«, das uns die Ungerechtigkeit von Wembley etwas erträglicher machte.

Als ich aus meinen Gedanken schrecke, finde ich mich noch immer in der Schankstube wieder, die jetzt fast leer ist. Die Schnatterwirtin guckt mich etwas verwirrt an. Ob sie wohl Angst vor mir hat?

Ich bin mal wieder eingeschlafen, weil ich so kaputt war. Wenn ich zu Hause bin, sollte ich mir das wieder abgewöhnen. Ich gucke auf die Uhr, und die zeigt schon halb eins. Ich muss jetzt wirklich ins Bett. Zeit, diesen anstrengenden Tag zu beenden.

»Ich wünsch Ihnen eine gute Nacht!«, sage ich müde zu der Wirtin und verziehe mich in mein Zimmer. Mal sehen, was der morgige Tag so bringt.

Marlen

Ich habe geschlafen wie ein Stein und morgens erst mal gar nicht gewusst, wo ich war. Körperlich geht es mir bestens, und ich bin überrascht, dass ich gar keine Schmerzen habe. Nach dem sechzig Kilometer langen Gewaltmarsch von gestern habe ich heute eigentlich einen ruhigen Tag im Visier. Ich werde gemütlich ein paar Kilometer machen und dann schön Fußball gucken und ein Bier trinken.

Aber nach ein paar Kilometern muss ich mich schon ärgern. Es fehlen Wegweiser, und ich gehe mindestens sechs Kilometer umsonst. Mist! Außerdem laufe ich dann als Abkürzung über einen Wanderweg. Wollte ich ja nicht mehr machen und werde prompt wieder bestraft, denn ich muss über einen Berg, der durch Regenwasser völlig aufgeweicht ist. Der Matsch ist richtig tief, und ich kämpfe mich den Hügel hoch. Rutsche ein paarmal aus. Mein Schätzchen hätte mich fast den Abhang runtergezogen, da habe ich noch mal Glück gehabt. Ich sehe zwar aus wie ein Schweinchen, habe mir aber nix getan.

Ich mache Rast auf einer Bank und gucke mir den Rhein an. Herrlich, die Luft und diese Ruhe. Was für eine schöne Atmosphäre, und die Gegend hier ist beeindruckend schön. Mir kommt es vor, als wäre der Rhein an dieser Stelle doppelt so breit wie vor ein paar Tagen, nur mit Mühe kann ich das andere Ufer sehen. Details lassen sich schon gar nicht erkennen. Ob ich langsam kurzsichtig werde? Man weiß es nicht. Der Rhein wirkt hier fast wie ein richtiger See, so breit sieht er aus. Auf meiner Bank bin ich von Wäldern umschlossen, und es kommt mir vor, als würde ich mich in einem Nationalpark befinden und nicht unbedingt in der Mitte von Europa. Egal wo ich hingucke: Es flattern Vögel durch die Gegend. Überall zwitschert und piept es. Als Ornithologe tauge ich nicht die Bohne, aber so ein paar Reiher und Störche kann ich schon erkennen. Ich schließe die Augen und komme mir vor, als würde ich einem Reisebericht von Professor Grzimek aus der Serengeti im Fernsehen lauschen. Und dann noch das Rauschen der Bäume ... wunderbar.

Nach ein paar Minuten gesellt sich ein Radfahrer zu mir. Er stellt sich als Stefan vor, und zusammen legen wir ein Päuschen ein.

»Wie siehst du denn aus, hast du Schlammcatchen gemacht? Da hast du aber ein lustiges Gefährt. Wo willst du denn damit hin?«

»Mein Aussehen? Eigene Doofheit. Ich will immer am Rhein lang runter bis nach Wesel und dann ab nach Hause.«

»Das gibt aber dicke Waden. Wie ich sehe.«

»Ja, die rechte macht mir ein paar Probleme, aber es geht. Du siehst aber richtig fit aus. Kein Gramm Fett zu viel und drahtig wie Emil Zátopek. Das kommt nicht nur vom Radeln, oder?

»Nein, das mache ich nur zur Entspannung. Ich laufe viel und gerne.«

»Welche Strecken? Marathon oder so was in der Art?«

»Ja, auch. Aber am liebsten Treppenmarathon.«

»Was ist das denn für eine Disziplin? Kenne ich gar nicht.«

»Davon gibt es auch nicht so viele Veranstaltungen. In der Nähe von Dresden zum Beispiel findet jedes Jahr ein Treppenmarathon statt. War ich letztes Jahr auch dabei.«

»Und wie läuft das ab?«

»Da gibt es eine Treppe an einem kleinen Berg. Die hat etwa hundertvierzig Stufen, und die läuft man hoch, etwa hundert Meter zum Kontrollpunkt, und dann zurück, die Treppe runter, unten auch etwa hundert Meter zum Kontrollpunkt und zurück, und wieder hoch. Und das Ganze macht man dann vierundzwanzig Stunden lang. Letztes Jahr waren wir knapp fünfzig Teilnehmer. Das ist wie ein Familientreffen. Viel mehr Leute können auch nicht mitmachen. Sonst wird die ganze Sache zu eng am Berg. Aber das Schöne ist, dass jeder auf jeden Rücksicht nimmt. Jeder läuft sein eigenes Rennen.«

»Das ist ja verrückt. Wer macht denn so einen Quatsch?«

»Das musst du gerade sagen! Läufst hier mit einer Waschmaschine durch die Gegend.«

Wo er recht hat, hat er recht. Aber ich werfe ein: »Ich kann mich zwischendurch ja immer wieder ausruhen. Aber wenn du vierundzwanzig Stunden lang Treppen hoch und runter rennst, wie motivierst du dich denn dann? Das muss doch ein ganzes Rudel von Schweinehunden sein, denen du in den Hintern treten musst«, will ich von ihm wissen.

»Stimmt schon, aber die Organisation bei so einem Rennen ist echt super. Da gibt es oben und unten Verpflegungsstationen, und an einem Kontrollpunkt hat man sogar die Möglichkeit, sich zwischendurch massieren zu lassen. Die Leute am Rand unterstützen uns tadellos, nur die Nächte sind echt hart.«

»Das kann ich mir vorstellen. Wie trainierst du denn für so ein Event?«

»Ich bin so ein Typ, der sich immer neue Ziele setzt und dann alles dafür tut, um sie auch zu erreichen. Bis vor ein paar Jahren bin ich noch ein dicker Sack gewesen und habe irgendwann erkannt, dass das so nicht weitergehen kann mit mir. Ich habe angefangen zu laufen und nach zwei Jahren meinen ersten Marathon absolviert. Dann war ich mit der Zeit, die ich gelaufen bin, nicht mehr zufrieden und hab richtig rangeklotzt. Erst kam ich unter vier Stunden, dann irgendwann unter drei. Als ich die drei Stunden geknackt hatte, reizte mich der Marathon nicht mehr. So bin ich erst zum 24-Stunden-Lauf gekommen und dann zum 24-Stunden-Treppenlauf. Den habe ich jetzt zum dritten Mal geschafft und dabei enorm viele Stufen überwunden. Mein Ziel war es, einmal so viele Meter zu machen, dass ich auf den Mount Everest hochkomme, und das habe ich geschafft. Achttausendneunhundert Höhenmeter, und jetzt ist das nächste Projekt dran.«

»Was wird das? Der Ironman?«

»Nein, nein. Körperlich bin ich jetzt ausgereizt. Meine nächste Herausforderung wird sein ...« Doch da stockt er. Ich habe den Eindruck, er will mir das jetzt gar nicht anvertrauen. Aber ich bin neugierig.

»Was denn? Erzähl doch weiter!«

»Ich habe vor einem Jahr mit Yoga und Meditation angefangen, um nach den ganzen Strapazen wieder runterzukommen. Das finde ich grad ziemlich gut, und ich will versuchen, eine 24-Stunden-Meditation zu machen. Marathon im Kopf quasi. Alles Denken ausschalten und nur ganz bei mir sein.« Skeptisch guckt er mich an, um zu sehen, ob ich ihn auslache oder ihm einen Vogel zeige. Aber ich reagiere anderes, als er es erwartet. »Ey, super! Das ist ja mal eine klasse Idee. Ich glaube, das wird die größte Klippe, die du da angehst. Wie bereitest du dich denn darauf vor? Ich meine, Essen und sogar Trinken kann man ja vielleicht mal einen Tag weglassen, obwohl ich mir das schon extrem hart vorstelle, aber aufs Klo und so? Wie machst du das denn?«

»Ach, das ist recht einfach. Zwei Tage vorher wenig trinken und wenig essen, dann eine Darmspülung, danach sollte es hoffentlich funktionieren. So stelle ich mir das jedenfalls vor. Mal schauen, ob es klappt.« Er muss grinsen. »Schön, dass du mich nicht ausgelacht hast.«

»Ich und über irgendjemanden lachen?! Ich laufe mit einer Waschmaschine durch die Gegend. Ich lache ganz bestimmt niemanden aus.«

Er ist ein wirklich netter Bursche, und wir quatschen noch eine halbe Stunde, dann geht es weiter. Wenn man einmal die Augen aufhält, dann trifft man doch mehr Menschen, die ungewöhnliche Dinge tun, als man es jemals erwartet hätte. Es ist eine verrückte Welt, in der wir leben, und eine wunderschöne!

Marlen ist klein, kleiner, am kleinsten! Hier gibt es nix, was sich auf den ersten Blick erkennen ließe. An der Dorfkirche treffe ich ein paar Leute, die mich doof angucken, als ich sie frage, ob es hier eine Kneipe mit Sky-Anschluss gibt, damit ich später Fußball gucken kann. Gibt es natürlich nicht. Also schicken sie mich in das Nachbardorf. Dort soll es ein Sportheim geben, in dem immer Fußball läuft. Aber zuerst muss ich meine heutige Bleibe aufsuchen und einen schönen Platz für Mikaela finden. Bei der Adresse angekommen, finde ich einen Zettel an der Tür, auf dem steht, wo ich den Haustür- und Zimmerschlüssel abholen kann. Außerdem ist dort zu lesen, dass der Besitzer erst morgen früh wieder da sein wird, weil er geschäftlich unterwegs sei. Die Pension befindet sich in einem ausrangierten Bahnhof und verfügt vielleicht über fünf Zimmer. Wie mir scheint, bin ich der einzige Gast. Hinter dem Haus entdecke ich einen alten Schuppen, wo ich für mein Schätzchen einen trockenen Platz finde. Nach meinem Wasch- und Duschprogramm laufe ich die zwei Kilometer bis ins nächste Dorf.

Als ich da ankomme, mache ich an einer Kneipe Halt, dort ist mächtig was los. Neugierig, wie ich nun mal bin, gehe ich näher. Dort findet ein Dartsturnier statt, und ich gucke mir das

Treiben der Dorfjugend an. Spontan entschließe ich mich, heute aufs Fußballgucken zu verzichten, das kann ich schließlich jeden Tag. Darts finde ich grade spannender, ist mal was anderes. Jedes Jahr zu Weihnachten schaue ich mir die Darts-Weltmeisterschaft im Fernsehen an. Das hier ist natürlich ein viel kleineres Kaliber, aber ich bin immerhin live dabei!

Es ist eine lustige Truppe, in der ich schnell Kontakt finde. Die Kids haben natürlich alle einen iPod, ein iPad oder was weiß ich, was für Dinger es heutzutage gibt, und haben nix anderes zu tun, als damit rumzuspielen. Ständig glotzen sie darauf, ständig lärmt und klingelt irgendwas. Ich verstehe nur Bahnhof und bin heilfroh, dass ich mein eigenes Handy halbwegs unter Kontrolle habe. Als ich einen jungen Burschen bitte, für mich eine Nachricht auf meine Facebook-Seite zu stellen, damit meine Kumpels zu Hause auch mal wieder ein Lebenszeichen von mir erhalten, habe ich bei der Dorfjugend den Ehrgeiz geweckt. Wie sich herausstellt, ist der WLAN-Empfang in dieser Gegend extrem bescheiden, und so lassen die Jungs und Mädels ihre elektronischen Muskeln spielen. Jeder versucht, den anderen mit seinem eigenen Spielzeug zu übertreffen. Nach einer halben Stunde schafft es endlich ein etwa vierzehnjähriger Bengel. Der Jubel ist groß und der Knirps stolz wie Oscar. Als kleines Dankeschön schmeiße ich eine Runde Cola für alle.

Von meinem Platz aus habe ich das Dartsboard im Auge und kann gleichzeitig das Buhlen der jungen Männer um die Dorfschönheiten beobachten. Haben wir uns früher auch so dusselig angestellt? Und dieses alberne Gegacker der Mädels … Das gehört wohl in dem Alter einfach dazu.

Nach dem Spiel gibt es noch Karaoke, und die Kids schlagen vor, ich solle doch als Tom Jones oder Michael Jackson mitmachen. Die haben doch einen Vogel. Ich bestelle mir noch ein Bier und winke ab.

Obwohl ... vor vielen Jahren habe ich als Michael Jackson mal ein Tanzduell gegen einen übergewichtigen Elvis-Imitator gewonnen. Einen Tag vor dem ersten Mai gab es bei uns im Dorf eine Privatparty, zu der meine Kumpels und ich nicht eingeladen waren. Früher haben wir uns einen Spaß draus gemacht, auf Partys in der Umgebung aufzulaufen, zu denen wir nicht eingeladen waren. Einfach nur so – um zu probieren, ob wir uns reinmogeln können. Doof nur, wenn man gar keinen kennt. So stand ich mal bei einer Hochzeit neben dem Bräutigam, den ich natürlich nicht kannte, und fragte diesen, ob er mit der Braut bekannt wäre. Peinlich, peinlich.

Auch dieses Mal schummelten wir uns rein.

Als der Morgen schon graute, riskierte so ein dicker Klops von einem Typen auf einmal eine große Klappe. Es ging um unseren Musikgeschmack. Wir, die in den Achtzigern unsere Jugend verbracht haben, standen fast alle auf Jacko, und um ehrlich zu sein, ich finde seine Musik heute noch gut. Der Klops sah das offenbar anders. Er schwärmte von den Fünfzigerjahren und vor allem von dem King of Rock and Roll, Elvis. Wir stichelten uns immer weiter an, und dann ging alles ganz schnell. Es sollte ein Playback-Wettstreit samt Tanzeinlage dargeboten werden. Also wurde im Handumdrehen eine Jury gebildet, bestehend aus drei bereits durchaus angeheiterten Damen. Der Wetteinsatz war eine Kiste Bier, die Tanzdauer wurde auf eine Minute festgelegt.

Los ging es. Der DJ der Party hatte Spaß wie Bolle daran, dass wir zwei Doofköppe uns zum Affen machen wollten, und legte die Musik auf. Ich fing an und legte meine vor dem Schlafzimmerspiegel zu Hause eingeübte Tanzshow aufs Parkett, mit Moves aus »Thriller«, »Dirty Diana« und »Bad«. Zum Abschluss gab es noch eine Moon-Walk-Einlage. So feuerte ich ein sechzig Sekunden dauerndes Stakkato an Tanzschritten auf dem Dancefloor ab. Zumindest erschien es mir so. Die Begeisterung des Publikums, mit der ich eigentlich gerechnet hatte, hielt sich jedoch in Grenzen. Komisch … Meine Tanzeinlage war wohl doch nicht so grandios gewesen, wie ich selbst sie wahrgenommen hatte – was durchaus an meinem fortgeschrittenen alkoholisierten Zustand gelegen haben könnte.

Der Klon-Elvis war echt gut drauf. Seine Bewegungen glichen denen des echten King of Rock'n'Roll. Allerdings eher dem aus den Siebzigern. Der schon ein paar Pfunde zugelegt hatte und mit weißem Paillettenoverall schwitzend auf der Bühne stand.

Nach einer halben Minute musste ich mir eingestehen, dass Elvis besser war als ich und dass ich die Wette verloren hatte. Kurz vor Schluss passierte dem Klops allerdings ein großes Missgeschick. Er rutschte auf einem kleinen Läufer aus, der auf dem Parkettboden lag, verlor das Gleichgewicht und segelte quer durch die Luft. Dann knallte er volles Karacho auf den Boden. Der arme Mann tat mir fast leid, aber wenn es um Bierwetten geht, gibt es kein Pardon. Außerdem war er ziemlich gut gepolstert und rappelte sich schnell wieder auf.

Der Sieg war also mein. Und es ist Elvis hoch anzurechnen, dass er mir eine Woche später tatsächlich die Kiste Bier vorbeibrachte. Humpelnd und voller blauer Flecken zwar, aber er hielt sein Wort.

Als ich aus meiner Träumerei wieder auftauche, versuchen die Kids immer noch, mich zu überreden, aber die Erinnerung an meine volltrunkene Performance in den Achtzigern reicht mir vollkommen. Ich will nicht einen auf Michael Jackson machen, sondern setze mich lieber an die Theke und unterhalte mich mit der Wirtin. Die ist die einzige Person hier, die in etwa in meinem Alter ist.

»Hallo. Schöne Kneipe. Wie lange hast du sie denn schon?«

»Ach, das ist das Erbe von meinem Alten. Der ist vor ein paar Jahren nach Thailand abgehauen und hat mich mit dem Laden sitzen lassen.«

Komisch, denke ich, fast wie bei Enrico, dem Tangotänzer. Wieder frage ich mich, wie viele Kneipen, Gaststätten oder Pensionen sich wohl in den Händen von Verlassenen befinden?

»Aber in so einem kleinen Dorf rentiert sich so eine Kneipe doch gar nicht, oder?«, hake ich nach.

»Ich mache nur an ein paar Tagen in der Woche auf. Ich arbeite als Krankenschwester, halbe Stelle. Die Leute hier sind sehr flexibel. Die Tage, an denen ich auf habe, richten sich nach meinem Dienstplan im Krankenhaus. Genau so die Dartsspiele in der Liga. Klappt ziemlich gut.«

»Dann setzt ihr euch am Anfang des Monats zusammen und gleicht die Öffnungszeiten mit deinem Dienstplan ab?«

»Ja, so ungefähr. Manchmal machen die Jungs den Laden auch alleine auf. Die sind alle in Ordnung. Nur wenn man denen Verantwortung gibt, lernen sie auch, damit umzugehen.«

Ich habe schon immer gewusst, dass Wirte und Wirtinnen ganz besondere Menschen sind. Dass sie sehr weise sind und ein Gefühl dafür haben, wie man mit Leuten klarkommt. Aber nur, solange sie selbst nicht ihre besten Kunden sind und mitsaufen.

Die gute Frau macht mir noch einen »Strammen Max«, also ein Spiegelei auf Schinkenbrot. Als ich aufgegessen habe, verabschiede ich mich von den netten Menschen in der Kneipe und wackele ab zu meiner Pension. Sind ja auch noch zwei Kilometer, und ich will zurück sein, bevor es dunkel ist.

Das war ein lustiger und schöner Tag heute. Ich freue mich schon auf morgen. Was für Leuten ich da wohl begegne? Mal sehen.

Freistett

Mein Gastgeber erwartet mich schon zum Frühstück im Speiseraum der Pension. Ein älterer Herr, der die Zimmervermietung und Gästebewirtung nur noch zum Spaß betreibt und sich sonst viel lieber mit seinen Brieftauben beschäftigt. Deshalb war er gestern Abend auch nicht da. Es standen Wettflüge an. Er hat auch heute Morgen wenig Zeit für mich, weil sein Champion noch nicht zurück ist und er sich Sorgen macht. Also bezahle ich schnell, und er lässt mich alleine zurück. Ich soll die Tür zuziehen und den Schlüssel in den Briefkasten werfen. Alles klar.

Das Wetter ist super, die Sonne scheint, und die Strecke mache ich auch mit links. Schöne geteerte Radwege und kaum Steigungen. Ein Klacks. Ich scheine jetzt richtig im Flow zu sein, die letzten Tage liefen wie geschmiert.

An einer Tankstelle fülle ich mein Fettlager für die Achsen der Sackkarre auf und führe mit dem Tankwart ein lustiges Gespräch über einen Bericht aus der *BILD*-Zeitung, bei dem es um Haarverpflanzungen beim Mann geht. Bei mir würde das ein Vermögen kosten, wenn ich mir halbwegs einen neuen Scheitel ziehen möchte. Also nix für mich. Aber ich finde sowieso, dass Männer mit Glatze Charakter haben.

Unterwegs treffe ich ein Ehepaar auf Fahrrädern, dem ich vor drei Tagen schon einmal begegnet bin, wir waren in derselben Unterkunft einquartiert. Sie haben in der Zwischenzeit einen Abstecher nach Frankreich gemacht und wollen nun wie ich am Rhein lang. Wir machen zusammen Pause und quatschen über die Pension, in der wir gemeinsam übernachtet haben. Die beiden schimpfen, was das Zeug hält, die kriegen sich gar nicht mehr ein. Ihr Zimmer sei zu hellhörig gewesen, die Betten zu hart, die Bude schmutzig und das Frühstück nicht ausgewogen genug. Ich muss mal kurz nachdenken, ich glaube, das war in Breisach in dieser schmuddeligen Pension mit dem Dunkelkammerzimmer. Na ja, ich bin von der Tour aber auch ganz andere Buden gewohnt und habe so oder so keine große Lust darauf, mich über irgendetwas aufzuregen, das ich nicht ändern kann.

Man merkt, dass es Sonntag ist. Es sind unglaublich viele Leute unterwegs, um das schöne Wetter und den freien Tag zu genießen, und ich komme mit deutlich mehr Menschen ins Gespräch als unter der Woche. Meine Mittagspause mache ich in einer Raststätte und treffe dort eine Radfahrertruppe bestehend aus Männern so um die sechzig, die mich auf ein Weizen einladen. Dieses Angebot nehme ich gerne an.

»Wir drehen jeden Sonntag unsere Runde, aber nur bei schönem Wetter. Früher war das mal anders. Tja, der Zahn der Zeit nagt eben auch an uns«, meint Arthur, der direkt neben mir sitzt.

Die Herren tragen einheitliche Radrennfahrerkleidung und scheinen sich schon eine halbe Ewigkeit zu kennen. »Eure Klamotten machen richtig was her, echt stylisch.«

»Ja, das haben wir dem schönen Fritz zu verdanken«, erklärt Arthur und deutet dabei auf einen etwas etepetete wirkenden Mann am Kopfende des Tisches. »Der hatte früher eine Firma, die Rennfahrerklamotten aus Asien importiert hat, und daher sind wir so superschick unterwegs.«

Fritz' Gesicht ist irgendwie starr, als wenn er eine Maske aufhätte. Arthur bemerkt, dass ich Fritz etwas genauer betrachte, und meint dann zu mir: »Der schöne Fritz trägt nicht umsonst seinen Namen. Der hat sich unters Messer gelegt und im Gesicht rumschnippeln lassen. Und nicht nur da«, meint er weiter und zwinkert mir dabei zu.

Fritz verschwindet gerade in der Kneipe, um eine neue Runde zu organisieren.

»Wie? Wo denn noch?«, frage ich neugierig.

Es ist auf einmal still am Tisch, und Arthur erzählt weiter, während sich seine Kumpels einen abfeixen. »Der Fritz war früher ein super Fahrer. Der ist uns allen weggedüst. Aber leider hatte er Komplexe wegen seiner Waden. Die sahen in seinen Augen aus wie die Beine eines Storches. Und als er richtig viel Geld verdient hatte, ist er in die USA und hat sich Wadenimplantate machen lassen.«

Das habe ich wirklich noch nie gehört. »Was? Das glaube ich nicht! Wie soll das denn gehen?«

Arthur nickt zur Bestätigung seiner Aussage, und die anderen Kumpels murmeln zustimmend.

»Wadenimplantate? Das ist ja wirklich unglaublich«, fasse ich das eben Gehörte noch einmal zusammen. »Die Menschen werden immer verrückter. Ich habe heute Morgen noch zufällig was über Haarverpflanzungen in der *BILD* gelesen.«

»Das hat er auch schon probiert, aber es hat nicht geklappt. Hätte er mal lieber Sackhaare genommen, die sind stabiler«, meint einer der jung gebliebenen Radler. Die Truppe lacht sich kaputt. »Dann hätte er so schöne Locken wie Roberto Blanco bekommen«, setzt er noch einen drauf.

Plötzlich fällt mir auf, dass Fritz zurückgekehrt ist und mit einem Tablett Bier am Tisch steht. Ich schäme mich ein bisschen, dass wir über ihn gelästert haben, und mir steigt eine leichte Röte ins Gesicht.

Aber er verblüfft mich mit seiner Reaktion: »Naaa, seid ihr wieder am Tratschen? Ihr seid mir ja eine Truppe Waschweiber. Nur weil ich so ein hübscher Kerl bin. Ihr Neidhammel.«

»Ach, ist doch alles gut, Fritz. Bist doch unser Bester. Und dass du so eine Macke mit der Schnipselei hast, ist doch auch nicht schlimm«, sagt einer seiner Radfreunde.

»Würde dir auch mal guttun. So ein bisschen was liften.«

»Nee, lass mal. Vielleicht sollte ich meine Frau losschicken. Aber das wäre ein Bauprojekt, das nie fertig werden würde.«

Und wieder brüllt der ganze Tisch. Die sind eine wirklich lustige Truppe, aber nach dem zweiten Bier verabschiede ich mich. Ich muss weiter, sonst fahre ich mit Mikaela heute noch Schlangenlinien.

Ich bin relativ schnell mit meiner Tour fertig und erreiche am frühen Nachmittag meine Pension. Olga, das Urbild einer russischen Babuschka, ist meine Wirtin und genauso groß wie breit. Sie trägt eine kurze Schürze und ein Kopftuch, ihre Füße stecken in dicken Wollsocken. Mit ihren Hauspuschen, die mir etwa fünf Nummern zu groß gewesen wären, schlurft sie wie ein Bär durch ihr Haus, um mir mein Zimmer zu zeigen. Im Halbdunkel des Flurs kann ich erst nach ein paar Schritten erkennen, dass dieser nicht mit Teppichboden ausgelegt ist, sondern ich auf einer dicken Schicht Katzenhaare laufe. Wie auf Kommando schnurren auch schon zwei dieser mir eher unsympathischen Tiere um die Beine, Minka und Tascha. Später lernte ich noch Schnurr, Katja und Ronja kennen. Die anderen Lieblinge würden gerade durch die Nachbarschaft streunen, verrät mir Frau Olga. Angesichts der enormen Menge an Katzenhaaren befürchte ich schon das Schlimmste in Bezug auf meine Bleibe, habe aber Glück, dass diese in einem Anbau liegt, der durch einen langen Gang mit dem alten Haus verbunden ist. »Katzenfreie Zone«, so Olga.

Das Haus ist mit so viel Nippes und Dekorationsgetüddel eingerichtet, dass man nicht weiß, wo man hinschauen soll. Vom neonfarbenen Tigerwandteppich über Lichterketten, die in den verschiedensten Farben blinken, bis hin zu überdimensionalen Kunststoffblumensträußen kann man hier alles, was das Kirmesbudenherz erfreut, auf hundert Quadratmetern bewundern. »Olgaland« wird dadurch komplettiert, dass die ganze Bude nach Kohlsuppe und Knoblauch riecht.

Und mein Zimmer? Gehört zu den Top Five auf der Tour. Der Raum ist hell, modern eingerichtet, und eine Seite besteht aus einer Fensterfront, die mir einen tollen Blick auf die Umgebung bietet. Außerdem habe ich TV-Gerät mit einem großen Flachbildschirm. So ein Ding wollte ich mir auch mal zulegen.

Ich nutze die Zeit, um heute große Wäsche zu machen, und gehe am Nachmittag Bezirksligafußball gucken. Später im Sportheim gibt es noch Vettel und Co., wie sie mit ihren Autos im Kreis fahren. Verrückt, wie diese Rennfahrer in einem Affenzahn durch die Gegend heizen und dabei ihr Leben riskieren. Meine Sportart ist das nicht.

Heute habe ich Bock auf Schnitzel mit Kartoffelsalat und schlemme hemmungslos. Ist ja auch Sonntag, ich gönne mir den liederlichen Lebenswandel also einfach mal.

Frau Olga freut sich darüber, dass ihr Mann ein paar Fotos von uns schießt, und dann geht's ab ins Zimmer ein bisschen in die Glotze gucken. Das muss ich heute ausnutzen, wenn sich mir die Gelegenheit schon mal bietet. Morgen erwarten mich vierzig Kilometer Weg. In meinem geplanten Etappenziel war nämlich kein Zimmer zu bekommen, und so hatte ich Benne freie Hand gelassen, etwas zu finden. Also haue ich mich jetzt lieber mal hin, der Tag morgen wird es in sich haben. Kurz vorm Einschlafen bekomme ich aber auf einmal einen Lachflash. Wadenimplantate?! Also wirklich. Warum denn nur?

Rastatt-Plittersdorf

Was für ein harter Tag. Die vierzig Kilometer, die Benne für mich geplant hat, machen mir zu schaffen. Der schätzt meine Kräfte aber sehr optimistisch ein, der Gute. Was ich gestern schon befürchtet habe, ist heute eingetroffen: Das Wetter ist umgeschlagen. Von Sonne und warmen Temperaturen zu Regen, Gewitter und Kälte. Zum Mittag hin wird es zwar etwas besser, aber schön ist was anderes. Trotzdem bin ich insgesamt über acht Stunden unterwegs. Mein Tempo hat sich erhöht, und ich schaffe um die sechs Kilometer in der Stunde. Kommt natürlich auf die Steigungen an. Aber die Nässe und die damit aufkommende Kälte zwacken schon einiges an Kraft ab. Wenn der Körper auskühlt, braucht er die Energie für wichtigere Dinge, als mit einer Waschmaschine durch die Gegend zu laufen, und dann fällt jeder Schritt doppelt so schwer.

Schließlich erreiche ich kurz vor der Dämmerung mein Hotel. Es liegt außerhalb von Plittersdorf, dem ältesten und größten Stadtteil von Rastatt, einen Steinwurf vom Rhein entfernt. Da grad nicht viel los ist, unterhalte ich mich mit der hübschen Angestellten. Sie macht irgendwie einen traurigen Eindruck auf mich, der sich später noch bestätigen wird. Sie ist sehr nett und will für mich sogar die Waschmaschine anschmeißen. Ich habe zwar fast jeden Tag die Klamotten durchs Waschbecken gezogen, aber hundertprozentig sauber werden sie so nicht. Ein Durchgang in der Maschine ist da definitiv wirkungsvoller.

Nachdem Jenny, so heißt die nette Dame, die Waschmaschine angeworfen hat, setzt sie sich zu mir, und wir plaudern eine Runde. Kurz darauf kommt ein alter Herr in die Gaststube, der von der Bedienung als Heinz angesprochen wird. Er hat eine grüne Latzhose an und trägt einen Strohhut. Ohne zu fragen und obwohl die Bude vollkommen leer ist, setzt er sich an meinen Tisch und bestellt sich eine Schorle. In der Zeit, in der sein Getränk zubereitet wird, blickt er starr vor sich hin.

Sieht eigentlich ganz nett aus, denke ich mir so, also spreche ich ihn mal an: »Scheiß Wetter, oder?«

Heinz macht keine Anstalten, mir zu antworten.

Als Jenny ihm sein Getränk, ein 0,4-Liter-Glas Weinschorle, vor ihn hinstellt, nimmt er es und trinkt es in einem Zug aus.

»Bist du verheiratet?«, fragt er unvermittelt, ohne mich anzusehen oder auch nur ein Hallo voranzustellen. Er geht also gleich ans Eingemachte, ohne sich mit Vorgeplänkel über das Wetter aufzuhalten. Dann hebt er sein Glas in Richtung Theke als Zeichen, dass er noch Durst hat.

»Nee, ich habe es hinter mir, bin geschieden. Gott sei Dank.«

»Du Glücklicher. Verdammter Glückspilz«, meint er und nickt dabei. Als wolle er zu sich selber sagen: siehste? Der hat alles richtig gemacht.

Ich bestelle mir auch so eine Schorle, und als wir uns zuprosten, fängt er an zu erzählen: »Meine Hilde ist ein Drache, der mir jeden Tag die Hölle heiß macht. Sie schimpft und zetert ohne Pause an mir rum. Ich habe mir schon angewöhnt, ganz früh am Morgen mit Gretchen, meiner Dackeldame, für zwei Stunden am Rhein langzulaufen, nur um meine Ruhe zu haben. Gretchen ist schon sechzehn Jahre alt und nicht mehr gut zu Fuß. Also habe ich ihr eine Karre gebaut, in der ich sie dann hinter mir herziehe. Das ist die schönste Zeit des Tages. Einfach herrlich, diese Ruhe.«

Die Gläser sind leer, und Heinz ordert bei Jenny, ohne mich zu fragen, die nächste Runde.

»Ich bin auch nicht allein unterwegs, nur heißt meine Begleitung Mikaela.«

»Auch ein Dackel?«

»Nee, eine Waschmaschine.«

»Wie, Waschmaschine? Glaube ich nicht.«

»Komm, ich zeige sie dir.«

Und so gehen wir mit unseren Gläsern in den Hinterhof. Jenny begleitet uns, weil sie auch neugierig auf Mikaela ist. Heinz dreht sofort eine Runde mit meiner Karre und ist hellauf begeistert. Am liebsten würde er sich mir anschließen, zumindest habe ich den Eindruck.

Als wir zurück in der Gaststube sind, steht Hilde doch tatsächlich, die Hände in die Hüften gestemmt, in der Eingangstür. Mein Gott, der arme Heinz! Dass sie ihn nicht an den Ohren nach Hause schleift, ist ja ein wahres Wunder. Nach einer fünfminütigen Schimpftirade funkelt sie mich noch einmal böse an und schiebt ihren Heinz vor sich her aus der Kneipe. Ein letztes Mal treffen sich unsere Blicke. Was soll ich dem armen Kerl nur sagen? Irgendwie hat er sich diese Suppe ja auch selbst eingebrockt. Und ich kenne ja auch nur seine Seite der Geschichte. Wer weiß, vielleicht hat Hilde ja einen guten Grund für ihr Verhalten und ist nicht nur boshaft um der Boshaftigkeit willen.

Mir fällt in diesem Moment auf, dass das schon das zweite Mal auf meiner Tour ist, dass eine Ehefrau so mit ihrem Mann umspringt – und der so mit sich umspringen lässt. Bei den Schreibers war es genauso. Die Gegend scheint hier sehr von dominanten Frauen und passiven Männern geprägt zu sein.

Der Abend ist schön besinnlich. Ich gehe noch eine kleine Runde spazieren, setze mich an den Rhein und lese. Durch den Regen hat es sich ganz schön abgekühlt. Ich beobachte ein paar

Ruderer, wie sie mit ihren Booten den Rhein entlangschippern. Und dann kommt doch noch die Sonne raus und bringt die ganze Umgebung zum Strahlen. Das Gras und die Blätter der Bäume glitzern durch die Regentropfen um die Wette und erinnern mich an unseren Weihnachtsbaum früher.

Früher war eindeutig mehr Lametta, wie Loriot jetzt sagen würde.

Zurück im Gasthaus esse ich eine Kleinigkeit und lese weiter in meinem Buch. Die Gaststube ist nicht voll, und so sitze ich alleine bei meinem Glas Wein.

Jenny werkelt noch etwas hinter der Theke rum und kommt dann zu mir an den Tisch.

»Du bist also geschieden, das habe ich vorhin in deinem Gespräch mit Heinz mitbekommen. Ich war auch verheiratet, aber mein Mann ist vor zwei Jahren gestorben. Er ist im Garten einfach umgekippt. Feierabend. Ohne vorher irgendetwas gehabt zu haben. Der war nie krank, war nie beim Arzt. Es soll das Herz gewesen sein. Und weißt du, was das Schlimmste war? Dass ich ihm nicht Auf Wiedersehen sagen konnte, und wie sehr ich ihn gemocht habe. Nichts. Auf einmal war er weg. Wir haben uns nie gestritten, und wenn ich dann so was sehe, wie eben bei Heinz und Hilde, verstehe ich nicht, warum uns und nicht denen das passiert ist. Das ist nicht gerecht mit dem Tod. Aber wer will schon entscheiden, was gerecht ist?« Das ist also der Grund für die Traurigkeit, die ich ihr zu Beginn unserer Begegnung angesehen habe.

Ich wollte heute zwar früh ins Bett, aber das geht jetzt nicht. Jenny hat noch so viel zu erzählen. Oft fängt sie an zu weinen. Ab und an kann ich sie aber auch zum Lachen bringen. Und so unterhalten wir uns noch bis tief in die Nacht hinein und geben einander ein bisschen Rückhalt und Trost in schweren Zeiten.

Leimersheim

Ich habe schlecht geschlafen, was vielleicht daran liegt, dass ich ganz schön spät ins Bett gekommen bin und dann noch lange wach gelegen und darüber nachgedacht habe, was Jenny mir alles erzählt hat. Über ihre Träume und Pläne, die sie mit ihrem Mann nicht mehr verwirklichen konnte.

Wie viele Menschen lassen die Zeit verstreichen, weil sie sich nicht entscheiden wollen oder können. Wie viele haben Angst zu investieren. Nicht in Wohnung, Haus, Auto oder Urlaub, sondern in Vertrauen und Liebe, in Freundschaft und Verständnis. Ins Abenteuer Leben eben. Diese vertane Zeit können sie nicht wieder einholen, weil dann eines Tages womöglich Dinge geschehen, die nicht beeinflussbar sind, so wie es bei Jenny war.

Hört man eine solche Geschichte, wird man nachdenklich und fragt sich unweigerlich: Wie viel Zeit habe ich schon verplempert mit unnützen Dingen? Wie oft habe ich mich bereits über Situationen geärgert, die ich gar nicht steuern konnte oder die es einfach gar nicht wert waren, Aufmerksamkeit von mir zu bekommen? Ist es so wichtig, gesellschaftlichen Konventionen zu entsprechen? Ist eine Beule im Auto so bedeutsam, dass ich mich darüber tagelang aufrege? Ist meine verletzte Eitelkeit so tiefgehend, dass deswegen eine jahrelange Freundschaft kaputtgeht? Ist mein Schatten wirklich so groß, dass ich nicht über ihn springen kann?

Wie oft habe ich mich schon über Kollegen geärgert, die

nicht mehr wertschätzen können, was für einen schönen Job sie haben und was für eine Verantwortung sie tragen dürfen? Wie oft habe ich über meine Bosse den Kopf geschüttelt? Was es doch für unfähige Menschen in Führungspositionen gibt, die nur an ihren Stühlen kleben, die recht haben wollen um des Rechthabens willen und den Weg für junge, kreative Menschen blockieren, weil sie Angst haben, ihre Macht zu verlieren. Die nur Drohungen aussprechen und Druck ausüben, weil sie keine Ahnung haben, wie man Menschen motivieren kann. Aber vielleicht können sie es einfach nicht besser, und ich verlange zu viel von ihnen?

Wie oft habe ich mich über mein Leben geärgert, über mein Schicksal, über meine Bestimmung, wie man es auch immer nennen will. Habe mich gefragt, warum ich? Warum mir? Warum ich nicht? Warum andere? Und so weiter und so fort.

Wie oft habe ich mich gefragt, warum ich so viel Zeit verschenkt habe, um anderen zu gefallen, anstatt das zu tun, was mir gefällt? Ich wollte in der Gesellschaft eine Rolle spielen. Und noch eine und noch eine und noch eine …

Und jetzt? Jetzt laufe ich mit einer Waschmaschine durch Deutschland. Spiele ich wieder eine Rolle? Oder spielt das keine Rolle? So kreisten meine Gedanken in der letzten Nacht endlos umeinander. Bis ich schließlich doch noch einschlief.

Beim Frühstück habe ich keinen großen Hunger. Ich trinke meinen Kaffee und knabbere an meinem Brötchen rum. Jenny ist auch wieder da. Auch sie spricht nicht viel, sie ist nachdenklich, genau wie ich.

Als ich weiterziehe, umarmt sie mich herzlich. »Ich danke dir«, sagt sie zum Abschied.

Ich entgegne: »Nein, ich habe zu danken. Du hast mir einen Denkanstoß gegeben. Vielleicht kann ich ja noch etwas Zeit einholen. Ehe es zu spät ist. Ich wünsche dir alles Gute und ein schönes Leben.«

Dann laufe ich weiter. Ich bin ganz schön müde. Aber nicht körperlich. Kopfmüde, würde ich eher sagen.

Ich wechsele auf die linke Rheinseite und laufe wieder eine Etappe durch Frankreich. Dieses Mal soll der Weg hier super sein, sagte mir Jenny noch. Er führe direkt am Ufer entlang, und es kämen nur wenige Autos dort vorbei. Die Strecke ist in der Tat schön ruhig und die Gegend wieder mal atemberaubend schön. Die Wälder, die ich durchstreife, sind naturbelassene Mischwälder mit großen, alten Bäumen. Nicht so wie bei mir zu Hause, wo es nur noch sogenannte Monokulturen gibt und die Bäume alle in Reih und Glied stehen. Hier fühle ich mich, als wenn jederzeit Asterix und Obelix hinter einem Baum hervorspringen und mich auf einen Wildschweinbraten einladen könnten. Die Sonne scheint Gott sei Dank wieder, es ist warm, aber es weht auch ein ordentlicher Wind. Das Rauschen der Buchen, Birken und Eichen klingt so weich und vertraut, als wenn man ein Kinderlied von früher hören würde.

Es sind kaum Menschen unterwegs, und gegen Mittag weiß ich auch, warum. Ich laufe direkt auf ein riesiges Chemiewerk zu. Im Örtchen Lauterbourg sehe ich die ersten Hinweisschilder, die mir zeigen, wie ich mich bei einem Supergau verhalten soll. Nicht gerade sehr beruhigend.

Ich laufe eine Stunde weiter. Immer noch keine Menschenseele zu sehen. Ich hoffe, die Katastrophe kündigt sich nicht ausgerechnet für heute an. In einem Waldstück herrscht eine beängstigende Stille. Auf einmal höre ich kein Geräusch, kein Vogelgezwitscher mehr, nur der Wind rauscht leise. Mir ist ganz unheimlich zumute. Dann, endlich, sehe ich Straßenarbeiter, die mich mustern, als wäre ich ein Alien. Der Weg führt geradewegs durch das Chemiewerk. Wie bin ich hier bloß gelandet? Links und rechts von der Straße sieht man hinter hohen Zäunen Gebäude, die mit Gittern gesichert sind. Auch hier entdecke ich niemanden. Alles wirkt wie ausgestorben. Gespenstisch. Als das Fabrikgelände hinter mir liegt, bin ich froh, diesen unwirklichen Ort verlassen zu haben.

In Leimersheim angekommen, muss ich erst mal meinen Gasthof für heute suchen, einen uralten Weinkeller mitten im Ort. Das Eingangstor, so lese ich an einer Messingtafel, wurde im sechzehnten Jahrhundert gebaut. Ich bin immer fasziniert, wenn ich solche alten Bauwerke sehe, und frage mich, wie die das damals ohne schwere Gerätschaften bauen konnten. Beeindruckend. Das ganze Gebäude ist mit uralten Weinreben umsponnen, und jetzt in dieser Jahreszeit leuchtet das Blattwerk wie ein Farbkasten. Sogar ich kann das erkennen, obwohl ich so was von farbenblind bin. Es ist ein wunderschöner Anblick.

Noch älter als das Haus scheint die Wirtin zu sein. Ich muss geschlagene zehn Minuten klingeln, bis die Dame mir die Tür öffnet. Sie ist um die eins fünfzig groß, trägt einen Küchenkittel, der mich sehr stark an Tante Mia erinnert (meine Lieblingstante), und das Beste ist, dass sie einen »Fiffi« auf hat, der so schräg auf ihrem Kopf sitzt, dass sie Ähnlichkeit mit dem jungen Peter Kraus hat. Ein »Fiffi« ist übrigens ein Haarersatz oder Toupet von minderwertiger Qualität. Meistens hat die Farbe nur bedingt etwas mit der Originalhaarfarbe des Trägers zu tun, und es entsteht der Eindruck, dass der Besitzer einen toten Hamster auf dem Kopf spazierenträgt.

Tante Mia ist damals kurz nach dem Tod meiner Mutter bei uns eingezogen, um meinen Vater mit uns und dem Haushalt zu unterstützen. Tante Mia war schon damals für mich uralt. Sie lebte früher alleine bei uns in der Bauernschaft in einem eher baufälligen Haus. Sie war Witwe, weil ihr Hermann damals in Russland geblieben war, Kinder hatten die beiden nicht, sie waren nur einige Monate verheiratet gewesen. Also freute sie sich, ihrem Bruder, meinem Vater, etwas unter die Arme greifen zu können. Sie war finanziell gut bestückt mit ihrer Witwenrente, und als Postangestellte in der Bauernschaft gab es auch reichlich Kohle.

Diese gab sie aber gerne und mit vollen Händen aus. Mit Vorliebe gab sie sich den kulinarischen Gelüsten hin. Schinken nur vom Feinsten, Käse nur den besten und Schnitzel nur die größten. Auch dem Alkohol in Form von Eierlikör und »Eckes Edelkirsch« war sie nicht abgeneigt.

Einmal hatte sie mich zu Karneval zu Meier's (einem Universalgeschäft bei uns im Dorf, Bäckerei, Lebensmittel und Kneipe in einem) geschickt, um Heideweggen (eine Art Berliner Ballen) und eine Flasche von dem Edelkirsch-Gesöff zu holen. Abends dann konnte ich zusehen, wie ich Tante Mia ins Bett kriegte, weil die Gute beim Fernsehen die ganze Pulle platt gemacht hatte. Aber das nur nebenbei.

Die peinlichste Situation mit ihr erlebte ich, als ich eines Sonntagmorgens vor dem Spiel meine Fußballschuhe putzte und zufällig drei Schulkameradinnen bei mir vorbeiguckten. Eine von ihnen war derbe verknallt in mich.

Als ich also so beim Schuhe wienern war, rief Tante Mia aus der Küche recht laut, damit ich es auch ja mitbekam: »Ludcher!« (Tante Mia sprach meistens Plattdeutsch. Sie war übrigens auch für meinen Vornamen verantwortlich, weil meinen Eltern keiner mehr eingefallen war. Schrecklich!)»Ludcher! Krempel dir beim Wichsen bitte die Ärmel hoch! Nicht, dass da noch was drankommt.«

Ich bin fast gestorben vor Scham, und mein Kopf wurde so rot, wie er nie mehr in meinem Leben werden sollte.

So, jetzt ist es gut mit Tante Mia. Gott sei ihrer Seele gnädig.

Ich würde meine Unterhaltung mit der Zwergenomi gerne möglichst genau wiedergeben, aber leider habe ich nichts von dem verstanden, was sie versuchte, mir mitzuteilen. Die Kombination aus Dialekt, Nuscheln und fehlenden Zähnen sowie das gleichzeitige Lutschen eines Kautabakpriems in der Größe eines Golfballs machte es mir unmöglich, die Dame des Hauses zu verstehen.

Das alte Mütterchen stellt mir einige Fragen, die ich mit einem Lächeln und Kopfnicken beantworte. Als sie mich ins Haus lässt, höre ich ein Röcheln, wie ich es schon mal irgendwo gehört habe, aber im Augenblick weiß ich nicht, wo ich es hinstecken soll. Es hört sich etwa so an, als wenn man eine Wärmflasche ausschüttet und gleichzeitig eine Dose Nägel umkippt. Am nächsten Morgen würde ich erfahren, was das für ein Geräusch war.

Mein Zimmer ist so eingerichtet wie das des armen Poeten. Sehr spartanisch. Das Bett steht unter einer Dachschräge, davor nur ein kleiner Nachtschrank und ein Waschbecken in der Ecke. Was ich nicht entdecken kann, ist ein Nachttopf unter dem Bett. Glück gehabt. Die Dachschräge scheint wasserdurchlässig zu sei, da der Tapetenkleister etwas an Haftkraft verloren hat. Es fehlt eigentlich nur der Schirm oben in der Ecke, der den Raum vor dem Regen schützt. Gut, dass heute den ganzen Tag über die Sonne geschienen hat. Aber egal. Wäsche brauche ich heute nicht zu machen, das hat ja Jenny gestern netterweise schon erledigt.

Am Abend esse ich beim Dorfitaliener, diesmal gibt es Salat und Fisch für den figurbewussten Wanderer. Im Restaurant werde ich auch Zeuge einer Sängergruppe, die ihr Liedgut für das Geburtstagskind Anne Marie preisgibt. »Wie schön, dass du geboren bist«, habe ich noch nie im Ganzen gehört und bin erstaunt, wie viele Strophen das Lied hat. Ich trällere das bei uns im Sportheim immer nur an, wenn mal einer von den Jungs Geburtstag hat und deshalb eine Kiste Bier ausgeben soll.

Anne Marie wird siebzig und feiert mit ihrer Familie. Nach dem Ständchen proste ich ihr auch mit einem Likör zu. So ein stolzes Alter schafft man ja nicht alle Tage!

Rheinhausen

Ich habe sehr gut geschlafen, womit ich angesichts dieser komischen Bude gar nicht gerechnet hätte. Allerdings hatte ich auch Glück, es hat nicht geregnet, also konnte der Regenschirm friedlich in der Ecke stehen bleiben.

Körperlich ist alles bestens, ich habe keine Schmerzen. Und meine Füße brauche ich heute gar nicht mehr einzuwickeln, die Blasen sind trocken, und alles ist auf dem Weg der Besserung. Danke schön an den hilfsbereiten Apotheker.

Ich freue mich auf mein Frühstück, weil ich Hunger habe wie verrückt. Die Peter-Kraus-Omi bedient mich im Zeitlupentempo, will aber auf gar keinen Fall, dass ich ihr helfe. Ich sitze alleine im Frühstücksraum, und sie bringt gefühlt jedes Besteckteil und jedes Frühstücksrequisit einzeln zu mir an den Tisch. Geduld, Bücker, Geduld.

Als alles am Tisch ist, spricht sie mich nochmals an, ohne dass ich verstehe, was sie meint. Ich lache und bedanke mich bei ihr. Meine Antwort scheint richtig zu sein. Sie lacht ebenfalls laut, und es hört sich fast so an, als würde ein Huhn gackern.

Nebenan in der Küche sitzt ihr noch älterer Mann. Ich habe ihn zwar noch nicht gesehen, vermute aber, dass es bald mit ihm zu Ende geht. Denn da ist dieses komische Geräusch von gestern wieder. Und es kommt eindeutig aus seiner Richtung. Der Arme hustet und röchelt wie verrückt, aber als Krankenpfleger bin ich eine solche Geräuschkulisse gewohnt und frühstücke daher in Ruhe weiter. Obwohl ich mich schon frage, ob ich gleich als Ersthelfer im Einsatz sein könnte.

In der Luft liegt ein Duft, den ich noch aus der Wohnung von meinem Onkel Heinz kenne. Der hatte seinerzeit auch Juno ohne Filter geraucht. Kennt ihr dieses Kraut noch? Das kann man eigentlich nicht guten Gewissens als Tabak bezeichnen. Es riecht nach alten angezündeten Matratzen oder Pferdedecken, man kann sich richtig vorstellen, wie das Zeug die Lunge verklebt. Aber soll ich einem uralten Mann raten, mit dem Rauchen aufzuhören? Das ist doch Quatsch und bringt jetzt wahrscheinlich eh nichts mehr! Der alte Knabe hat wahrscheinlich sein ganzes Leben lang geschmökt, da kann er es auch auf den letzten Metern seines Lebens beibehalten.

Nach dem Frühstück trabe ich voller Energie los. Die Tour beginnt mit einer lustigen Situation. Ich möchte mit der Autofähre auf die rechte Rheinseite, da die Brücke, die ich eigentlich überqueren wollte, gesperrt ist. Neben mir werden drei Radfahrer und zwei Autos transportiert. Ich bin der Letzte, der eincheckt.

Eine Crew auf so einer Fähre besteht ja meistens aus dem Kapitän und einem Matrosen. Bei diesem Schiff ist aber noch ein zweiter Hilfsmatrose anwesend, der tadellos gekleidet ist. So stelle ich mir einen Seemann vor, der durch das Polarmeer schippert. Der am Bug stehend seinen Kapitän vor Eisbergen warnt und jedem Schneesturm, Eisregen und sonstigen Wetterkapriolen trotzt. Etwas overdressed, der Gute, mit seiner gefütterten Ölzeuglatzhose, den Gummistiefeln und der Krabbenfischerwollmütze.

»Was kostet mich die Überfahrt?«, frage ich ihn.

»Das weiß ich nicht. Was ist das denn für ein Ding?«

»Das ist eine Waschmaschine auf einer Sackkarre.«

Der Seemann guckt erst mich an, dann Mikaela, dann wieder mich. Und so geht das bestimmt zwei Minuten, in denen man förmlich sieht, wie die Gedankenmaschinerie des jungen Mannes langsam in Schwung kommt. Irgendwann scheint sie aber einen Kolbenfresser zu haben.

»Das weiß ich nicht, was die Überfahrt für Sie mit der Waschmaschine kostet.«

Vom Kommandostand, wo sich die beiden Kollegen von ihm befinden, brüllt der Kapitän, was denn da los sei.

Der Hilfsmatrose brüllt zurück: »Ich weiß nicht, was das kostet.«

Der Kapitän winkt ihn zu sich, und er schlurft zu den beiden hin. Die drei diskutieren nun untereinander, wobei sie gelegentlich zu mir rübersehen und mit den Köpfen schütteln. Die weiteren Gäste der Fähre scheinen etwas unruhig zu werden und schauen mich mürrisch an.

»Ich kann nichts dafür«, sage ich laut, damit alle es verstehen können, zucke dabei mit den Schultern und hebe unschuldig die Hände. Nach weiteren fünf Minuten schickt der Boss seinen Matrosen zu mir zurück.

»Das macht zwei Euro fünfzig. Sie sind ein mittelschwerer Transporter«, meint er, als er bei mir angekommen ist.

»Bitte? Was bin ich?«, frage ich verblüfft.

»Sie sind ein mittelschwerer Transporter. Ein Auto kostet drei Euro fünfzig, ein Fahrrad einen Euro fünfzig. Sie sind genau in der Mitte. Also zwei Euro fünfzig.«

»Verblüffend logisch«, meine ich daraufhin. Wenn doch alles im Leben so einfach auszurechnen wäre!

Nach weiteren fünf Minuten sind wir schon auf der anderen Seite, und es kann weitergehen. Es läuft wie geschmiert. Das heißt, ich laufe wie geschmiert. Im Gegensatz zu meiner Karre, denn die macht mir ein bisschen Sorgen. Die Radlager, die ja von vornherein nicht den besten Eindruck gemacht haben – wie auch bei einer dreißig Jahre alten Kiste –, eiern ganz schön vor sich hin. Unterwegs komme ich an einem Landhandel vorbei. Hier kann man vom Traktor bis zum Spaten alles kaufen, was man so für die Landwirtschaft braucht. Ich gehe in den Laden und spreche einen netten Mann in meinem Alter an.

»Entschuldigung, haben Sie eventuell Ersatzräder für meine Sackkarre? Meine Lager machen es, glaube ich, nicht mehr so lange.«

Der Mechaniker kommt mit mir nach draußen, um mein Gefährt zu besichtigen.

»Guter Mann, dieses Modell, das Sie da haben, wird seit etwa zwanzig Jahren nicht mehr produziert. Dafür gibt es keine Ersatzteile mehr. Da müssen Sie schon eine neue Sackkarre kaufen. Sie haben aber recht, die Radlager sind ganz schön ausgeschlagen. Sie sollten schlechte Wege meiden und die Lager jeden Tag gut schmieren.« Da kann man wohl nichts machen. Er schenkt mir aber noch gutes Lagerfett und wünscht mir alles Gute. Netter Bursche.

Später verlaufe ich mich, mal wieder. Habe wohl ein Schild übersehen. Ich muss aber nur einen Zwei-Kilometer-Umweg machen, das ist halb so wild.

Rheinhausen ist wieder so ein Dorf, das keiner braucht. Ganz schön groß, aber nix los. Mir ist das auf meiner Tour schon mehrmals aufgefallen, dass einige Dörfer über den Tag hin wie ausgestorben sind. Vermutlich arbeiten die Leute, die hier wohnen, in der Stadt und sind nur abends oder am Wochenende anzutreffen. Keine Leute, keine Kneipe, kein Laden. Abends esse ich in einer Frittenbude Pommes mit einer doppelten Currywurst. Ich brauche ein Gegengewicht zum Salat und Fisch von gestern!

Die Fähre, die ich morgen früh nehmen will, fährt leider nur am Wochenende, kriege ich nach dem Essen raus. Das Ding wird nur noch für Touris eingesetzt. Mist! Dann muss ich auf der rechten Rheinseite bleiben. Das ist zwar ein Umweg von fast zehn Kilometern, bis ich zur nächsten Brücke komme, aber wer weiß, wofür es gut ist.

Tag 18

Ludwigshafen-Mundenheim

Es tut zur Abwechslung auch mal gut, früh ins Bett zu kommen. Ich habe tief und fest geschlafen und bin fit heute. Als ich so durch die Pfalz laufe, muss ich an unseren Altkanzler Helmut denken. Ob ich hier wohl mal einen Saumagen probieren soll? Mal sehen. Während ich laufe, freue ich mich den ganzen Tag auf Speyer und werde nicht enttäuscht. Eine tolle Stadt erwartet mich da, sehr sehenswert mit ihren schönen alten Gebäuden und Denkmälern. Da meine Wanderkarte in Speyer endet, brauche ich ab hier eine neue.

Und wer kann einem in einer fremden Stadt am besten helfen? Richtig, dein Freund und Helfer. Dachte ich zumindest. Denn als eine Polizeistreife an mir vorbeikommt und meine Personalien kontrolliert, bin ich schon etwas überrascht. Nicht, weil ich auf einmal ein Magnet für die deutschen Behörden zu sein scheine, sondern weil die beiden Polizisten sich überhaupt nicht auskennen in ihrem Revier. Meine Frage nach einer Touri-Info können sie nur mit einem Schulterzucken beantworteten. Und das, obwohl wir mitten in der Innenstadt stehen. Ich gehe weiter … und komme nach etwa dreißig Metern direkt an einer Touristeninformation vorbei! Das kann ich nicht so stehen lassen. Ich kehre um und teile den beiden Beamten diese Info mit, die sie etwas verdattert entgegennehmen.

Die Mädels im Infobüro haben leider keine Karte, die ich gebrauchen kann, geben sich aber Mühe und rufen eine ganze Reihe von Buchläden an. Und tatsächlich finden sie einen, der genau die Karte führt, die ich brauche, nämlich den dritten Teil der Rheinradweg-Karte. Die wird mich bis Köln führen, und dann kommt schon der vierte und letzte Abschnitt. Ich darf meine Miele-Maus bei ihnen stehen lassen, was viel Kopfschütteln, aber auch einiges Gelächter bei den Angestellten und Touristen hervorruft.

Die Damen in der Buchhandlung erwarten mich schon und sind sehr neugierig auf meine Geschichte. Die Schnattertanten von der Information haben sie natürlich geimpft, was für ein komischer Vogel ich bin, und so unterhalte ich dort vier Damen, die sich nicht mehr einkriegen. Als ich zurück am Infoladen bin, werden noch viele Fotos geschossen, und ich werde herzlich und mit vielen guten Wünschen von den netten Menschen dort verabschiedet.

Später ruft mich Fabi an, und ich erfahre, dass ich meine Planung umbauen muss. In Mannheim sind zurzeit keine Betten frei. Wird wohl mit einer Messe oder so zu tun haben, und so muss ich weiter nach Ludwigshafen-Mundenheim. Das hört sich schon nach Weltstadt an.

Die Wege hier sind wieder sehr gut. Aber leider ist die Gegend eher industriell geprägt. Direkt am Rhein befinden sich viele Industrie- und Chemiewerke. Nach der vielen Natur, die ich in den letzten Tagen und Wochen gesehen habe, muss ich mich an so ein Umfeld erst gewöhnen. Aber interessant finde ich es trotzdem hier. Als Junge vom Land sieht man nicht so oft riesige Lastkähne oder dicke Tankschiffe.

Auf den letzten Kilometern gibt es ein wahnsinniges Unwetter, sodass ich mich an einer Straßenbahnhaltestelle unterstellen muss. Ein Zugführer hält an. »Komm, steig ein, ich nehme dich mit. Bei dem Scheißwetter lässt man doch keinen Hund vor die Tür. Und dann noch mit so einem Gepäckstück.«

»Nein danke, ich darf nicht. Ich muss zu Fuß gehen. Sonst werde ich mir selbst untreu.« Wie schon bei den vielen Lkw und anderen Transportern kann ich das verlockende Angebot nicht annehmen.

»Aber das sieht doch keiner, und bei dem Wetter kann man doch sicher eine Ausnahme machen. Fahrgäste habe ich auch keine.«

»Das ist wirklich nett von Ihnen, vielen Dank, aber *ich* würde es wissen.«

»Na gut. Viel Spaß dann noch!« Der Fahrer schüttelt den Kopf und fährt weiter.

Als der Sturm etwas nachlässt, laufe ich durch den Regen, und die Blitze schlagen rund um mich ein. Was für ein eindrucksvolles Szenario. Ich habe das Gefühl, die Elemente vereinen sich gegen mich.

Nach etwa zwei Kilometern erreiche ich eine Autobahnbrücke und mache darunter, nass wie eine Katze, Pause. Das Wasser fließt mir zwischen die Füße, und ich glaube, heute ist der Tag gekommen, wo der liebe Gott mal mit seinen Muskeln spielt.

Es donnert und grollt und blitzt und kracht. Und der Regen wird immer stärker. Durch den starken Wind wird mir jetzt auch noch richtig kalt. Ich parke Mikaela an einem Brückenpfeiler und hocke mich, in meine Regenjacke gewickelt, neben sie. So verharre ich sicher eine Viertelstunde, bis das Schlimmste vorüber ist und wir weiterziehen können.

Ich kann meine Pension nicht finden, und so muss ich mich durchfragen. Eine etwas dickliche, quietschbunt angezogene, junge und ganz liebe Frau kann mir wenigstens den Weg zu der Straße zeigen, in der sich die Unterkunft befinden soll, kennt dort allerdings keine Pension. Die Straße sei aber auch etwas über fünf Kilometer lang. Na super. Bei meinem Glück heute liegt mein Domizil sicher ganz am anderen Ende der Straße.

Und dann, nachdem ich nicht mal zehn Minuten auf der Straße unterwegs bin, die große Überraschung: Die Pension ist ein alter stillgelegter Bahnhof, der umgebaut wurde und jetzt als Unterkunft dient. Klasse Idee. Der zweite Bahnhof, in dem ich übernachte, nur dass beim ersten keine Züge mehr vorbeigefahren sind. Hier schon.

Ich werde sehr herzlich von einer jungen Frau begrüßt. Leider hat sie keine Garage oder einen Schuppen für meine Karre. Aber dann bietet sie mir an, Mikaela im Hausflur zu parken.

»Aber das können wir doch nicht machen«, meine ich zu ihr. »Die Karre ist vollkommen nass und schmutzig. Dann sieht Ihr Flur morgen früh aus wie Sau.«

»Ach, das macht doch nichts. Dann wische ich eben durch und fertig. Also kommen Sie schon.«

Und so bugsieren wir beide zusammen mein Gefährt über eine kleine Treppe durch die Haustür und ziehen Mikaela in den Flur. Da hat sie es heute auch mal schön warm.

Der Besitzer der Pension trägt einen Turban (es stellt sich heraus, dass er Anhänger des Hinduismus ist) und erzählt, dass sein Sohn zurzeit mit dem Rad auf den Weg nach London sei. Er sammelt Geld für die Welthungerhilfe oder eine ähnliche Organisation.

Mein Zimmer ist schön. Ganz einfach eingerichtet, aber funktional und sauber, mit Bad und einem kleinen Fernseher in der Ecke. Es liegt allerdings im Erdgeschoss und ist keine drei Meter von den Gleisen entfernt. Ich hoffe, ich kann gut schlafen und höre die Züge nicht so laut.

Nun freue ich mich auf eine heiße Dusche. Kalt und durchnässt wie ich bin, tut das unheimlich gut. Danach koche ich mir einen Tee. Schön, dass die hier im Zimmer einen Wasserkocher, Tassen und sogar Tee und Zucker haben. Ich setze mich an mein Fenster, schaue zu, wie die Züge vorbeifahren und mache eine Stunde Pause. So kann ich meinen Gedanken nachhängen und den Tag Revue passieren lassen.

Später ziehe ich mich an und schaue mich draußen um. Eine typische Bahnhofsgegend, nicht besonders schön und etwas schmuddelig. Als ich so durch die Straßen schleiche, komme ich an einem Laden vorbei, der Thai-Massagen anbietet.

Vor vielen Jahren, als ich mal in Thailand war, habe ich mich dort oft massieren lassen. Da gibt es in jeder Straße Massagesalons. Ich habe alles ausprobiert, von der Kopf-, Fuß- und Hand- bis zur Ganzkörpermassage. Das kostet da unten kaum was, und es gibt nichts Entspannenderes, als sich einmal ordentlich durchkneten zu lassen. Einmal habe ich mir sogar eine Gesichtsbehandlung gegönnt, inklusive Augenbrauenzupfen mit der Fadenmethode, was so dermaßen fies war, dass mir die Tränen kamen. Die Mädels haben sich über mich kaputtgelacht. Was für ein Weichei, haben die sicher gedacht. Auch eine Ganzkörperbehandlung, die ich einmal testete, war klasse, wenn auch etwas eigentümlich. Zwei kleine dicke Damen trampelten da auf mir rum und führten, glaube ich, einen rituellen Tanz auf meinem Rücken auf. Erstaunlicherweise ging es mir nach der Behandlung richtig gut.

Also zögere ich keine Sekunde, als ich da in Ludwigshafen-Mundenheim vor dem Massagesalon stehe, und gehe rein. Ich kann ja einfach mal nachfragen, was die hier so im Angebot haben. Nach fast drei Wochen on the the road gönne ich mir mal was richtig Schönes!

»Entschuldigung, was können Sie mir denn für eine Massage empfehlen?«, frage ich die Dame hinter der Rezeption. Sie scheint etwa so alt zu sein wie ich und sieht nicht so aus, als käme sie aus Thailand. Und prompt sächselt sie los: »Aber notürlüsch, der Herr. Isch empfehle Ihnen die Thai-Massasche noch Bangkok-Aort.«

»O.K. Wie läuft die denn so ab, die Massage?«

»Nochdem Se geduscht sind, kommen Se ins Kranisch-Zimmoar, wo die Therapeutin Se erwoartet. Die Massasche an sich wird Ihnen de Meschtild erklären.«

»Alles klar! Mehr brauche ich nicht zu wissen.«

Meschtild!? Hört sich auch nicht unbedingt danach an, dass die Dame aus Bangkok oder Koh Samui stammt. Ich mache mich auf den Weg in die hinteren Räumlichkeiten. Nachdem ich mich geduscht habe (das zweite Mal innerhalb von zwei Stunden, aber was muss, das muss), begebe ich mich ins Kranich-Zimmer, wo besagte Mechtild mich schon erwartet. Sie ist sehr nett und erzählt mir, dass sie fast zehn Jahre in Thailand gelebt und dort ihre Ausbildung als Masseurin gemacht habe. Über eine Stunde knetet sie an mir rum und verbiegt meine Extremitäten wie bei einem Gummimännchen. Als sie mit mir fertig ist, fühle ich mich unglaublich locker.

Als ich wieder auf der Straße bin und ohne bestimmtes Ziel durch die Gegend laufe, werde ich auf einmal richtig müde. Es ist eine Mattheit, die tief aus meinem Inneren kommt und mich sehr zufrieden macht. Die Straßengeräusche nehme ich wie durch Watte wahr. Ich muss mich auf eine Bank in einem ganz kleinen Park setzen und mich etwas ausruhen. Meine Umwelt zieht wie in Zeitlupe an mir vorüber. Ich schließe die Augen und spüre den leichten Regen auf meiner Haut. Aber noch intensiver kann ich ihn riechen. Diese Kühle und Reinheit erfrischen mich bis ins tiefste Innere. Ich fühle mich, wie schon ganz lange nicht mehr, völlig entspannt.

Wie lange ich da gesessen habe, kann ich gar nicht sagen. Vielleicht fünf Minuten, vielleicht eine Stunde. Als ich die Augen wieder öffne, geht es mir ausgesprochen gut. Ich bin ausgeruht, wach und vital. Ein herrliches Gefühl!

In diesem Moment fällt mir auch auf, wie hungrig ich bin. Da kommt mir die kleine Kneipe, an der ich vorbeigehe, gerade recht. Die jungen Leute am Tresen gucken, wie man in so einem kleinen Ort eben guckt, wenn ein Fremder in ihre Kneipe kommt. Als ich durch den Schankraum gehe und mich an einen Tisch in der Ecke setze, beobachten sie mich skeptisch, aber neugierig. Die Bude ist echt schmuddelig und rauchverhangen. Rauchverbot existiert hier nicht! Das Bier wird in Flaschen serviert, und die Frikadellen auf dem Teller des Gastes rechts von mir sehen vielversprechend aus. Ich lasse mir gleich drei Stück bringen, ordentlich scharfen Senf dazu, und esse sie mit Heißhunger auf. Dann ordere ich noch einmal zwei von diesen Leckereien.

Ohne Übertreibung würde ich mich als Frikadellenexperte bezeichnen. Es gab Zeiten, da habe ich mich von nichts anderem ernährt als von Frikadellen und kann ganz gut einschätzen, wie gut oder schlecht ein Exemplar gelungen ist. Ich habe meine immer selbst gemacht, und da ich kein Freund von Rezepten bin, haben sie immer anders geschmeckt. Aber immer delikat.

Nach fünf Fleischklöpsen bin ich satt, gehe zur Theke rüber und gebe den Jungs eine Runde Bier aus. Die alte Frau hatte sich damals so über den Frappé gefreut, wollen wir doch mal sehen, ob ich die Kerle hier nicht mit einem Bier knacken kann. Sie nehmen mein Angebot dankend an, und wir sprechen über Fußball, na klar.

Morgen will ich früh los. Worms ist zwar nicht so weit von hier entfernt, aber ich möchte gegen Mittag schon da sein, um mir diese geschichtsträchtige Stadt in Ruhe anzugucken und mich ein bisschen treiben zu lassen. Als ich später im Bett liege, warte ich darauf, einen Zug zu hören, der ja theoretisch keine drei Meter neben mir fahren muss. Aber entweder die Bahn streikt, oder die Massage entfaltet jetzt endgültig ihre Wirkung. Ich höre keinen Mucks und schlafe wie ein Stein.

Als ich am nächsten Morgen aufwache, kann ich immer noch kaum glauben, dass ich so nah an den Bahngleisen übernachtet und nix von irgendwelchen Zügen gehört habe. Möglicherweise ist der Zugverkehr in Ludwigshafen-Mundenheim nur tagsüber aktiv.

Der Turbanchef und die junge Dame möchten noch ein paar Fotos mit mir machen. Wir frühstücken zusammen in einer Art Gemeinschaftsküche. Die ganze Angelegenheit hat einen etwas alternativen Touch, es gibt viele Körner, viel Müsli und vor allem viel selbst gemachen Käse, den ich aber nicht esse, weil ich Käse ja bekanntlich nicht mag. Aber die Eier sind richtig gut, und ich zweifle keine Sekunde daran, dass sie von glücklichen Hühnern stammen, die viel frische Luft und Bewegung abkriegen.

Dann geht's los: neuer Tag, neues Glück. Wobei, mit dem Glück bin ich mir noch nicht so sicher. Ludwigshafen gefällt mir nicht. Die Häuser und Straßen haben allesamt schon bessere Tage gesehen. Alles wirkt kaputt und lieblos. Überall liegt Müll herum, und die ganze Stadt wirkt schmutzig. Vielleicht habe ich aber auch nur eine falsche Ecke von Ludwigshafen durchlaufen und tue der Stadt unrecht. Unterwegs muss ich mehrmals meine Route ändern, weil sich mir unverhofft Hindernisse in den Weg stellen. Einmal stoße ich auf eine Baustelle an einer Brücke, die ich eigentlich benutzen wollte. Also Rückwärtsgang rein und wieder ein ganzes Stück zurück. Dann fehlen ein paar Schilder, die mir die Richtung hätten weisen können, und ich verirre mich erneut. Es dauert ewig, bis ich meinen Weg aus dieser Stadt gefunden habe.

Später komme ich wieder an den Rhein, meinen treuen Gefährten, und beobachte auf der gegenüberliegenden Seite einen Hochhausabriss. Ich mache Pause und beobachte dieses Spektakel.

Ab hier ist der Weg wieder super, einfach zu laufen ohne Höhen und Tiefen und immer schön am Rhein entlang. Ich komme an unzähligen Schrebergärten vorbei, die von ihren Besitzern richtig schön herausgeputzt wurden. Einer hat geschweißte Schrottskulpturen auf seinem Rasen stehen. Daneben ein typisch deutscher Garten mit Rosenstöcken, Stachelbeersträuchern, Grillecke und Gartenzwergen in einer beeindruckenden Vielfalt. Als frivoler Höhepunkt ein Zwerg mit runtergelassener Hose, einer mit Stinkefinger und eine Gartenzwergin mit Strapsen. Fast in jeder Parzelle werkelt ein Hobbygärtner herum, bekleidet mit weißem Feinrippunterhemd und grüner Gartenarbeitshose mit Hosenträgern. Als hätten sie sich abgesprochen.

Bis Worms sind es nur fünfundzwanzig Kilometer. Von weitem sehe ich schon den Dom. Was mir aber bei dieser Gelegenheit auch auffällt, ist, dass das ganze städtische Drumherum einen etwas lieblosen Eindruck macht. Die Häuser sehen alle irgendwie gleich aus und sind in eintönigem Grau gehalten.

Mein Hotel liegt mitten in der Stadt, und der Inhaber ist ein freundlicher, netter Mann, der seine Garage für Mikaela zur Verfügung stellt. Von meinem Zimmerfenster aus kann ich den Marktplatz sehen. Nach meiner wohltuenden Dusche setze ich mich ans offene Fenster, trinke einen Kaffee (Heißwasserkocher und Kaffeepulver gibt es auch hier wieder inklusive) und beobachte das Treiben der altehrwürdigen Stadt. Ich nicke wieder eine Zeit lang ein. Auf meiner Wanderung scheine ich mich endgültig in einen alten Mann zu verwandeln, der bei jeder Gelegenheit einschläft. Ist aber wahrscheinlich bei der täglichen körperlichen Belastung auch kein Wunder.

Später nehme ich mir ordentlich Zeit für einen Stadtbummel. Worms hätte ich mir schöner vorgestellt. Die Kirchen und ein paar alte Gebäude sind zwar von beeindruckender Schönheit, aber der Rest gefällt mir nicht so gut. Ein Großteil der Bausubstanz scheint aus den Fünfziger- oder Sechzigerjahren zu stammen. Meine architektonischen Kenntnisse erlauben es nicht, mir hier ein Urteil zu bilden, aber ich nehme mal an, dass diese bauliche Epoche vergleichbar ist mit den Mode- und Haarschnittsünden der Achtzigerjahre. Über Geschmack lässt sich vielleicht doch streiten. Ich mache später Rast am alten Dom und komme mit einer Dame im Café ins Gespräch.

Frau Krömer, so ihr Name, berichtet, sie sei ein Wormser Urgestein. Ihre Erscheinung ist ziemlich skurril. Ich bin baff darüber, wie viele Pullover eine einzelne Person übereinander ziehen kann. Und dass man eine Jogginghose unter einem Rock trägt, habe ich zwar schon einmal während eines Türkeiaufenthalts gesehen, aber nicht in Kombination mit pinkfarbenen Stulpen. Als Krönung dieses Outfits trägt sie einen überdimensionalen Hut, in ihrer linken Hand baumelt ein japanisch anmutender Sonnenschirm. Der Schmuck, den sie angelegt hat, würde ausreichen, um eine Damenfußballmannschaft auszustatten. Nur ihre Schminke hat sie auf lediglich drei Farben reduziert, sodass sie im Gesicht aussieht wie ein nicht ganz fertig geschminkter Clown.

Frau Krömer erweist sich als nette ältere Dame, die mir von Worms erzählt, ohne sich mit »Kleinigkeiten« wie Kriegen, Wiederaufbau oder geschichtlichen Ereignissen aufzuhalten.

»Wissen Sie, junger Mann, als die Metzgerei Schmitt nach dem Krieg fein gemahlenes Sägemehl in die Leberwurst getan hat, habe ich als Einzige vor dem Laden demonstriert. Keiner wollte mir glauben, aber ich habe es gesehen, als ich mir die Knochen für meine Hunde aus dem Schlachthaus geholt habe.«

Eine interessante Geschichte. Ich bin sehr erpicht darauf, mehr über Worms zu erfahren.

»Die Elfriede, Gott sei ihrer Seele gnädig, hat in der Sakristei den Pastor verführt. Das habe ich mit eigenen Augen gesehen, als ich vor Ostern 1953 zur Beichte gehen wollte und die Nebentür zur Kirche nicht aufgeschlossen war. Ist doch selbstverständlich, dass ich da versucht habe, mir Zutritt durch die Sakristei zu verschaffen, und da habe ich die zwei in flagranti erwischt. Mir hat natürlich keiner geglaubt. Die Elfriede war ja die Frau von einem Stadtrat und ich nur die Anneliese Krömer. Und gegen den Pastor was sagen, das ging ja früher gar nicht. Aber ich habe es gesehen. Ehrenwort.«

Die Zeit vergeht wie im Flug mit dieser erfrischenden Dame. Ich kann hier gar nicht alle Geschichten wiedergeben, die sie mir noch erzählt, aber diese ist mir im Gedächtnis geblieben: »Der Josef Meier, der hatte hinter seinem Haus einen Schuppen, und Sie glauben nicht, was er dort gesammelt hat!«

Ich hoffe, es kommt jetzt kein Bekenntnis, das mich eventuell dazu nötigt, die hiesigen Behörden zu verständigen, um Hinweise zum Verbleib von vermissten Menschen zu liefern.

»Er hat dort über Jahre hinweg Damenschuhe gehortet, die er bei Schuhgeschäften der Umgebung aus den Auslageständern geklaut hat. Und immer nur den rechten Schuh. Der ist doch verrückt.«

Da muss ich ihr recht geben, und ich finde es schade, als sie nach einer Stunde aufbricht, um ihren Bus noch zu erwischen.

Aber andererseits qualmt mir auch der Kopf von den vielen Geschichten und Informationen, die Frau Krömer zu berichten wusste. Ich hoffe, sie bleibt noch lange gesund und ihrer Linie treu. Bunte Menschen gibt es viel zu wenige auf der Welt.

Später lese ich in einer Stadtbroschüre, dass Worms ein beliebtes Ziel der Alliierten für Vergeltungsangriffe war. Die Nibelungensage mit ihrem Siegfried, der den Drachen tötet und die hier in Worms ihren Ursprung hat, wurde von den Nazis zu Propagandazwecken missbraucht. Von wegen Unbesiegbarkeit und so ein Quatsch. Als der ganze Blödsinn des Krieges langsam zu Ende ging, haben die Siegermächte den braunen Burschen dann mal zeigen wollen, was Unbesiegbarkeit bedeutet und die ganze Stadt in Asche gelegt. Scheiß Krieg. Und das ist natürlich der Grund dafür, dass es in der Innenstadt so wenig alte Gebäude gibt: Nahezu alles wurde durch Bomben zerstört. Was nach dem Krieg wieder aufgebaut wurde, konnte architektonisch nur wenig punkten. Noch mal, scheiß Krieg.

Nach Frau Krömer kommen andere Leute ins Café. Mit einigen von ihnen komme ich ins Gespräch, und wir unterhalten uns über alltägliche Dinge. Small Talk halt. Aber ich nehme mir auch Zeit zum Lesen und zum Leutegucken. Ab und zu geistert mir die Schuhgeschichte noch mal durch den Kopf. Was macht man bloß mit so vielen rechten Damenschuhen?

Später will ich in einem Restaurant am Markt eine Kleinigkeit essen. Alle Tische sind besetzt, und so bleibt mir nur ein Platz an der Theke, der laut eines alten Schlagers ja sowieso der schönste ist. Auch dort sind die Leute sehr redselig und vertrauen mir Dinge an, bei denen ich innerlich schon ab und zu den Kopf schütteln muss.

Zum Beispiel berichtet mir, während ich ein Schnitzel mit Salat verspeise, eine Dame, die auf ihren Platz wartet, dass ihr Ehemann sie mit seiner Sekretärin betrügt und er sie vergangenes Wochenende sogar auf »Geschäftsreise« mitgenommen hat. Dabei würde er überhaupt keinen mehr hochbekommen und sei als Liebhaber immer schon eine Null gewesen. Das ist doch unglaublich! Ich scheine ziemlich vertrauenswürdig zu wirken. Was die Leute mir auf meiner Wanderung schon an persönlichen, intimen Geschichten anvertraut haben, ist bemerkenswert.

Später tritt in der Gaststätte noch ein Musikerduo auf. Die spielen altdeutsche Musik auf einer Leier und einem anderen alten Instrument, dessen Namen ich gerade nicht zusammenbekomme. Die beiden Musiker haben Kostüme an. Ich kann mir gut vorstellen, dass sie oft auf Mittelaltermärkten auftreten. Da die Kneipe in einem alten Fachwerkhaus ist, herrscht hier auch mit einem Mal eine gediegene und gemütliche Mittelalterstimmung. Es fühlt sich ziemlich gut an, und ich genieße die Atmosphäre. Ich muss noch mal an Frau Krömer denken und lächle vor mich hin.

Heute gehe ich früh ins Bett. Morgen wird es nur eine kurze Strecke. Easy!

Tag 20

Gimbsheim

Was für ein wundervoller Tag! Die Gegend rund um Worms begeistert mich sehr. Wenn man bedenkt, welche sagenhaften Ereignisse hier in der Gegend passiert sind, kann man schon beinahe das Blut des Drachens riechen, den der alte Siggi um die Ecke gebracht hat.

Die Leute hier sind einfach nett, jeder grüßt freundlich und lächelt mir zu. Meine fünfundzwanzig Kilometer heute schrubbe ich ohne Probleme runter.

Ich glaube, so langsam befinde ich mich in einem Sparflammenmodus. Nicht körperlich, da muss ich auch weiterhin oft genug an meine Grenzen gehen. Aber vom Kopf her schalte ich immer öfter auf Stand-by, außer natürlich, wenn mich die Leute, die ich treffe, interessieren und mir dann auch noch schöne, unterhaltsame Geschichten erzählen.

Die Natur, der Duft des Herbstes, die Nebelschwaden am Morgen und dieser imposante Strom, der mit Leichtigkeit, aber dennoch kraftvoll neben mir her fließt – das alles versetzt mich in eine ruhige, friedliche Stimmung. Ich freue mich wieder einmal sehr, diese Tour zu machen, und bin dankbar für die Zeit, die ich mit mir selber habe.

Wo ich so in Gedanken meine Kilometer ablaufe, überholt mich ein junger Mann mit seinem Fahrrad. »Hallo, wo wollen Sie denn hin, haben Sie eine Panne?«, spricht er mich an.

»Nein, ich mache eine Wanderung mit meiner Waschmaschine, nur so aus Spaß, ohne Grund, ohne Hintergedanken, und ohne dass ich eine Wette verloren habe«, nehme ich ihm den Wind aus den Segeln. »Und wo willst du hin?« Mir ist heute eher nach Zuhören.

»Ich besuche einen Freund im Nachbardorf, und die zehn Kilometer fahre ich locker mit dem Rad.«

»Das find ich klasse. Für solche Wege braucht man nicht seine Eltern zu fragen, ob sie einen fahren. Schöne Einstellung von dir. Habt ihr keine Schule heute?«

»Ich bin mit der Schule fertig. Habe im Sommer meinen Realschulabschluss gemacht und bestanden.«

»Super. Und warum guckst du so bedröppelt?«

»Ach, das ist wegen meiner Freundin, ich habe letzte Woche mit ihr Schluss gemacht, und das nach einer gefühlten Ewigkeit, die wir zusammen waren.«

»Oh, das tut mir leid. Wie lange wart ihr denn zusammen und warum habt ihr euch getrennt?«

»Fast sechs Monate, und dann poppt sie nach einer Party mit meinem Kumpel rum. Die doofe Ziege.«

Sechs Monate und eine Ewigkeit? Das Zeitverständnis der Jugend. Ich werde alt.

»Wie? Mit dem Kumpel, zu dem du jetzt fährst?«

»Ja, genau der. Fand ich echt scheiße von ihm. Aber vielleicht hat er mir ja auch einen Gefallen getan. Wer weiß, wie das mit ihr geendet hätte? Und wenn sie schon bei der ersten Gelegenheit fremdvögelt, dann ist sie nichts für mich. Natürlich war ich auf meinen Kumpel auch erst sauer, aber den kenne ich schon seit dem Kindergarten. Wir waren immer Freunde und sind zusammen durch dick und dünn gegangen. Soll ich ihn wegen so einer blöden Kuh verlieren? Nee, dafür sind wir beide zu dicke Kumpels.«

Erstaunlich! So ein junger Bursche und schon so eine reife

Einstellung. Beachtlich, dass der junge Mann die Größe hat zu verzeihen und dass er zu seinem Freund steht, obwohl dieser ihm so wehgetan hat. Vielleicht sollte ich mir ein Beispiel an ihm nehmen. In vielen Situationen in meinem Leben habe ich bei kleineren Streitereien oder Beleidigungen sehr viel rigoroser reagiert und meistens den Beteiligten danach gemieden. In vielen Fällen sicherlich gerechtfertigt, aber in allen? Ich weiß es nicht.

Wir unterhalten uns noch eine ganze Weile. Über seine beruflichen Pläne, über seine Eltern, die ihn immer überfordern, über seine Träume von Urlauben in fremden Ländern und von einem Sportwagen und, und, und. Nach einer Stunde verabschieden wir uns, und er fährt weiter. Eine interessante Begegnung. Sollte ich mal drüber nachdenken.

Ich komme schon am frühen Nachmittag in Gimbsheim an. Das Zimmer ist ganz okay, aber nichts Besonderes. Nach der Wäsche muss ich mich aber trotz der relativ kurzen Etappe etwas ausruhen und haue mich für ein Stündchen aufs Ohr.

Danach bin ich fit für einen Spaziergang durchs Dorf. Am Sportplatz mache ich natürlich halt und gucke mir die imposante Anlage an. So ein kleines Dorf und so ein super Sportgelände – die müssen hier in der Gegend ganz schön viel Kohle haben, um so was zu finanzieren. Wenn ich bedenke, wie lange wir in meinem Verein schon hinter einem Kunstrasenplatz herlaufen …

Das Sportheim ist richtig gemütlich. Altbacken zwar, aber mit Flair. Für so ein kleines Dorf ist der Laden relativ groß. Die Theke zieht sich durch das ganze Lokal, und überall hängen Fahnen und Wimpel. Und das nicht nur von Kleinkleckersdorf oder ähnlichen Vereinen, sondern von den ganz großen der Zunft. Ich trinke ein Bierchen und unterhalte mich mit dem Wirt und einem alten Mann, der auch an der Theke sitzt. Die

»alten Herren« des Vereins haben heute ein Spiel und treffen sich deshalb im Sportheim. Nach einer Weile stellt sich heraus, dass sie zu wenige Leute haben, um das Spiel zu bestreiten, und so fragen sie mich, ob ich nicht mitspielen kann. Die sind echt lustig, die Leute. Da meine Beine immer noch geschwollen sind, biete ich ihnen an, ins Tor zu gehen. Das würde gerade noch gehen, das könnte ich noch machen. Aber ein ganz dicker Sportsmann protestiert lautstark, dass das sein Job sei. Kann ich verstehen, dass der nicht ins Feld will. Aber mehr geht nicht bei mir, und so bleibt ihnen nichts anderes übrig, als quer über den Platz auf Jugend Tore zu spielen, weil man dafür nicht so viele Spieler benötigt. Die Gastmannschaft ist damit auch einverstanden, und so können die alten Jungs doch noch eine Runde pöhlen.

Sie ziehen von dannen und starten ihr Spiel, und ich bleibe im Sportheim, um mir die Geschichten der Leute über ihren Verein anzuhören. Ihre Erfolge, historischen Siege und das Interessanteste: Der Vater von Herrn Hopp, dem großen Mäzen eines Bundesligisten, wohnt hier im Dorf, und Herr Hopp beteiligt sich an der Finanzierung des Sportgeländes. Jetzt wird mir klar, warum die hier ein so tolles Vereinsgelände haben. Er würde sich auch sehr um die Jugendarbeit im Verein kümmern und diese oft in das Bundesligastadion einladen.

Die »alten Herren« spielen 2:2, und den Punktgewinn feiern wir mit einer Kiste Bier, die ich spendiere. Als es dunkel wird, ziehe ich mich aber in meine Pension zurück. Ich muss mit meinen Kräften haushalten.

Tag 21

Mainz-Hechtsheim

Als die Sonne aufgeht, bin ich schon lange wach. Nachts bin ich oft aufgewacht, weil ich so heftig geträumt habe. Irgendetwas davon, dass ich laufe und laufe, der Horizont sich aber trotzdem immer weiter entfernt. Hat das etwas zu bedeuten für die Situation, in der ich mich gerade befinde? Sehe ich gerade kein Ende? Verliere ich meine Lebensziele aus den Augen? Da kann man seiner Interpretationswut freien Lauf lassen.

Auf jeden Fall sitze ich schon eine ganze Weile am Fenster und begucke mir den Sonnenaufgang. Dabei schmiere ich mir meine Füße mit Melkfett ein und halte sie anschließend aus dem Fenster, damit das Zeug gut einziehen kann. Heute fängt die dritte Woche an. Dass ich schon so weit gekommen bin, Wahnsinn.

Der Wettergott ist heute wieder auf meiner Seite. Das Frühstück ist heute allerdings nicht so prickelnd. Brötchen hart, Kaffee kalt, es gibt nur Käse und Marmelade als Brotbelag, und das Eigelb vom Frühstücksei sieht aus wie ein Squashball. Es springt auf, wenn man es auf den Teller fallen lässt. Na ja.

Ich bin also früh unterwegs und kann direkt am Rhein entlanglaufen. Ich bin immer schwer beeindruckt, wenn ich diese riesigen Lastkähne sehe, wie sie fast lautlos auf dem Fluss schippern. Leider ist der Radweg für Mikaela und mich echt schwer zu bewältigen. Über den Schotter kommen wir nur mühsam voran, und die wenigen Abschnitte, die gepflastert sind, sind durch die Wurzeln der Bäume am Wegesrand aufgebrochen und extrem holprig. Meine Karre poltert und rumpelt wie verrückt, und wenn Mikaela lebendig wäre, wäre ihr sicherlich speiübel. So komme ich natürlich nur langsam voran. Ärgerlich, aber nicht zu ändern. Leute treffe ich kaum. Morgens ist es mir sowieso lieber, wenn ich Ruhe und Zeit nur für mich habe.

Seltsamerweise habe ich den Eindruck, dass ich verfolgt werde. Kann aber sein, dass das nur eine Folge der merkwürdigen Träume von letzter Nacht ist. Ich schiebe den Gedanken beiseite. Doch tatsächlich, fünf Minuten später geht es los. Als ich mich umdrehe, sehe ich etwa fünfzig Meter hinter mir eine alte Frau, die ihr Fahrrad schiebt. Immer dann, wenn ich kurz anhalte und Pause mache, bleibt sie auch stehen und nimmt mich ganz genau ins Visier. Komisch. Das geht sicher eine halbe Stunde so, bis sie zu mir aufschließt und mich endlich anspricht: »Hören Sie, junger Mann. Ich beobachte Sie schon eine ganze Weile, wie Sie nach einer geeigneten Stelle suchen, um Ihre kaputte Waschmaschine entsorgen zu können. Aber nicht mit mir! Sind Sie denn verrückt, unsere Umwelt zu verschandeln? Wissen Sie denn nicht, wie lange die Natur braucht, bis dieses Ding sich aufgelöst hat?«

Ach, die Dame ist ja reizend. Sie kümmert sich um unsere Umwelt, was ich sehr löblich finde. Eine richtige Öko-Superomi. Süß!

»Entschuldigung, aber ich möchte die Waschmaschine gar nicht entsorgen. Ich bin mit ihr auf einer Wanderung durch Deutschland.«

Ruhe im Karton. Ich kann sehen, wie es in ihrem Kopf anfängt zu arbeiten. »Wenn Sie mich auch noch veralbern wollen, werde ich aber richtig böse. Eine alte Frau zum Narren zu halten, das gibt es ja wohl nicht«, schimpft sie weiter.

»Nein, nein. Ich möchte Sie gar nicht veralbern. Im Gegenteil. Ich finde das klasse, wie Sie aufpassen, dass keiner seinen Müll hier in diese schöne Natur kippt. Zu Hause bei mir mache ich das auch. Ich werde immer fuchsteufelswild, wenn ich sehe, wie Leute die Umwelt verschandeln, aber ich versichere Ihnen, die Maschine nehme ich mit.«

»Das glaube ich Ihnen nicht.« Sie zweifelt immer noch, scheint sich aber zum Glück etwas zu beruhigen.

»Wenn Sie möchten, können Sie mich ja bis nach Mainz begleiten, dann erzähle ich Ihnen unterwegs die Geschichte und später trinken wir ein Glas Wein zusammen«, biete ich ihr an.

»Unsinn!«, kanzelt sie mich barsch ab. »Für so etwas habe ich keine Zeit. Ich muss noch die Pflaumen einmachen. Ich komme hier jeden Tag vorbei, und wenn ich in irgendeinem Graben oder Waldstück dieses Ding finde, zeige ich Sie an. Das verspreche ich Ihnen.« Mit diesen Worten schwingt sie sich auf ihren Drahtesel, schaut mich noch einmal mit böse funkelnden Augen an und radelt davon.

Ich pfeif mir eins und freue mich, dass es noch solche engagierte Menschen gibt.

Das Rheintal wird immer schmaler, die Dörfer immer uriger und die Straßen und Wege immer steiler. Ich treffe viele Winzer, die mit ihren kleinen Traktoren unterwegs sind. Meistens haben sie Arbeitsgeräte im Schlepptau, aber es gibt auch einige, die Anhänger haben, in denen sie Touristen durch die Berge schippern, die sich mit Weinproben den Tag versüßen. Auch keine schlechte Art, die Zeit zu verbringen. Immer, wenn ich von einer Gruppe angeschickerter Weintouristen überholt werde, gibt es ein großes Gejohle und Geschrei. Sie winken und grüßen und bieten mir an, ein Glas mitzutrinken. Geht aber nicht, ich muss ja noch fahren, sprich, Mikaela und mich sicher in den nächsten Ort bringen.

Gegen Mittag laufe ich über einen Weinberg, und neben dem Weg plätschert ein kleines Bächlein. Sieht aus wie eine Quelle. Ich probiere das Wasser, es ist eiskalt und schmeckt wunderbar. Da gleich nebenan eine Bank steht, mache ich dort Rast und packe meinen Proviant aus. Ich genieße ganz in Ruhe Würstchen mit Quellwasser direkt aus dem Hahn der Natur. Nach ein paar weiteren Schlucken vom Quellwasser fallen mir die Augen zu, und ich mache ein kleines Nickerchen. Dass ich heute Nacht nicht so gut geschlafen habe, macht sich jetzt deutlich bemerkbar.

»Hallo, kann ich mich zu dir setzen?«, werde ich wenig später geweckt. Vor mir steht ein junger Mann, der sich als Josef vorstellt. Er macht einen netten Eindruck.

»Na klar. Setz dich. Willst du auch ein Würstchen? Das Wasser ist hier auch für lau. Wohin bist du denn unterwegs?«, frage ich ihn und begutachte sein Fahrrad, das kurioserweise mit einem Schlafsack und einer Aktentasche beladen ist. »Bist du Beamter, der mit seinem Schlafsack ins Büro will?«

»Ja, das wäre was. Aber nein, ich bin schon seit April unterwegs und fahre durch Europa. Angefangen habe ich damit, dass ich den Jakobsweg gelaufen bin. Als ich dann in Santiago de Compostela war, dachte ich mir, ich kauf mir ein Rad und fahr noch etwas durch die Gegend. Und so bin ich durch Portugal, Spanien und Frankreich nach Italien bis nach Rom gefahren. Habe kurz den Papst besucht und bin dann über die Alpen und durch Deutschland bis nach Berlin geradelt, dann zur Nordsee, und jetzt bin ich auf dem Heimweg. Wenn ich Glück habe, schaffe ich es in den nächsten Tagen bis nach Hause. Mein Dörfchen liegt kurz hinter Freiburg.«

»Du bist ja noch verrückter als ich! Und das alles mit einem Schlafsack und einer Aktentasche?«

»Ach, das war etwas blöd. In Hamburg am Bahnhof haben

sie mir mein Rad und mein ganzes Gepäck geklaut. Gut, dass ich meine Papiere und meine Wertsachen im Brustbeutel bei mir hatte. Von meinem letzten Geld habe ich mir dieses olle Rad, einen Schlafsack und etwas Wäsche gekauft und bin jetzt mit leichtem Gepäck unterwegs«, meint er lachend.

Wir werden von einem älteren Pärchen unterbrochen, das mit blitzenden Rädern und viel Gepäck bei uns Halt macht. Der Mann sieht aus, als sei er schon an die siebzig Jahre alt, die Frau wirkt etwas jünger.

»Ich habe dich in Australien gesehen«, spricht mich der Mann an.

Da ich seinem Gedankengang nicht so ganz folgen kann und ich außerdem auch noch nie in Australien war, schaue ich wahrscheinlich etwas verwirrt aus der Wäsche.

»Vor zwei Jahren in der Nähe von Sydney, da bist du doch mit einem Kühlschrank rumgelaufen«, meint er weiter.

»Tut mir leid, aber dort war ich noch nie. Da musst du mich verwechseln. Aber schön zu hören, dass dort unten auch Tony Hawks gelesen wird. Der Aussi hatte wohl die gleiche Idee wie ich«, versuche ich das Missverständnis aufzuklären.

»Das ist ja auch gar kein Kühlschrank«, stellt er überrascht fest. »Das ist ja eine Waschmaschine! Aber warum denn eine Waschmaschine? Das ist doch bekloppt! Wer schiebt denn eine Waschmaschine vor sich her?«

»Ihr habt aber auch eine längere Tour vor euch, oder? Die Ausrüstung sieht jedenfalls ganz danach aus«, schaltet sich Josef ins Gespräch ein.

»Nein, weit gefehlt. Wir sind fast fertig. Wir kommen aus Peking und werden in zwei Tagen zu Hause sein. Wir müssen nach Friedrichshafen«, lässt uns die Dame wissen.

»Peking in China, oder gibt es in Mecklenburg-Vorpommern auch noch eins?«, witzele ich.

Die beiden lachen und erzählen, dass sie seit einem halben Jahr unterwegs und tatsächlich von China bis nach Deutschland geradelt sind. Sie würden viele solcher extremen Radtouren unternehmen. Sie seien schon von Alaska bis Mexiko oder rund um Australien oder eben jetzt diese Tour gefahren. Verrückte Leute. Interessante Leute. Liebe Leute.

Wir lachen und haben Spaß daran, uns gegenseitig unsere Geschichten zu erzählen. Andere Spaziergänger und Radfahrer halten an und hören zu und möchten Fotos von uns machen. Es ist ein richtiges Happening. Nur meine Würstchen sind mir mittlerweile ausgegangen, sodass ich keine Häppchen mehr anbieten kann.

»Ist das nicht seltsam, dass sich Leute wie wir, die alle etwas ›anders‹ sind, auf einem Weinberg bei Mainz treffen?«, fragt Josef, wohl mehr zu sich selbst als in die Runde. Recht hat er.

Nach einer Stunde wünschen wir uns gegenseitig alles Gute und ziehen unserer Wege. Schön, dass es Menschen gibt, die das machen, worauf sie Lust haben, ohne sich darum zu kümmern, was andere von ihnen halten. Ein netter Nebeneffekt ist es, dass ich mich gar nicht mehr alleine mit meiner Macke fühle. Es ist merkwürdig, aber solche Begegnungen geben mir einen richtigen Schub. Beschwingt und mit neuer Energie laufe ich also weiter. Diesen Motivationsschub brauche ich auch kurz vor meinem Tagesziel.

Denn gleich darauf kommt noch einmal ein Hammer: die Laubenheimer Höhe. Eine Steigung, die mich fast in die Knie zwingt. Was für eine Tortur! Was das für Schmerzen sind, und wie viel Schweiß mir den Rücken runterläuft! Dieser Teufelsberg zieht sich wie Kaugummi. Ich habe keine Ahnung, wie viele Kilometer ich die Sackkarre mit der Waschmaschine hochackern muss. Das sind so die Momente, in denen ich mir denke: Was machst du hier eigentlich? Schmeiß doch diese olle Karre in den Graben und fahr nach Hause. Aber nix da! Weiter geht es, und nach einer knappen Stunde stehe ich oben auf dem Berg und fühle mich wie Luis Trenker im Film »Der Berg ruft«.

Ich bin total fertig und muss mich ausruhen. Ich schwitze wie ein Schwein und muss erst mal ein, zwei Flaschen Wasser trinken, um wieder halbwegs fit zu werden. Keine zweihundert Meter entfernt steht ein großes Festzelt. Auf einem Banner ist in riesigen Lettern zu lesen, dass hier das größte Oktoberfest im Rheintal gefeiert werde. Die Spinnerei mit dem Oktoberfest geht also auch hier weiter, nirgends ist man davor sicher.

»Wo kommen Sie denn her? Und vor allem, wo wollen Sie mit dem Ding da hin?«, werde ich von einem Pärchen gefragt, das an mir vorbeigeht und offensichtlich zum Oktoberfest will. Ich schnaufe ihnen meine Geschichte entgegen und erfahre, dass die beiden aus Hamm in Westfalen kommen. Meine Heimat!

»Mensch, Hamm in Westfalen! Das liegt ja bei mir um die Ecke. Da werde ich hoffentlich in etwas über zwei Wochen durchlaufen. Das ist ja ein Ding, euch hier zu treffen. Schön!«

»Wo kommst du denn her, wenn ich fragen darf?«, forscht die junge Frau nach.

»Aus Lippetal-Herzfeld. Das liegt östlich von Hamm.«

»Das ist ja lustig! Da war ich letzte Woche noch mit dem Fahrrad. Nächstes Jahr soll doch der Römerradweg eröffnet werden, und den haben wir schon mal ausprobiert. Wir haben in Herzfeld bei einer Kneipe direkt am Ufer der Lippe Rast gemacht. Der Wirt war schon etwas eigentümlich. Als ich mein Essen bekam, hat er den Teller so schräg getragen, dass er mein Schnitzel mit dem Daumen festhalten musste. Ich fand das ganz schön ekelig, aber er meinte nur, ich solle mich nicht so anstellen und froh sein, dass das Teil nicht vom Teller rutscht.«

Ich muss lachen. »Ja, den kenne ich. Das ist Mühlen-Walter.

Der ist wirklich etwas speziell, und wenn man den nicht kennt, wirkt er etwas beängstigend. Aber er ist ein netter Kerl.«

Wir unterhalten uns noch etwas, und die beiden erzählen mir, dass sie hier Urlaub machen und wie schön sie es hier finden. Ich kann ihnen nur zustimmen. Auch wieder ganz nette Menschen, die mir den Tipp geben, auf der linken Rheinseite zu laufen, da dort die Radwege wesentlich besser seien. Bis St. Goar sei die Strecke super gepflastert. Nach den Dreckswegen der letzten Tage freue mich ich drauf.

Der Rest der Etappe ist dann ganz einfach. Der Weg schlängelt sich so dahin, und dann finde ich mein kleines, aber feines Hotel. Fabi hat mir heute was Schönes rausgesucht, das sehe ich gleich auf den ersten Blick. Es ist zwar etwas teurer, aber egal. Der Portier ist ein netter junger Mann, der ein schönes Plätzchen für Mikaela hat und mir empfiehlt, wo ich später Fußball gucken kann. Ich schenke ihm eine Flasche Wein, die ich von Josef bekommen habe, der sie wiederum auch geschenkt bekommen hatte. Bis nach Hause hätte ich sie so und so nicht mitnehmen können, und eine Flasche Wein am Wegesrand zu trinken, das ist selbst mir ein bisschen zu viel des Guten. Ein Wanderpokal, sozusagen. Vielleicht verschenkt der junge Mann sie ja auch weiter. Eine Flaschenpost der etwas anderen Art, die über die Weinberge reist.

Das Hotel ist schön ruhig und mein Zimmer groß und geräumig. Ich habe sogar einen kleinen Balkon. Auf Wäschewaschen habe ich heute überhaupt keinen Bock und blase es deshalb kurzerhand ab. Das Wetter ist super, und nachdem ich mir zwei Flaschen Hefeweizen vom jungen Portier geholt habe und geduscht bin, setze ich mich so, wie Gott mich schuf, auf den Balkon in die Sonne und lasse meinen Blick schweifen. Von Weitem höre ich das Humba-Humba-Tätärä vom Oktoberfest.

Meine Körperinspektion ergibt, dass meine Blessuren fast

alle ausgeheilt sind. Die Blasen sind schrumplig, die verschorften Schultern sehen gut aus, und die Wade interessiert mich eigentlich auch nicht mehr. Wenn sie jetzt schon so lange mitgemacht hat, wird sie die nächsten zwei Wochen auch noch überstehen. Außerdem glaube ich, dass nicht mehr ganz so viele schwierige Etappen mit allzu heftigen Steigungen kommen werden.

Später laufe ich noch eine Runde durchs Dorf. Angezogen, versteht sich. Bis nach Mainz mit der Straßenbahn zu zockeln, darauf habe ich keine Lust, bleibe also vor Ort. In einem riesigen Saal versuche ich, mir das Mainz-Spiel anzusehen. Aber es ist etwas unentspannt dort. Jeder Sitz scheint ein Stammplatz zu sein, nur für »05-Fans«, und rauchen tun sie auch wie die Schlote. Außerdem ist die Bude dermaßen voll, dass die Geräuschkulisse zu laut ist, um in Ruhe das Spiel gucken zu können.

Eine Straße weiter finde ich eine gemütliche Kneipe mit lecker Essen, lecker Wein, lecker Mädchen. Mainz gewinnt, und die Leute sind gut drauf.

Für morgen habe ich eine große Runde ausgesucht.

Fühle mich gut.

Bingen am Rhein-Kempten

Habe super geschlafen und fühle mich topfit. Keine Schmerzen, nix! Das Frühstück im Hotel ist superlecker mit einer reichhaltigen Auswahl. Eigentlich habe ich heute ja eine große Tour vor mir, aber trotzdem lasse ich mir beim Essen Zeit.

Ich komme gut durch Mainz. Die Stadt ist so, wie ich sie mir vorgestellt habe. Im Zentrum wirkt alles sehr aufgeräumt und sauber. Es duftet nach Kaffee und frischem Brot. Die Häuser, die sicher schon einige hundert Jahre auf dem Buckel haben, sehen aus, als seien sie erst letzte Woche errichtet worden, so gut erhalten wirken sie. Mainz ist sicher einer der schönsten Orte, durch die ich bis jetzt gelaufen bin.

Wie das Pärchen aus Hamm gestern gesagt hat, ist der Weg super. Bis auf ein paar Steigungen lässt sich die Kiste fast ohne Kraftaufwand schieben. Als wenn man einen Kinderwagen vor sich her schiebt. Es ist ganz schön kalt, und ich bin froh, nicht noch später im Jahr losgegangen zu sein. Trotzdem laufe ich tapfer in meiner kurzen Hose. Vielleicht auch so ein Spleen von mir, aber mir gefällt die frische, kalte Luft an den Beinen. Außerdem sehen die mittlerweile nach drei Wochen Wanderung aus wie Gerd Müllers Haxen und machen ganz schön was her. Später kommt die Sonne raus, und es wird wärmer. Dann hört auch das mit der Gänsehaut an den Beinen auf.

Kaum bin ich eine knappe halbe Stunde außerhalb der Stadt gelaufen, treffe ich meinen ersten Gesprächspartner von heute. Dieses Mal ist es ein älterer Herr. Wie es aussieht, versucht er zu joggen oder walken oder so etwas in der Art. Auf jeden Fall sieht es sehr unrund aus. Eher gequält und ziemlich mühsam. Ich mit meiner Karre bin sehr viel schneller als er unterwegs. Als ich auf seine Höhe komme, verlangsame ich mein Tempo und spreche ihn an. »Entschuldigung, kann ich Ihnen irgendwie helfen? Haben Sie Schmerzen, oder geht es Ihnen nicht gut?«

»Das ist nett von Ihnen, aber meine Beine machen einfach nicht mehr so gut mit. Ich bin ja auch schon fünfundsiebzig Jahre alt«, antwortet er und reibt seine Knie. »Der Arzt meint, das sei Arthrose, aber alles Jammern nützt ja nichts, ich muss mich fit halten.«

»Aber meinen Sie denn nicht, da gibt es andere Möglichkeiten, sich fit zu halten? Vielleicht Schwimmen oder Radfahren? Es muss doch nicht unbedingt Joggen sein.«

»Doch, doch. Ich muss fit werden für unser Fußballtraining nächste Woche«, versucht er seine für meine Begriffe nicht gerade gesunde Sportaktivität zu rechtfertigen. »Aber was schieben Sie denn eigentlich da vor sich her?« Er hat Mikaela entdeckt und umrundet sie erst mal.

Und so berichte ich dem alten Mann von meiner Wanderschaft, und er steht daneben und schüttelt nur mit dem Kopf. »Ach junger Mann, das ist aber eine tolle Geschichte, die Sie mir da erzählen. Mit einer Waschmaschine durch Deutschland! Da hätte meine Maria aber ihren Spaß dran gehabt. Leider ist sie letztes Jahr verstorben.« Er hat Tränen in den Augen, als er mir das so sagt und dreht sich zur Seite.

Ich gehe auf ihn zu und lege ihm die Hand auf die Schulter. »Alles in Ordnung?«, frage ich ihn.

Komisch, dass diese Art von Nähe sich bei meiner Tour so häuft. Aber es macht mir eigentlich überhaupt nichts aus, im

Gegenteil – ich freue mich, dass ich Anteil nehmen und vielleicht ein bisschen Trost spenden kann.

»Ja danke, es geht schon wieder. Es ist nur immer schwer, wenn ich an sie denke. Wir waren zweiundfünfzig Jahre verheiratet und beide immer kerngesund. Wir haben Sport gemacht, uns gesund ernährt, und dann auf einmal die Diagnose: Krebs im Kopf, Hirntumor. Eine Operation sei nicht möglich gewesen, sagten uns die Ärzte, und dann ging alles ganz schnell. Ich hatte kaum Zeit zu begreifen, was los war. Hat mich einfach alleine gelassen, meine Maria.«

Jetzt fängt er richtig an zu heulen. Tut mir leid, der alte Bursche. Was soll man da sagen? Soll ich ihm aufzeigen, dass er sich trotz seiner Trauer auch glücklich schätzen sollte, dass die beiden eine so schöne Zeit gemeinsam hatten? Meine Güte, sie waren über ein halbes Jahrhundert verheiratet, das muss man sich mal vorstellen! Bei mir waren es keine fünf Jahre, und davon ist auch noch die Hälfte nicht so prickelnd gewesen. Den meisten Menschen bietet sich in ihrem Leben gar nicht die Möglichkeit, so etwas Einmaliges zu erleben! Soll ich ihm meine Geschichte erzählen, vom frühen Tod meiner Mutter und meines Vaters, damit er vielleicht erkennt, dass wir alle das gleiche Schicksal teilen, sich früher oder später von einem lieben Menschen verabschieden zu müssen? Aber nein, das ist nicht meine Art. Wir setzen uns also auf eine Bank, die auf dem Rheindeich steht, und ich lasse ihn einfach reden.

»Das Alleinsein macht mich verrückt«, fährt er fort. »Ich komme nach Hause, und keiner ist da. Wir haben uns oft gezankt, meine Liebe und ich. Sie hatte ganz schön Pfeffer im Hintern. Das hat mich oft genug in den Wahnsinn getrieben. Aber jetzt? Jetzt fehlt sie mir unglaublich, und ich kann es kaum ertragen, ohne sie zu sein. Ich bin ja zumindest froh, dass ich die Jungs vom Alte-Herren-Fußball habe. Meine Knie sind zwar im Eimer, aber ich bin trotzdem jeden Mittwoch in der Halle, um mit ihnen zu spielen. Und danach treffen wir uns immer noch zum Essen und auf ein Bier und unterhalten uns, das ist eigentlich das Wichtigste an diesem Tag. Für alle von uns. Weißt du, wir sind fast alle Witwer, außer Willy. Der hat sich vor ein paar Jahren eine Dame aus Thailand bestellt. So ein verrückter Hund. Da war der auch schon knappe siebzig. Aber er meinte: ›Was soll ich mit meinem ganzen Geld? Kinder hab ich keine, und die Kirche sieht von mir keinen Pfennig.‹ Recht hat er ja. Aber ich würde das nicht wollen, da bleibe ich lieber alleine und denke an meine Maria.«

Ich überlege, ob ich dem alten Herrn nicht die Adresse von Frau Schmitthuber geben soll, zeige mir aber innerlich einen Vogel. Bücker, spiel hier nicht den Amor. So große Flügel gibt es nicht, bei deinem Gewicht. Nee, nee, Finger weg. Dafür hattest du noch nie ein Händchen, und in höhere Dinge soll man sich auch nicht einmischen.

Und so sprechen wir noch eine Weile über dies und das. »Danke schön, dass du dir das Geschwätz von einem alten Mann angehört hast«, meint er zum Abschied.

»Und ich danke dir, dass du es mir erzählt hast. Ich wünsche dir alles erdenklich Gute«, antwortete ich ihm und ziehe weiter.

Ich werde mein Tagesprogramm bei diesem Tempo nicht schaffen. Aber egal. Komme ich eben etwas später an. Dass ich einem alten Mann für wenige Augenblicke das Gefühl geben konnte, nicht ganz allein auf der Welt zu sein, ist es mir wert.

Kempten, ein Stadtteil von Bingen am Rhein, ist ein ganz kleines Kaff. Quasi ohne alles. Meine Bleibe heute ist auch nicht der Rede wert. Einfach und schlicht, ohne viel Schnickschnack. Im Dorf finde ich eine kleine Kneipe, in der man auch etwas zu essen bekommt. Ich nehme mir mein Buch mit und setze mich nach meiner Mahlzeit gemütlich an den Kamin, um zu schmökern. Heute Abend ist es ganz schön frisch, und so hat der Wirt den alten Ofen angeheizt. Der Kachelofen bollert vor sich hin, und mein Rücken, mit dem ich dagegen lehne, wird schön warm und entspannt sich richtig. Wenn ich eine Katze wäre, würde ich wahrscheinlich vor mich hin schnurren, so behaglich fühle ich mich. Schon nach ein paar gelesenen Seiten nicke ich ein und schlummere vor mich hin.

Als ich aufwache, ist mir von der Hitze, die der Ofen abgibt, ganz schummerig. Mit noch halb geschlossenen Augen nehme ich wahr, dass neben mir eine alte Frau sitzt, die nicht so ganz in das Bild der Kneipe passen will. Ich würde sie eher in einer vornehmen Lobbybar eines Fünf-Sterne-Hotels vermuten oder im Café de Paris in Monaco. Sie strahlt eine Eleganz und erhabene Souveränität aus, es würde mich nicht wundern, wenn sie aus dem Hochadel stammen würde. Aber da ist noch mehr, es scheint, als sei sie von einer besonderen Aura umgeben. Irgendetwas ist mit der Dame neben mir, das ich nicht greifen kann.

Sie spricht mich an: »Sind Sie das mit der Waschmaschine? Ich habe Sie heute Nachmittag gesehen, wie Sie durchs Dorf gelaufen sind, und das hat mich an die Zeit nach dem Krieg erinnert.«

Ich bin ganz verwirrt und immer noch dusselig von meinem Schläfchen. Wenn mich jetzt einer fragen würde, wo ich bin, könnte ich es ihm nicht sagen. Jeden Tag ein anderer Ort, jeden Tag eine andere Bleibe. Unzählige Gesichter dazwischen. Da kann man schon mal durcheinanderkommen. Was will die Frau von mir? Nach dem Krieg? So alt sehe ich ja nun auch wieder nicht aus.

»Entschuldigung, aber ich verstehe Sie nicht ganz. Was habe ich mit dem Krieg zu tun? Da war ich noch gar nicht auf der Welt.«

»Mich hat es nach dem Krieg nach Mecklenburg-Vorpommern verschlagen. Eine lange Geschichte, aber da oben habe ich Männer gesehen, die mit Waschmaschinen übers Land gezogen sind und ihre Dienste der Landbevölkerung angeboten haben. Die Bauern und Leute aus den Dörfern hatten ja früher nicht jeder so eine Maschine, und so vermieteten die Männer die Waschmaschine für einen Tag, natürlich gegen Bezahlung, und zogen am nächsten Tag weiter.«

Sie fängt an zu erzählen, und ich spüre irgendwie, dass das hier keine gewöhnliche Frau ist. Wieder denke ich, die Dame passt einfach nicht hierhin, so wie sie redet, wie sie sich gibt. Nicht nach Kempten, nicht in diese Gegend. Sie scheint eher aus einer Großstadt zu kommen oder sogar aus einem anderen Land.

»Oh, das ist ja interessant. Davon, dass es solche Geschäftsideen nach dem Krieg gab, habe ich ja noch nie was gehört.« Um ehrlich zu sein, interessiert es mich aber auch nicht so brennend. Was mich hingegen sehr interessieren würde, ist die Geschichte der Dame. Da ist irgendetwas, und ich möchte, dass sie es mir erzählt. Aber wie fange ich das an?

»Wenn ich Sie mal so ganz direkt fragen darf … Ich habe den Eindruck, Sie passen nicht so richtig hier in die Gegend, und in Mecklenburg-Vorpommern kann ich Sie mir auch nicht so ganz vorstellen. Sie scheinen in Ihrem Leben schon ganz schön viel rumgekommen zu sein, oder?«

Sie muss lachen. »Sie haben eine schnelle Auffassungsgabe und beobachten gut. Woran haben Sie das festgemacht? Bin ich so leicht zu durchschauen?«

»Ich glaube, es ist Ihre Ausstrahlung. Ihre Aura, wenn Sie so wollen. Sie vermitteln so eine Würde, so etwas Erhabenes, dass ich nicht glauben kann, dass Sie hier in der Provinz Ihr ganzes Leben verbracht haben, und Mecklenburg-Vorpommern ist im Grunde auch nicht anders als diese Gegend hier. Sie haben viel erlebt, und ich vermute, die ganze Welt gesehen.« Ich schieße jetzt einfach mal ins Blaue.

Wieder muss sie lachen. »Sie machen mir Angst, junger Mann. Da muss man ja richtig vorsichtig sein bei Ihnen. Aber Sie haben recht, ich habe viel von der Welt gesehen, und hier, in dieser beschaulichen Gegend, komme ich jetzt zur Ruhe und lasse mein Leben ausklingen.«

»Was haben Sie denn gemacht, bevor Sie hierhergekommen sind? Ich meine, welchen Job hatten Sie und wie haben Sie gelebt?« Ganz schön frech, Bücker.

»Das kann ich Ihnen leider nicht sagen. Tut mir leid. Nur so viel, dass es sich um sehr vertrauliche Dinge gehandelt hat. Aber erzählen Sie doch mal Ihre Geschichte! Was ist das für eine Reise, die Sie unternehmen?«

Und so erzähle ich dieser geheimnisvollen alten Dame meine kleine Story. Wir bestellen uns noch ein Glas Wein und unterhalten uns mehr als eine Stunde lang über viele Dinge, ohne dass ich mehr über sie in Erfahrung bringen kann. Als sie geht, wünscht sie mir alles Gute. Eine sehr interessante Person habe ich da wieder kennenlernen dürfen.

Als ich später im Bett liege, mache ich mir noch viele Gedanken über diese merkwürdige Begegnung heute Abend. Ich kann gar nicht einschlafen, weil ich mir Szenarien ausdenke, was es mit der geheimnisvollen Frau wohl auf sich haben könnte. Ich spinne rum, sie wäre Wissenschaftlerin gewesen und hätte Werksspionage betrieben, oder sie wäre Spionin für die Bundesrepublik gewesen und hätte Kohl und Co. wichtige Informationen über Honecker und Co. geliefert. Oder anderes herum? Vielleicht war sie auch bei der Stasi … oder, oder, oder … Auf jeden Fall hat sie sicher ein bewegtes Leben gehabt.

So vergeht die halbe Nacht, ohne dass ich zur Ruhe komme. Vielleicht ist eine lebhafte Fantasie doch nicht immer nur von Nutzen.

Ich möchte morgen zeitig raus und versuchen, früh in St. Goar anzukommen. Dort gibt's einiges zu sehen.

Was für ein schöner Tag und was für eine schöne Gegend! Diese Felsen, die sich steil neben mir erheben, begleiten mich ein gutes Stück meines Wegs. Wenn man bedenkt, dass der Rhein sich in Millionen von Jahren hier durchgegraben hat, wird man schon demütig angesichts der unbändigen Kraft der Natur. Ich bin schon sehr gespannt auf die Loreley. Ich hatte mir vor der Reise vorgenommen, dort hochzulaufen, das lasse ich aber mal lieber bleiben. In meiner Wanderkarte steht, dass der Aufstieg nicht gerade einfach sei und nur von körperlich fitten Menschen in Angriff genommen werden sollte. Ich fühle mich zwar topfit, aber ich sollte wohl lieber mit meinen Kräften haushalten. Schließlich liegt noch eine ganz schön lange Strecke vor mir.

Die Tour heute ist echt locker, und ich bin froh, dass der Weg so gut ausgebaut ist und ich nicht mit Mikaela über Stock und Stein holpern muss. Er ist sogar gepflastert. Dieser feine Sand auf den Radwegen ist gar nicht gut für meine Radlager.

Auf der gegenüberliegenden Seite der Loreley, kurz vor St. Goar, mache ich eine Pause. Ich suche mir ein kleines Café, wo ich draußen sitzen kann, um mir das Treiben der Touristenströme anzugucken. Hunderte von Amis, Japanern, Chinesen und was weiß ich für Nationalitäten. Jeder mit einem halben Fotostudio um den Hals. Die machen sicher auch alle die berühmte Tour »Acht Länder in vier Tagen«. Das habe ich mal im Fernsehen gesehen, der absolute Irrsinn. Später zu Hause werden die Eindrücke, die die Reisenden nur durch das Kameraobjektiv gesehen haben, auf dem PC gespeichert und der genervten Bekanntschaft als digital bearbeitetes Fotomaterial präsentiert.

Ich trinke einen Kaffee und genieße den Ausblick auf das steinerne Mädchen, das auf dem Felsen sitzt und schon so manchen Schiffer das Leben gekostet hat. Die vielen Ausflugsdampfer, die den Rhein heutzutage runter- und wieder rauftuckern, haben aber keine Probleme, um die Kurve zu kommen. Die Gute scheint wohl in die Jahre gekommen zu sein und ihren Reiz verloren zu haben.

Im Hintergrund höre ich noch einen Klüngelmann (so nennen wir bei uns die Schrotthändler, die mit einem alten klapprigen Lkw über die Dörfer tuckern und Altmetall einsammeln. Dabei läuft bei ihnen über Lautsprecher eine unverkennbare Dudelei). Ich muss dabei an zu Hause denken. Vor einiger Zeit habe ich mich mal mit einem von diesen Schrottjunkies in den Haaren gehabt. Der Vogel wollte von mir doch tatsächlich Geld haben, damit er mein altes Fahrrad mitnimmt.

Kurze Zeit später spricht mich der Ober an: »Du, ist das deine Sackkarre bei uns vor dem Café?«

»Ja, steht die im Weg? Das wollte ich nicht, 'tschuldigung.«

»Nein, darum geht's gar nicht. Der Schrottmann ist gerade dabei, die Karre mitzunehmen.«

Das gibt es ja wohl nicht. Ich gucke nach, und tatsächlich: Die Burschen verladen gerade meine Mikaela auf ihren Laster.

»Halt, stopp! Kommando zurück! Was macht ihr denn da? Die gehört mir. Die könnt ihr nicht einfach einsacken. Flott, flott, wieder runter damit.«

»Isse doche alte Schrott. Kann weg. Umsonst! Nix zahlen«, meint der vollbärtige Chef der Eisensammler. Sein Gesicht ist von seinem Bart so zugewuchert, dass er aussieht wie Oskar aus der Sesamstraße. Nur in Schwarz, nicht in Grün.

»Ladet das Ding mal wieder ab. Ich brauche die Maschine noch.« Mehr versuche ich gar nicht zu erklären. Das würde ja doch zu nichts führen.

Die beiden Schrotthändler wuchten meine Karre wieder von der Ladefläche und tuckern mit ihrem Laster von dannen.

Ich bedanke mich bei dem Ober für seine Aufmerksamkeit. Gut, dass er aufgepasst hat! Als Dankeschön lade ich ihn auf ein Glas Wein ein. Da im Augenblick nix zu tun ist, nimmt er meine Einladung an, und wir unterhalten uns eine Zeit lang. Er findet meine Geschichte klasse und schießt ein paar Fotos. Dann muss er leider wieder arbeiten, und auch ich muss weiter.

Nach drei Wochen also der erste wirklich unangenehme Zwischenfall. Muss wohl doch besser auf mein Schätzchen aufpassen. Wie hätte ich das denn der Polizei erklären können? »Meine defekte Waschmaschine samt dreißig Jahre alter Karre wurden entwendet«? Schwierig.

In St. Goar komme ich in einem netten Hotel unter. »Zur alten Post« heißt das Gemäuer. Es stammt aus dem fünfzehnten Jahrhundert.

Die Treppe hochzukommen ist auch ohne Mikaela schon ein Abenteuer für sich. Mein Zimmer liegt im zweiten Stock, ist gerade mal zwei Meter hoch, und die Tür misst in der Höhe etwa eins achtzig. Ich muss ganz schön aufpassen, dass ich mir nicht die Rübe anhaue, und komme mir ein bisschen vor wie Gulliver in Liliput. Aber das Bett ist groß genug, es bleibt mir also dankenswerterweise erspart, als Fragezeichen in die Kiste zu krabbeln.

Die Wirtin und ihre Tochter sind supernett. Wir verstauen meine Karre in einem Schuppen hinter dem Haus und setzen uns vor das Hotel. Gemütlich quatschen wir über Gott und die Welt, und später gesellt sich noch eine Truppe Radfahrer zu uns.

»Wir haben den Touri-Slalom erfolgreich beendet. Das ist immer so eine Gurkerei um die ganzen Menschenschwärme herum. Die nehmen echt keine Rücksicht. Suchen immer nur die beste Position, um ein schönes Foto zu machen. Aber jetzt ist Feierabend für heute. Morgen geht's ab nach Hause.« Rudi, der aussieht wie Didi Hallervorden, scheint der Redner der Truppe zu sein. Die Jungs kommen aus Bremen und fahren morgen mit dem Zug zurück in den Norden.

»Wisst ihr was? Ich schmeiße eine Runde. Hätte eben fast meine Begleitung verloren. Dann hätte ich alleine weitergehen müssen.«

»Oh, wo ist die Schöne? Noch unter der Dusche?«, fragt Didi, und die Damen glucksen vor sich hin.

»Die Dame duscht nicht, die hat früher genug gewaschen. Jetzt riecht sie etwas streng nach Schmieröl«, versuche ich zu erklären.

»Meinst wohl Gleitcreme? Ferkel! Haha!« Didi zwinkert mir zu.

»Nee, nee, ich meine schon Schmieröl.« Und dann erzähle ich den Jungs meine Geschichte. Die lachen sich kaputt und laden mich auf eine Sauftour durch die Gemeinde ein. Es ist schließlich der letzte Abend ihrer Fahrt, und der soll gefeiert werden. Ich lehne aber dankend ab. Die sind mir zu heftig.

Später laufe ich noch eine kleine Runde durchs Dorf. Es sind aber leider immer noch zu viele Touristen unterwegs, und die nerven ganz schön mit ihrer Knipserei und der Hektik, die sie verbreiten.

Die Spiele im Fernsehen gucke ich mir heute auch nicht an. Es ist so strahlendes Wetter, da möchte ich mich doch lieber draußen aufhalten und die schöne Gegend genießen. Wann hatte ich schon mal die Gelegenheit, unter der Loreley zu faulenzen? Also kaufe ich mir eine Flasche Wein und etwas Knabberei und laufe den Rhein runter. So kann ich die Aussicht genießen und mir schon mal die Strecke für morgen früh angucken. Nach ein paar Hundert Metern mache ich Rast direkt am Rhein. Keine fünf Meter entfernt vom Ufer hocke ich mich auf eine Bank, öffne meinen Wein und knabbere an meinen Chips rum. Die Stimmung ist schön, es ist noch warm, und der Sonnenuntergang zwischen den Weinbergen glitzert in einem tollen Licht. Für romantische Ausflüge ist diese Ecke von Deutschland absolut geeignet. Dagegen hat Venedig mit seinem Ruf als *der* Ort für Turteltauben kaum eine Chance.

Am Ufer, keine zwanzig Meter von mir entfernt, sitzt ein »Petrijünger«. Ich bin immer fasziniert, wenn ich Anglern begegne. Das sind auch Menschen, die anders sind. Nicht, dass ich ihnen nacheifern möchte, das Angeln ist nicht mein Ding. Ich würde bekloppt werden, wenn ich über Stunden aufs Wasser gucken müsste, um meine Angelschnur zu beobachten. Jetzt könnte man natürlich sagen: Einem Angler zuzugucken ist ja auch nicht gerade so spannend wie ein Krimi. Sehe ich auch so. Aber heute mache ich das mal. Ich setze mich eine Bank weiter, direkt hinter dem Mann mit der Rute, der etwa so alt ist wie ich.

Nach einiger Zeit spreche ich den Burschen einfach an. Man weiß ja nie, wie diese sensible Gattung von Menschen reagiert, wenn sie bei ihrer hochspektakulären Tätigkeit gestört wird. Aber ich habe in diesem Moment Lust, voll auf Risiko zu gehen.

»Und, schon was gefangen?« Ja, Bücker, das war jetzt mal einfallsreich! Das hat der sicherlich schon öfter gehört als ich den Spruch, warum ich mit der Waschmaschine unterwegs bin.

»Ja sicher! Zwei Barsche und einen kleinen Wels«, gibt er mir zwar nicht unfreundlich, aber doch eher wortkarg zur Antwort.

»Gibt es denn im Rhein wieder genug Fische und vor allem unterschiedliche? Nach den ganzen Chemieunfällen von vor zwanzig, dreißig Jahren sah es doch gar nicht gut um den Fischbestand aus, oder?« Ich werfe mal mein Halbwissen über die Umweltkatastrophe von Bayer und BASF, das ich aus dem Fernsehen habe, in den Ring. Mal gucken, ob er anbeißt!

»Das war früher echt eine Sauerei, was sich die dicken Firmen da geleistet haben. Aber jetzt sind die Vorschriften viel strenger und die Wasserqualität hat sich deutlich verbessert«, antwortet er.

»Sie scheinen ja richtig Ahnung von der Materie zu haben.« Zack, und schon ist der nächste Köder ausgeworfen.

»Das will ich meinen. Ich arbeite auch für die Wasserbehörde Oberrhein und habe da natürlich Einblicke in solche Statistiken und Untersuchungsergebnisse. Es wird nicht mehr lange dauern, und wir erreichen Badewasserqualität. Wenn Sie die Vorschriften für so eine Einstufung kennen würden, wüssten Sie, was das Wasser für eine enorme Güte haben muss.«

Ein Bürokrat und Statistikfan. Ich wechsele mal lieber schnell das Thema. »Und jetzt erholen Sie sich von Ihrem stressigen Job bei der Behörde?«

»Das will ich meinen.« Schon wieder diese Formulierung. Hört man selten heutzutage. Nun gut, Sarkasmus scheint nicht gerade seine Stärke zu sein.

Immer, wenn ich was mit Behörde oder Amt höre, fällt mir Hans-Walter ein. Ein älterer Beamter bei uns aus dem Kreishaus, der sich im Dienst zwei Schneidezähne ausgeschlagen hat, als er mit dem Gesicht voran auf die Schreibtischplatte geknallt ist, weil er eingeschlafen war.

Ich biete dem Statistikfreak einen Schluck von meinem Wein an, den er dankend in seinen Thermoskannendeckel gießt. Wir quatschen noch eine knappe Stunde, und als ich mich verabschiede, habe ich den Eindruck, ich kenne jeden Fisch von St. Goar bis hin zum Bodensee mit Vornamen. Mir klingeln die Ohren. Sagt man nicht immer, Angler seien schweigsam? Na ja, das kann man von dem hier nicht behaupten. Trotzdem – er ist ein netter Bursche.

Als ich in meinem Hotel ankomme, sitzen Mama und Tochter Hotelchefin noch vor der Tür und trinken ein Glas. Ich setze mich kurz zu ihnen, und wir reden ein paar Sätze miteinander. Aber als die Radlertruppe auftaucht, ziehe ich mich in mein Zimmer zurück. Das würde nicht gut enden.

Das will ich meinen.

Rhens (erster Tag)

Habe nicht gut geschlafen. Mein Zimmer ging nach vorne raus, und so musste ich mir das Gesabbel und Gelächter von Siggi und seiner Radlertruppe ziemlich lange anhören. Ich wollte aber nicht einen auf Spießer machen und habe mich meinem Schicksal deshalb ergeben. Ich kenne solche Fahrten ja selbst und weiß, wie es dort abgeht und wie nervig dann solche Meckerköppe sind, die sich wegen jedem Scheiß beschweren. Vielleicht habe ich ja Glück und komme heute früh ins Bett.

Das Frühstück ist heute absolut mein Fall: Spiegelei, kleine Bratwürstchen, warmes Toastbrot, Müsli mit Obst und andere Schweinereien. Ich habe den Damen gestern, bevor ich in mein Zimmer ging, noch kurz gesagt, worüber ich mich freuen würde, falls sie mir eine Freude machen wollten. Erstaunlicherweise ist mein Plan aufgegangen. Ich bin baff, dass mein »Dackelblick« auch in dieser Ecke von Deutschland zu funktionieren scheint.

Es wird immer kälter. Vor allem morgens beißt die Kälte schon ganz schön. Aber wenn die Sonne durchkommt, geht's wieder aufwärts mit den Temperaturen. Wenn ich so an mir runtergucke, sieht das schon ziemlich gut aus mit den muskulösen Beinen, und auch sonst habe ich das Gefühl, schon einige Kilos verloren zu haben. Ein weiterer positiver Aspekt meiner Reise.

Alle naselang fährt ein Passagierdampfer an mir vorbei. Mir

war gar nicht klar, wie viele Rheinkreuzfahrten angeboten und unternommen werden. Vor allem die Holländer scheinen da richtig Spaß dran zu haben. Vielleicht sollte ich so eine Tour ja auch mal mitmachen? Aber erst etwas später in meinem Leben und alleine. Zu zweit oder zu mehreren stelle ich mir das in so einer kleinen Kabine doch sehr beengt vor.

Die Leute werden immer offener und lustiger, je näher man dem Rheinland kommt. Es ergeben sich viele kurze Gespräche, Small Talk eben.

Ich laufe eine Zeit lang mit einer Wandergruppe mit, die auch das schöne Wetter nutzt, um ein paar Meter zu machen. Sie besteht aus etwa aus zwanzig Leuten, wovon die eine Hälfte aus Männern und Frauen mit Down-Syndrom besteht und die andere aus Betreuern oder Eltern. Mit was für einer Freude die Gruppe unterwegs ist und was für einen Spaß die alle haben, finde ich total super. Alle möchten natürlich meine Karre einmal schieben, aber die Betreuer sind aus Sicherheitsgründen dagegen. Ist vielleicht auch besser, nicht, dass sich noch jemand verletzt. Mikaelas Gewicht ist nicht zu unterschätzen. Mit großem Trara und Winke-Winke werde ich verabschiedet.

Heute ist außerdem ein ganz besonderer Tag, denn zum ersten Mal, seitdem ich unterwegs bin, bekomme ich Besuch. Mein Kumpel und Weggefährte Jürgen hatte die Idee, mich mit seiner Freundin Matti in Rhens abzufangen und einen Tag mit mir zu verbringen. Die beiden wollten sowieso nach Bonn, shoppen und Stadt angucken, und da würde es doch prima passen, meinte er. Gegen zwei Uhr bin ich mit meinem Pensum fertig und treffe sie direkt an einer Schiffsanlegestelle in Rhens. Ich freue mich riesig, nach über drei Wochen mal wieder eine bekannte Nase zu sehen. Es gibt ein großes Gedrücke und Gebussel.

Jürgen hat für heute die Übernachtungsfrage übernommen und für uns drei eine ganze Ferienwohnung gebucht, wo wir es uns gemütlich machen und ausgiebig quatschen können. Die Wohnung ist allerdings noch nicht bezugsbereit, und so müssen wir noch knapp zwei Stunden überbrücken. Also bleiben wir am Rhein, trinken eine Kleinigkeit, und ich gebe eine Reisezwischenbilanz ab.

»Du Knaller hast ja noch gar keine Pause eingelegt. Du wolltest doch einmal die Woche einen Tag Rast machen«, erinnert Jürgen mich an meinen ursprünglichen Plan.

»Ich habe Schiss, dass ich die Strecke nicht in der Zeit schaffe, die ich mir vorgenommen habe. Stell dir mal vor, ich bin hinter Wesel oder so und muss mich abholen lassen, weil mein Urlaub vorbei ist und ich wieder zur Arbeit muss. Das geht gar nicht.«

»Immer noch der alte Sportsgeist. Typisch Bücker. Aber überleg es dir echt mal. Wenn du auf die Karte guckst, siehst du, du hast den größten Teil schon geschafft. Du kannst es ab sofort also langsam angehen lassen. Mach mal Pause!«

»Ich überlege es mir.«

Er hat ja im Grunde recht, keiner treibt mich an, außer mir selbst. Ich bin schon fast in Nordrheinwestfalen, und falls es ganz doof läuft, kann ich immer noch abkürzen. Der Ehrgeiz, es zu schaffen, war am Anfang der Reise viel höher als jetzt. Die Lockerheit des Sinnfreien hat mich endlich eingeholt, und da könnte ich durchaus mal einen Ruhetag einlegen.

»Falls eine schöne Pensionsdame meinen Weg kreuzen sollte, mache ich Pause!« Ich zwinkere ihm zu.

Natürlich will Jürgen auch ausprobieren, wie es ist, Mikaela durch die Gegend zu schieben, und so lasse ich ihn die kurze Strecke bis zu unserer Ferienwohnung ran. Als sich die erste Steigung vor ihm aufbaut, überlässt er mir mein Gefährt aber gerne wieder. Er scheint ziemlich beeindruckt davon zu sein, wie schwer die Kiste ist und was es bedeutet, jeden Tag um die vierzig Kilometer damit unterwegs zu sein.

Die Vermieterin Beate ist eine ganz Nette. Sie sieht etwas traurig aus (das hatte ich doch schon mal?), ist aber sehr hübsch und hat ein wunderschönes Lächeln. Unsere Wohnung ist gemütlich, nichts Besonderes, aber für uns drei ausreichend groß. Wir gehen schön essen, und es wird ein gemütlicher Abend in einem kleinen, feinen Restaurant. Es fühlt sich gut an, mal wieder über die »guten alten Zeiten« zu sprechen. Matti kennt diese alten Kamellen nur teilweise, und so ist sie natürlich gespannt darauf zu erfahren, was für ein Bursche ihr Jürgen früher war. Alles wird natürlich nicht erzählt. Kleine Geheimnisse müssen schon noch bleiben.

Die beiden sind schon bald ganz schön müde. Dafür, dass ich letzte Nacht nicht so gut und nur kurz geschlafen habe, geht es mir erstaunlich gut. Ich bin überhaupt nicht kaputt. Als wir zurück in unserer Ferienwohnung sind, gucken wir noch das Bayern-Spiel. Interessiert uns Jungs zwar nicht so dolle, aber Matti ist ein echter Fan der Bazis. Was wahrscheinlich daran liegt, dass sie aus Hof kommt. Und sie hat echt Ahnung von der Materie. Sie kennt jeden Spieler und weiß ihn auch ins Spielsystem einzubauen, ohne dass es sie interessiert, ob derjenige für Unterwäsche Werbung macht oder welchem Mitspieler er die Frau ausgespannt hat. Das Spiel ist nichts Besonderes, es plätschert so vor sich hin. Kurz vor Schluss schlafen die zwei auf dem Sofa liegend sogar ein, und weil ich keine Lust mehr habe zu gucken, schleiche ich mich nach unten. Ich habe nämlich Geräusche gehört und die leise Hoffnung, dass Beate noch wach ist.

»Hallo, störe ich? Ist ja schon etwas spät ...« Ich stehe in der Tür und sehe meine Pensionsdame am Küchentisch sitzen.

»Nein, alles gut. Ich kann so und so nicht schlafen. Hast du Lust, ein Glas Wein mit mir zu trinken? So alleine mache ich mir nicht gerne eine Flasche auf. Ich komme mir dann immer wie eine Alkoholikerin vor.« Sie lächelt und bietet mir einen Stuhl am Küchentisch an.

»Danke. Ja, das ist schön. In der Küche sitze ich am liebsten. Das habe ich vielleicht aus meiner Kindheit mitgenommen. Früher durften wir so gut wie nie in die gute Stube. Außer es war Sonntag oder irgendein komischer Feiertag, von dem man damals schon nicht wusste, warum gerade dieser gefeiert werden soll. Dann mussten wir unsere Sonntagsklamotten und Sonntagsschuhe anhaben ... und einen Tag vorher in die Badewanne ... und durften nicht kleckern und mit Keksen krümeln ... und mussten stillsitzen und durften nicht rumtoben oder zappeln ... und sagen durften wir auch nichts, weil sich die Erwachsenen unterhalten haben und die Kinder den Schnabel halten mussten. Vielleicht ist das der Grund, warum ich am liebsten in der Küche sitze.«

Bücker, du fängst schon wieder an, Monologe zu halten, also halt mal die Klappe.

»Ich sitze auch am liebsten in der Küche. Unter anderem wahrscheinlich deshalb, weil mich im Wohnzimmer einfach zu viel an meinen Ex erinnert. Da steht noch massig Zeug von dem Arsch rum ... da gehe ich gar nicht gerne rein.«

Oh weh, oh weh! Das geht ja schon gut los hier. Mein Gefühl sagt mir, dass wir heute noch einige Probleme wälzen werden. Aber erst mal etwas Small Talk. Später dann die wirklich wichtigen Sachen.

»Was ist das denn für ein Wein?«, versuche ich deshalb, das Gespräch erst einmal in eine andere Richtung zu lenken.

»Der kommt von einem bekannten Winzer hier aus der Ecke. Leckeres Tröpfchen, findest du nicht auch?«

»Ja, in der Tat!« Ich habe zwar keine Ahnung von Wein, aber dieser schmeckt mir richtig gut. »Was ich dich eigentlich fragen wollte, ist … Na ja, ich bin jetzt schon dreieinhalb Wochen unterwegs. Vom Zeitplan her sieht es gut aus, und so wollte ich fragen, ob ich morgen noch einen Tag länger bei dir übernachten kann? Es gefällt mir sehr gut bei dir, und wenn du Platz hast, würde ich hier gerne morgen eine Pause einlegen.« Wer hätte gedacht, dass ich Jürgens Empfehlung schon so schnell in die Tat umsetzen würde?

»Oh, das freut mich, dass es dir bei mir gefällt. Aber ein Zimmer der Wohnung ist für morgen schon reserviert. Wenn dir das nichts ausmacht, mit einem Fremden in der Wohnung zu übernachten, kannst du von mir aus gerne noch ein bisschen länger bleiben. Natürlich muss die junge Frau, die das Zimmer für morgen gebucht hat, auch damit einverstanden sein. Sonst geht das nicht.«

»Nein, kein Problem. Ich bin da nicht so eigen, und neue Menschen kennenzulernen finde ich immer gut. Wer ist denn meine Mitbewohnerin?«

»Eine junge Frau aus Bonn. Sie studiert Germanistik und Philosophie.«

»Ach du grüne Neune! Ich war mal in Bonn auf einer Party, auf der viele Germanisten und Philosophen waren. Ich war der Einzige, der einen Job hatte und schon an der Schüppe stand. Als ich die Burschen fragte, was sie mit ihrem Studium anfangen könnten, bekam ich zur Antwort: ›Duuuu, da gibt es etliche kleine Buchläden, wo man sich suuuuper individuell einbringen kann und suuuuper mit ganz vielen tollen Menschen in Kontakt kommt. So was finde ich echt suuuuuperspannend‹. Ich meinte dann nur etwas irritiert: ›Okay, aber in einem Buchladen kann ich doch auch arbeiten, wenn ich nur einen Hauptschulabschluss habe?‹ Es dauerte einige Zeit, bis sich der Tumult gelegt hatte und ich mit heiler Haut davongekommen bin. Komisch, dass gerade die Philosophen bei etwas Kritik, die in ihre Richtung geht, ihre aggressive Ader entdecken, oder?«

Beate fängt an zu lachen, als ich meine Geschichte fertigerzählt habe, und meint nur: »Das soll mir ja was geben. Ich hoffe, ihr kriegt euch nicht in die Haare!«

»Alles gut! Kriegen wir schon hin«, beruhige ich sie. »Warum ist dein Ex denn nun ein Arsch? Fremdgänger?«, vermutete ich mal so ins Blaue hinein.

»Wenn es das nur wäre. Fremdgegangen ist er schon kurz nach der Hochzeit und dann die ganze Ehe über …« Und so erzählt sie mir ihren Leidensweg mit all seinen unschönen Facetten und kleinen Abscheulichkeiten. Sie redet und redet, und ich habe das Gefühl, dass sie mit jedem Satz mehr und mehr Ballast von sich abwirft. Nach einer halben Stunde holt sie eine neue Flasche Wein, und ich bemerke die Erschöpfung in ihrer Stimme. Sie trinkt einen Schluck und fragt: »Und du? Bist du alleine?«

Ich glaube, sie braucht eine Pause vom Erzählen, und so gebe ich mal etwas von mir preis: »Ich habe die eine oder andere Beziehung schon hinter mir … Sind alle aber den Bach runtergegangen, und je älter ich werde, desto weniger Kompromisse bin ich bereit einzugehen. Meine Art, eine Beziehung zu leben, hat sich dadurch natürlich geändert. Ich habe meine eigene Theorie entwickelt, wie es für mich möglich wäre, mit einer Frau zu leben, und diese Art von Beziehung stößt bei vielen Damen auf Unverständnis und Stirnrunzeln.«

»Erkläre es mir.« Sie wirkt interessiert.

»Die meisten Paare, die sich trennen, sind der Meinung, sie hätten sich auseinandergelebt, sie verbinde nichts mehr, sie hätten keine Gemeinsamkeiten und so weiter. Ich glaube aber eher, das Gegenteil ist der Fall. Viele Menschen, die eine Beziehung eingehen, opfern viel zu viel von ihrer Persönlichkeit, um dem anderen zu gefallen oder um der Beziehung gerecht zu werden. Sie selbst stellen sich gerade am Anfang in den Hintergrund und hoffen so, einen gewissen vorteilhaften Eindruck zu vermitteln.

Und mit faulen Kompromissen, mit jedem nicht ernst gemeinten Zugeständnis, jeder Unaufrichtigkeit um des lieben Friedens willen entsteht eine Verknotung, die in der ersten Phase durch die rosarote Brille betrachtet hingenommen und fälschlicherweise als Harmonie angesehen wird. Mit der Zeit verknotet sich alles um einen herum im Namen der Beziehung: Die Familien, die Freunde und Freundinnen beiderseits, der Hausstand und die ganze Wohnungsdekoration, die Hobbys, der Urlaub, alles wird aufeinander abgestimmt.

Und dann fühlt man sich verpflichtet, Dinge gut zu finden und zu sagen, die einem eigentlich schwer über die Lippen kommen. Diese Umstände geben einem dann zu denken, man fragt sich: Was mache ich hier? Wo sind die Schmetterlinge im Bauch geblieben? Warum ist es nicht so wie vor ein paar Wochen?

Es wird einem bewusst, dass man unfrei geworden ist, und man erschrickt darüber, dass man es zugelassen hat, dass man sich selbst verraten hat. Man war verliebt, aber daraus wurde leider nicht die große Liebe.

Und dann? Man fängt an, an den Schnüren zu ziehen. Man will sich befreien und wieder man selbst sein. Nur ... man hängt an den Schnüren des anderen, und die Verknotung nimmt zu ... bis man entweder aufgibt und die Fesseln, die einen gefangen halten, vorerst akzeptiert (aber nur vorerst) oder sie durchschneidet, sprich, sich trennt. Das ist jetzt ein sehr krasses Beziehungsbild, aber es beruht auf meinen Erfahrungen. Es gibt sicherlich Beziehungen, in denen beide Partner auf

Augenhöhe sind, sich gegenseitig Freiraum geben und so akzeptieren, wie sie sind. Aber das habe ich selbst so noch nicht erlebt.«

So viel zum Thema »Bücker, halte keine Monologe«.

Beate hat mir die ganze Zeit zugehört und meint nun: »Ich glaube, es ist nicht einfach, mit dir zusammenzuleben.« Sie guckt etwas traurig.

Ich muss lachen. »Nein! Ganz im Gegenteil. Wenn jeder diese Theorie beherzigen würde, wäre es ganz einfach. Jeder lebt sein Leben und ist trotzdem ... wie mit einem Gummiband miteinander verbunden. Treue, Ehrlichkeit, Offenheit, Verlässlichkeit, Toleranz und gegenseitige Rücksichtnahme, ohne sich selbst zu verbiegen. Mehr braucht es nicht. Jeder bleibt in seinem Leben, und doch gibt es so viele Schnittstellen und eine so tiefe Verbundenheit, dass die Beziehung immer präsent und spürbar bleibt. Ganz einfach.«

»Na, ich weiß nicht! Für mich wäre das nichts«, meint sie skeptisch.

Wieder muss ich lachen. »Weißt du, wie oft ich diese Antwort schon gehört habe? Aber so stelle ich es mir nun mal vor, wie es gehen könnte.«

Und so sabbeln wir noch eine ganze Weile, und sie öffnet auch noch die dritte Flasche Wein. Es wird schon fast hell, als ich im Bett liege ...

Tag 25

Rhens (zweiter Tag)

Heute mache ich meinen ersten Ruhetag. Nach dem gemeinsamen Frühstück fahren Jürgen und Matti wieder. Sie wollen doch tatsächlich noch nach Bonn zum Shoppen. Ich wusste gar nicht, dass man da so gut einkaufen kann. Aber davon kann ich mich ja in den nächsten Tagen selber überzeugen, durch diese Stadt werden mich meine Füße ja auch tragen.

Es hat gutgetan, mal wieder mit meinem Kumpel zu quatschen (mit Matti natürlich auch). Was wir beide schon für Geschichten miteinander erlebt haben, und wie wir unsere Niederschläge gemeinsam weggesteckt haben … Das schweißt zusammen. So entstehen Freundschaften fürs Leben. Und es spielt keine Rolle, wenn man sich mal ein paar Monate nicht sieht. Eine Umarmung, ein blöder Satz, einmal in die Augen gucken, und schon ist es wie früher.

Beate ist schon unterwegs, hat aber dankenswerterweise vorher noch eine Maschine Wäsche für mich angemacht. Kaum bin ich mal einen Tag nicht unterwegs, schon gießt es wie aus Kübeln – ich bin echt froh, dass ich heute eine Ruhepause eingelegt habe. Im strömenden Regen wandere ich durch das Dorf. Leider komme ich zu spät zu einer Fähre, die mich zu einem Schloss (dessen Namen ich leider vergessen habe) bringen sollte, das ich mir laut Beate unbedingt hätte ansehen müssen. Ist zwar doof, aber ich kann nun mal nichts daran ändern. Dummerweise gibt es keine andere Möglichkeit, über den Rhein zu kommen, und die nächste Fähre geht erst in zwei Stunden. Also setze ich mich oben auf den Kaiserstuhl und lese. Ein uraltes Gemäuer gibt mir Schutz vor dem Regen, allerdings ist es ganz schön kalt. Es schüttet, was das Zeug hält, aber auch dieses Wetter hat seinen Reiz und taucht die Landschaft in ein ganz besonderes Licht.

Dort oben, mit dem Blick auf den Rhein, kann ich auch über meine Reise nachdenken und freue mich einmal mehr, dass ich sie unternommen habe. Komisch, wie einfach das alles ist. Wie irrelevant vieles wird, was man für so unglaublich wichtig erachtet hat. An diesem Tag, im strömenden Regen auf dem Kaiserstuhl, mache ich mir das erste Mal Gedanken darüber, ob ich noch einmal mit Mikaela auf Wanderschaft gehen soll. Denn diese Art der Reise hat etwas, das mich ganz gefangen nimmt, und ich merke, so schnell wird es mich nicht wieder loslassen. So körperlich anstrengend und mental herausfordernd es auch ist, es entspannt mich doch auf eine Art, die ich vorher nicht kannte. Während ich hier Zeit mit mir verbringe, kommt es mir vor, als verlangsame sich alles um mich herum. Alle Sinne richten sich auf Kleinigkeiten, die ich sonst nicht einmal bewusst wahrnehmen würde. Ein Baum, der in allen Farben leuchtend im Wind rauscht, fesselt mich, und ich bleibe stehen, um dieses Schauspiel in aller Ruhe zu betrachten. Dabei empfinde ich eine Zufriedenheit und Ruhe, die aus meinem tiefsten Inneren kommt. Was für ein schönes Land, und was für nette und interessante Menschen hier doch leben. Es gibt so viel zu sehen und zu erleben, das schreit ja förmlich nach einer Fortsetzung.

Gegen Mittag schlendere ich zurück in meine Wohnung und gebe mich ganz der Ruhe des heutigen Tages hin. Ich lese, schlafe, gucke fern. Außerdem habe ich einen Blick auf die Wohnung, denn Beate hat mich gebeten, für sie den Hauswart zu spielen. Sie muss noch mal los, und ich soll meine neue Mitbewohnerin in Empfang nehmen. Ihr wisst schon, die Germanistikstudentin.

Als die dann vor der Tür steht, guckt sie etwas komisch aus der Wäsche. Natürlich hatte sie Beate erwartet, und nun steht ein wildfremder Mann vor ihr, um sie reinzulassen.

»Bin ich hier richtig bei Schmitt? Bei Beate Schmitt?«, fragt sie, ohne mir dabei in die Augen zu blicken. Sie macht einen etwas scheuen Eindruck.

»Ja, da bist du schon richtig, aber sie musste kurz weg und hat mich gebeten, dir aufzumachen. Komm, ich zeige dir unsere Wohnung.«

»Wie meinst du das, unsere Wohnung?«

Offensichtlich ist sie etwas überrumpelt von meinem zugegebenermaßen sehr direkten Einstieg. Ich versuche, die Stimmung mit etwas Humor aufzulockern: »Das ist eine Ferienwohnung mit zwei Zimmern. Keine Angst. Wir schlafen nicht in einem Bett. Nachher schnarchst du noch, und ich hätte gar keine Ruhe.«

»Das ist bei mir kein Schnarchen! Ich habe das von einem HNO-Arzt untersuchen lassen und der meinte, das seien ›außergewöhnliche nächtliche Atemgeräusche‹. Das hat nichts mit Schnarchen zu tun.« Sie wirkt ziemlich aufgebracht. »Das hat mit meinem überdimensionalen Gaumensegel zu tun.«

»Na ja, ist ja schon gut. Ich soll angeblich auch schnarchen. Habe ich aber noch nie gehört, haha. Die Leute spinnen eben oft rum«, versuche ich sie etwas zu beruhigen.

»Ich schnarche nicht!«, schreit sie fast.

»O. K., O. K., alles gut. Ich zeige dir lieber mal die Wohnung.« Junge, Junge, da habe ich wohl einen wunden Punkt getroffen.

Die Wohnungsbesichtigung verläuft reibungslos, und sie zeigt sich mit ihrem Zimmer einverstanden. In der Küche stellt

sie als Erstes einen Wasserfilter auf, den sie aus ihrem Ruck-
sack kramt.

»Gefiltertes Wasser ist das Wichtigste in meinem Leben.
Wenn ich mal ungefiltertes trinke, bin ich ganz komisch. Dann
bin ich nicht ich selbst«, erklärt sie mir.

Mir liegt es auf der Zunge, dass sie es langfristig ja vielleicht
doch mal probieren sollte, halte aber die Klappe. Es ist ja auch
nur für eine Nacht, ich werde es überstehen. Bei ihr bin ich mir
da ehrlich gesagt nicht so sicher.

»Wie machen wir das mit dem Badezimmer und dem Klo?
Gibt es da einen Plan?«, will sie wissen.

»Nee, keinen Plan. Wer muss, der muss. Ist doch das Ein-
fachste. Oder kannst du nur nach Planung?«

»Aber es muss doch eine Regelung geben? Was, wenn wir
beide gleichzeitig das Bad benutzen möchten?«, lässt sie nicht
locker. Das scheint ihr ja höllisch wichtig zu sein.

»Also gut, mach du einen Plan fertig und sag mir Bescheid.
Ich richte mich ganz nach dir, wie es dir am besten passt. Ich
bin da flexibel.«

»Echt? Das würdest du machen? Das ist ja toll, vielen
Dank.«

Ich ziehe mich wieder in mein Zimmer zurück und genieße
das wohlige Gefühl, faul vor der Glotze zu hängen und einfach
mal nichts zu tun. Zufällig läuft gerade ein Bericht über den
Oberrhein. Lustig, genau da war ich, denke ich so, kann dem
Geschehen aber nicht lange folgen, weil mich schon wieder die
Müdigkeit überwältigt. Der Regen plätschert beharrlich gegen
mein Fenster, und dieses eintönige Geräusch hat eine so beru-
higende Wirkung auf mich, dass ich sofort wieder einschlafe.

Als ich aufwache, liegt ein Zettel unter meiner Tür, auf dem
steht, wann ich heute Abend und morgen früh aufs Klo darf.
Wie gut, dass das geregelt ist. Die Welt kann sich weiterdrehen.

Am Abend gehe ich mit Beate essen. Sie hat sich richtig schick gemacht, Schminke aufgelegt und die Haare hochgesteckt. Klamottentechnisch sehe ich dagegen natürlich richtig alt aus. Nicht, dass ich zu Hause sehr viel bessere Klüngel anhätte und ständig im Maßanzug rumlaufen würde, aber meine Garderobe sieht nach dreieinhalb Wochen auf der Straße doch eher nach Pommesbude als nach Nobelrestaurant aus.

In dem Restaurant geht es ganz schön etepetete zu. Ich bin es gar nicht gewohnt, so viel Besteck auf dem Tisch zu haben. Drei Gabeln links, drei Messer rechts und oberhalb des Tellers das Werkzeug für den Nachtisch. Ich werde gleich schön aufpassen, wie Beate mit dem Handwerkszeug umgeht, und einfach dasselbe nehmen. Die Weinauswahl überlasse ich meiner Begleitung. Das Essen ist richtig gut. Es ist zwar nicht viel, was sich da auf meinem Teller einfindet, aber es ist lecker. Ich bin ja eigentlich nicht so ein Freund von so einem Schicki-Micki-Essen und fühle mich in den dazugehörigen Lokalitäten immer etwas deplatziert. Was ist denn zum Beispiel, wenn ich das Essen zu lasch finde? Kann ich da den Ober nach Pfeffer und Salz fragen, ohne dass der Küchenchef mich gleich mal aufspießt? Das sind Probleme …

Wir haben einen schön ruhigen Tisch, sodass wir uns in Ruhe unterhalten können, und Beate erzählt mir noch einmal etwas detaillierter von ihrer katastrophalen Ehe. Was für einen Arsch von Mann hatte sie sich da nur ausgesucht? Ich möchte hier gar nicht wiedergeben, was der Drecksack alles verbockt hat. Sie wird beim Erzählen so emotional, dass sie des Öfteren Tränen in den Augen hat. Aber dann ist es bei ihr auch irgendwann gut, sie merkt, dass sie sich in Rage geredet hat. Wir unterhalten uns lieber über Wünsche und Träume. Sie erzählt mir von ihrem Sohn, der Kunst studiert hat und jetzt in Frankfurt versucht, seine Werke an den Mann zu bringen. Wie sie ihn mit seiner Frau und dem kleinen Enkel unterstützt und alles ihr Mögliche dafür tut, dass sie ein glückliches Leben haben. Sie erzählt, wie sie das erfüllt und glücklich macht. Für sich wünscht sie sich noch einmal einen Mann an ihrer Seite, an den sie sich anlehnen und in dessen Gegenwart sie Kraft tanken kann. Als ich ihr von meinem Tag und meinen Gedanken erzähle, denke ich erst, sie lacht mich aus. Aber ganz im Gegenteil. Sie freut sich für mich, und ich glaube, sie beneidet mich sogar etwas.

Als die Rechnung kommt, besteht sie darauf zu zahlen, was mir gar nicht angenehm ist. Aber sie lässt nicht locker. Also erfülle ich ihr den Wunsch. Da bin ich ja Gentleman.

In ihrer Küche trinken wir noch ein Glas Wein. Der Rest tut auf diesen Seiten nichts zur Sache.

Morgen geht es weiter nach Weißenthurm. Ein neuer Tag mit neuen Geschichten liegt vor mir. In Koblenz muss ich unbedingt Schuhe kaufen. Meine verabschieden sich langsam, das Profil ist ganz platt gelatscht, und auf nassen Straßen rutsche ich wie auf Seife.

Ich werde bestimmt noch öfter an Beate denken.

Das Wetter ist wieder umgeschlagen, von der gestrigen Weltuntergangsstimmung ist heute nichts mehr zu spüren. Habe ich ein Glück!

Beate hat uns, also meiner Mitbewohnerin und mir, ein ganz tolles Frühstück gemacht. Frische Früchte und Joghurt, frische Brötchen mit Schinken und Wurst. Die Germanistikstudentin entschuldigt sich beim Kaffee zum dritten Mal dafür, dass sie die Badezimmerzeit überschritten hat. Meine Güte, wenn sie sich wegen jeder Kleinigkeit so einen Kopf macht, muss der ja voller Sorgen sein. Ich verabschiede mich herzlich von Beate.

Ich bin ausgeruht, frisch und munter. Keine Schmerzen, keine Wehwehchen. Klasse. Nach knapp zwei Stunden bin ich schon in Koblenz. Aber bevor ich mir neue Schuhe kaufen gehe, laufe ich erst mal zum Deutschen Eck, wo die Mosel in den Rhein mündet, und das von Hunderten von Touristen bevölkert ist. Der Ort strahlt eine gewisse Kraft aus, und ich bin von der ganzen Szenerie gefangen und beeindruckt. Ich verweile eine halbe Stunde und genieße diese besondere Atmosphäre. Hier ist deutsche Geschichte zum Anfassen nah. Alleine die gigantischen Bauwerke am Rheinufer strahlen eine Kraft und Macht aus. Das Reiterstandbild vom deutschen Kaiser ist schon sehr imposant. Wenn ich in der Schule in Geschichte halbwegs aufgepasst habe, ist genau hier 1800 – zicke-zacke – das Deutsche Reich ausgerufen worden. Sozusagen die Geburt unserer Nation.

Dann muss ich aber ein Stück des Weges zurück. Denn ich will ja in die Innenstadt und mir ein Paar neue Schuhe besorgen. Ist eigentlich schade. Jetzt, wo meine Treter eingelaufen sind, machen die Sohlen schlapp. Aber sicher ist sicher: Bei den Steigungen hier muss ich nur mal in einen dicken Schauer geraten, und dann mache ich 'nen Abgang, weil meine Sohlen auf dem nassen Untergrund wegrutschen. Mal gucken, wie ich das mit der Karre mache. Ist bestimmt nicht so einfach, meine Gefährtin mit ins Einkaufszentrum zu nehmen und dann über Rolltreppen zu schieben. Doch da wird mir schon was einfallen.

An den Anlegestellen der Köln-Düsseldorf-Rheinschifffahrt lege ich eine Pause ein und trinke bei einer Kartenverkäuferin, die auch Getränke im Angebot hat, einen Kaffee. Das ganze Kartenhäuschen steht voll mit Blumen, von denen ich annehme, dass es fleischfressende Pflanzen sind. Hoffentlich komme ich ihnen nicht aus Versehen zu nahe. Ein exotischer Blumengeschmack für eine junge Frau. Ihr Hund, ein Spitz oder so etwas in der Art, dreht fast durch, als ich mit Mikaela angerollt komme. Der kläfft und macht Randale ohne Ende. Und zack, bin ich mit Marion, der Kartenverkäuferin, im Gespräch. »Das ist ja mal lustig. Lulu, halt die Klappe und lass den Mann in Frieden«, versucht sie ihren Hund zu beruhigen.

»Bist du nicht vor einer Stunde schon einmal hier vorbeigelaufen? Ich dachte eben, ich gucke nicht richtig.«

Und so erzähle ich ihr von meiner Wanderschaft und ende damit, dass ich etwas in der Klemme sitze. »Könntest du vielleicht eine Stunde oder so auf die Karre mit der Waschmaschine aufpassen? Ich muss in die City, neue Schuhe kaufen.«

»Na klar, hau mal ab. Lulu und ich haben ein Auge auf das Schätzchen. Da passiert nichts mit.«

Ich beeile mich, in die Einkaufsstraße zu kommen und habe Glück, dass bei einem Schuhgeschäft Ausverkauf ist. Die haben echt gute Markenwanderschuhe für einen kleinen Preis. Den Karton brauche ich nicht, ich behalte meinen Neuerwerb gleich an. Muss die Knobelbecher ja sowieso einlaufen. Das alte Paar nehme ich natürlich in einer Tüte mit. Denn ich will ja nicht riskieren, dass meine Füße von den neuen Tretern unzählige Blasen bekommen, und dann stehe ich ohne Ersatz da. Auf dem Rückweg kaufe ich noch etwas Kuchen für Marion und mich und einen Kauknochen für Lulu.

Als ich am Kartenhäuschen ankomme, sitzt Lulu wie ein Zerberus vor Mikaela und hält Wache. Erst, als ich ihr mein Mitbringsel gebe, quittiert sie den Dienst und verzieht sich in ihr Körbchen. Braver Hund. Marion kocht uns noch einen Kaffee zum Kuchen, und wir setzen uns vor ihren Kartenstand in die Sonne. »Sag mal, wie lange bist du schon unterwegs?«, will sie wissen.

»Gut dreieinhalb Wochen, zwei Wochen liegen noch vor mir.«

»Von mir aus kannst du mit unserem Schiff fahren. Für umsonst natürlich. Ich lade dich ein. Dann hast du bestimmt achtzig Kilometer gespart. Ich erzähle es auch nicht weiter«, schlägt sie mir vor und lacht mich an.

»Oh, recht herzlichen Dank für das Angebot. Aber ich laufe die Strecke komplett. Ich bin fit, und mir kommt es nicht darauf an, möglichst schnell fertig zu werden. Außerdem wüsste ich selbst darüber Bescheid, dass ich geschummelt hätte, und dann hätt ich mir gegenüber ein schlechtes Gewissen. Das wäre ganz doof.«

»Na schön, wie du meinst. In Neuwied, da wohne ich, ist heute Abend Weinfest. Wenn du Lust hast, komm doch vorbei, deine Strecke müsste da entlangführen. Dann tanzen wir eine

Runde. Hast ja jetzt neue Schuhe.« Und wieder lacht sie mich an, dieses Mal mit Augenaufschlag.

»Das ist wirklich nett von dir, aber am Abend bin ich hoffentlich schon einige Kilometer weiter.«

Die Tanzmaus braucht gar nicht zu wissen, dass ich heute in Weißenthurm übernachte. Das liegt genau gegenüber von Neuwied auf der anderen Rheinseite. Vielleicht einen Kilometer weit weg.

»Schade, das hätte uns beiden sicherlich viel Freude gemacht.« Wieder klimpert sie vielsagend mit den Augen.

Jetzt aber weg hier, bevor sie mir noch Avancen macht. Wir verabschieden uns mit Küsschen links, Küsschen rechts, und weiter geht es.

Nach einer Stunde habe ich natürlich Blasen an den Füßen und ziehe meine alten Treter wieder an. Als ich in Weißenthurm ankomme, bin ich doch etwas über mein Zimmer erschrocken. Angesichts des ganzen alten Mobiliars könnte man meinen, ich sei unversehens bei den Hoppenstedts von Loriot gelandet. Der Polstersessel würde mir sicherlich einige ziemlich wilde Geschichten erzählen, wenn er denn könnte. Vielleicht von Geburtstagsfeiern und anderen Trinkgelagen. Anders will ich mir die vielen Flecken auf der Polsterung gar nicht erklären. Die Bude strahlt einen gewissen Muff aus. Es ist feucht und klamm, staubig und usselig. Der Fernseher brauche nach dem Anschalten mindestens fünf Minuten, bis er ein Bild zeige, erklärt mir meine Vermieterin. Die Röhre müsse erst warm werden. Also etwas Geduld bitte. Alles klar.

So gut wie gestern und vorgestern kann ich es natürlich nicht immer erwischen. Aber da sieht man wieder einmal, wie schnell man sich doch an einen gewissen Komfort gewöhnt. Ich bin versucht, nach Neuwied zu laufen und Marion um Asyl zu bitten. Aber bei dem Gedanken schwant mir nichts Gutes.

Eine Frau, die fleischfressende Pflanzen züchtet, ist in Bezug auf Männer sicher auch keine Vegetarierin. Also irgendwo eine Kleinigkeit essen und früh in die Falle, irgendwie bin ich heute müde. Nach zwei fast schlaflosen Nächten freue ich mich aufs Bett.

Remagen-Oberwinter

Ich habe letzte Nacht ganz schlecht geschlafen und bin oft aufgewacht, weil mir dieser Muff in meinem Zimmer komisch in der Nase lag. Igitt. Vielleicht habe ich ja heute Abend mehr Glück. Es wird Zeit, dass ich mal wieder richtig gut durchschlafen kann. Das Frühstück kann man leider auch abhaken. Der Toast im Brotkorb lässt sich biegen wie Wellpappe, der Schinken zieht sich beim Abbeißen wie ein Einmachgummi, und der Kaffee ist so schrecklich, dass ich vermute, der Filter sei gerissen und der ganze Prütt sei bei mir in der Tasse gelandet. Als ich meine Sachen einpacke, muss ich mir noch mal die Zähne putzen, weil in fast allen Zahnzwischenräumen Kaffeekrümel stecken. Ich beschließe, mir unterwegs eine Kleinigkeit zu besorgen oder irgendwo frühstücken zu gehen.

Was für ein Tag! Die ganze Zeit über verfolgen mich Regen und Sturm. Aber ich sehe es positiv, so kann ich wenigstens meiner Regenkleidung eine zweite Chance geben. Aber das Ganze entwickelt sich nicht sonderlich gut, schon nach einer Stunde bin ich nass bis auf die Haut. Gegen Mittag geht gar nichts mehr. Ich stelle mich unter eine Brücke und warte nass und klamm, bis der schlimmste Guss vorüber ist. Das ist mal wieder eine der Situationen, in denen ich mich frage, warum ich das hier eigentlich mache. Ich setze mich den Elementen aus und unterwerfe mich dem Rhythmus der Natur. Und immer wieder komme ich zu dem Ergebnis: Es ist alles in Ordnung. Ist ja nur etwas Regen. Macht nichts, ich bin nicht aus Zucker, das spült mich schon nicht gleich weg. In fünf Minuten hört es auf, und die Sonne scheint wieder, versuche ich mir Mut zu machen. Aber leider soll ich damit nicht recht behalten.

Und dann hat Kumpel Benne noch ein ganz besonderes Bonbon für mich. An meinem Etappenziel in Remagen-Oberwinter frage ich mich durch und werde verwundert darüber aufgeklärt, dass ich zu meinem Hotel nicht laufen könne, denn der Weg sei viel zu steil. Schon gar nicht mit meiner Karre, das würde ich nie im Leben hinbekommen. Ein Mann im Dorf, den ich anspreche, empfiehlt mir, umzudrehen und über ein Nachbardorf auf den Berg zu laufen, auf dem sich meine Unterkunft befindet. Das sei zwar ganz schön weit, aber eher machbar. Na super. Was nun?

Ich versuche trotzdem, den Berg zu erklimmen. Wird schon klappen. Manchmal muss man sein Glück eben auch herausfordern, und was soll schon groß passieren, außer dass ich wieder mal einen Abhang hinunterkegle? Die Steigung beträgt bis zu achtzehn Prozent und zieht sich über zwei Kilometer hin. Es ist ein bisschen wie die Tour de France mit ihren Bergetappen. Und was die mit ihrem Rad hinkriegen, schaffe ich mit Mikaela auch. Trotzdem: Ich rackere mir hier wirklich einen ab. Der pure Wahnsinn.

Es geht in steilen Serpentinen nach oben. Sturzbäche rechts und links von mir führen mich mitten auf die Straße, was natürlich nicht ganz ungefährlich ist, denn von oben kommen mir Autos entgegen. Die meisten Fahrer hupen und zeigen mir einen Vogel. Die Regenklamotten erweisen sich als doppelt nutzlos: Regen kommt rein, aber nicht wieder raus. Sprich, ich bin mittlerweile pitschnass vom Wasser *und* vom Schweiß. Auch meine neuen Schuhe werden ordentlich in Mitleidenschaft gezogen und müssen schon an ihrem zweiten Tag eine gewaltige

Neptuntaufe bestehen. Gut, dass ich mir die gestern gekauft habe. Mit den abgelaufenen alten Tretern wäre ich hier nicht hochgekommen.

Als ich die letzte Biegung hinter mir habe und auch noch die wenigen Meter bis zum »Gipfel« schaffe, freue ich mich wie ein Kind. Ich bin völlig platt, aber glücklich und zufrieden, diesen »Berg« bezwungen zu haben. Trotzdem brauche ich ein paar Minuten, um zu verschnaufen. Ich stelle fest, dass es hier oben zwar viele Wohnhäuser gibt, ein Lokal, Restaurant oder Geschäft kann ich aber nirgends entdecken. Mir schwant Böses.

Nach einigen hundert Metern erreiche ich mein Hotel. Ein Witz. Nein, doch nicht. Eher eine Katastrophe. Die Bude ist ein baufälliges Gebäude, das so aussieht, als hätte es seine besten Jahre zu Beginn des letzten Jahrhunderts erlebt. Der Putz fällt großflächig von den Außenmauern, das Dach ist zur einen Hälfte mit Schindeln und zur anderen mit einer Plane bedeckt. Unglaublich, was für marode Zustände! Und hier soll ich auch nur ein Auge zumachen? Ich gucke schnell noch mal nach, ob die Adresse auch wirklich stimmt. Doch leider gibt es nicht den kleinsten Zweifel. Ich bin hier richtig. Die Klingel an der Eingangstür funktioniert natürlich nicht, und so klopfe ich mir einen Wolf, bevor mir der »Hotelier« öffnet und mich mit einem kleinen Begrüßungsmonolog überschüttet: »Hallo, ich begrüße Sie aufs Herzlichste in meinem *Grandhotel*. Sie sind sicher Herr Bücker, der via Telefon angemeldet wurde. Leider renovieren wir momentan, und ich bitte Sie jetzt schon um Verzeihung für die eine oder andere Unannehmlichkeit. Ihr Vorteil ist es allerdings, dass Sie der einzige Gast heute sind und daher nicht mit Lärmbelästigungen rechnen müssen.« Na super. Der Vogel macht hier mit seinem Schuppen echt einen auf dicke Hose. Wo der nur das gepfefferte Selbstbewusstsein hernimmt? Immerhin darf ich Mikaela auf der maroden überdachten Terrasse abstellen, zumindest sie hat also einen schönen Platz zum Übernachten abbekommen. Bin gespannt, wie meiner aussehen wird.

»Wenn Sie mir bitte folgen möchten.« Ich bleibe ganz dicht hinter meinem Gastgeber, weil es in der Bude stockfinster ist. Zweimal stolpere ich sogar. Worüber, möchte aber lieber nicht wissen.

»Zurzeit wird die Elektronik überprüft, sodass wir leider keine Beleuchtung oder andere Elektrogeräte einschalten können. Jetzt bei Tageslicht geht es ja recht gut. Zum Abend werde ich Ihnen eine funktionstüchtige Taschenlampe aushändigen, damit Sie ohne Probleme den Aufenthalt genießen können.« Ich werde verrückt! Ich soll nachts hier mit einer Taschenlampe herumstolpern?

Mein Zimmer ist etwa so groß wie eine halbe Turnhalle. Das liegt vor allem daran, dass eine Wand fehlt, die vor nicht allzu langer Zeit noch dort wohl stand und die mittlerweile offenbar herausgebrochen wurde. Man kann es daran erkennen, dass sich ein nicht unerheblicher Teil an Bauschutt noch in einer Zimmerecke befindet. Das Inventar besteht aus einem Bett, einem Stuhl … und das war's auch schon.

Das Bett sieht grauenvoll aus. Ein uraltes Eisengestell mit, wie mir scheint, Stahlfederrost. Die Matratze besteht aus drei Teilen. Die älteren Leser werden sich sicherlich noch an diese Form der Matratzen erinnern. Früher bestand eine Schlafmatratze nicht aus einem Stück, sondern aus drei Teilen, und wenn man Glück hatte, auch noch einem passenden Kopfteil aus dem gleichen Material. Diese hier hat einen graublauen Farbton mit recht großen Fleckenrändern unbestimmter Herkunft. Die Bettwäsche ist leicht feucht und riecht gammelig. Das Badezimmer befindet sich gegenüber und hat in etwa dieselbe Größe wie das Zimmer. Als Ausstattung dienen eine Dusche, die in der Ecke steht, und ein Klo, welches an eine Wand geschraubt wurde. Nichts weiter. Nur massenweise Platz drum herum.

Na ja. Es nützt ja nichts, da muss ich jetzt durch. Auspacken tue ich heute nicht. Ich hänge meine nassen Klamotten an die nicht gerade vertrauenswürdig aussehende Gardinenstange. Dann gehe ich nackt über den Flur ins Badezimmer. Kann ich ja ruhig machen, bin ja der einzige Gast in dieser Absteige. Die Dusche ist der Hammer. Erst kommt kaltes, braunes Wasser aus einem gießkannenähnlichen Duschkopf, dann lauwarmes, braunes Wasser und zum Schluss kochend heißes, aber dafür fast klares Wasser. Notdürftig kann ich mich waschen und trockne mich mit einem Handtuch ab, welches unangenehm nach Mottenkugeln riecht. Danach ziehe ich mir was Trockenes an und begebe mich in die Lobby meines *Grandhotels*.

»Entschuldigen Sie, gibt es hier im Haus irgendetwas zu essen oder wenigstens ein paar Bier zu trinken?«, frage ich meinen Chef an der Rezeption.

»Leider kann ich Ihnen damit nicht dienen. Das Personal ist in der Umbauphase nicht zugegen, sodass Sie mit andern Lokalitäten vorliebnehmen müssen.«

»Wo kann ich denn hier oben auf dem Berg was bekommen? Gibt es eine Frittenbude, einen Kiosk, eine Kneipe oder so was in der Art?«

»Hier oben gibt es leider nichts. Sie müssten sich nach unten ins Tal begeben, dort gibt es eine Pizzeria. Oder Sie gehen die andere Seite des Berges hinunter. Dort liegt ein kleiner Ort, in dem Sie sicherlich fündig werden.«

Mir bleibt nichts anderes übrig. Ich versuche mein Glück, und nach knapp zwei Kilometern, die ich an der anderen Seite bergab laufe, komme ich an einem Fußballplatz vorbei, wo es tatsächlich Bockwürstchen und Flaschenbier gibt. Ich esse im Dauerregen eine kalte Wurst und trinke dazu ein handwarmes Bier. Das Spiel, das eigentlich jeden Moment beginnen soll, wird auch noch abgesagt, als ich meine Mahlzeit beendet habe. Scheint insgesamt nicht mein Glückstag zu sein heute.

Also laufe ich noch eine Runde durch das kleine Dorf. Als ich an einem Haus mit einem Schild vorbeikomme, auf dem »Teestube« steht, schaue ich durchs Fenster und sehe eine Dame, die Akkordeon spielt. Das sieht ziemlich gemütlich aus – als ob es ein versöhnlicher Abschluss dieses Katastrophentages werden könnte. Es stellt sich heraus, dass der Schankraum auch gleichzeitig das Wohnzimmer besagter Akkordeondame und Ladenbesitzerin ist. Sie guckt ein bisschen erschrocken, dass so spät noch ein Gast auftaucht, wahrscheinlich hat sie damit nicht mehr gerechnet. Sie ist aber eine ganz Liebe, und da ich der einzige Gast bin, fragt sie mich, ob sie mir an meinem Tisch Gesellschaft leisten darf.

Als ich ihr erzähle, wie ich unterwegs bin, strahlt sie und berichtet über ihre Erfahrungen. »Ich liebe das Wandern auch. Schon mein ganzes Leben bin ich unterwegs. Ich bin den englischen, den französischen, den russischen und schließlich den deutschen Jakobsweg bereits gelaufen. Wussten Sie, dass es so viele unterschiedliche gibt?«

Nein, das wusste ich wirklich nicht.

»Außerdem war ich in Skandinavien und auf Island mit meinen Wanderfreunden unterwegs, und letztes Jahr haben wir versucht, im Sommer den Lykischen Wanderweg in der Türkei zu erlaufen. Leider hat es nicht geklappt. Es war einfach zu heiß dort unten, und wir mussten kapitulieren.«

»Das gibt es ja gar nicht«, werfe ich an dieser Stelle ein. »Den habe ich mir vor ein paar Jahren auch mal angeschaut. Viel zu anstrengend.«

Und so unterhalten wir uns, wobei ich ihr gerne zuhöre, wie sie aus ihrem Leben erzählt. Eine sehr sympathische Frau. Nach einer Weile geht sie in die Küche und macht mir sogar ein paar Reibeplätzchen mit Apfelmus, und dazu gibt es Wein aus der Umgebung. Ich liebe Reibeplätzchen!

Als sie so am Brutzeln ist und ein verführerischer Duft nach gebratenen Kartoffeln durch die Räume zieht, muss ich über den Lykischen Wanderweg nachdenken und darüber, was mir dort passiert ist. Ich bin in den letzten Jahren so oft wie möglich in Urlaub gefahren oder geflogen. Wie oft ich zum Beispiel schon in der Türkei war, kann ich gar nicht mehr sagen. In manchen Jahren war ich dreimal bei den osmanischen Freunden. Das liegt natürlich einerseits an diesem schönen Land, an den historischen Bauten, den netten Leuten und dem schönen Wetter. Andererseits natürlich auch daran, dass es einfach günstig ist, dort Urlaub zu machen. Meine Kumpels hatten schon geunkt, ich würde zum Islam konvertieren. Sobald ich bei meinem Job viele Überstunden aufgebaut hatte, war ich weg.

Bei einem Türkeiurlaub lernte ich Anja kennen. Anja war meine Reiseleiterin und kam jeden Tag ins Hotel, um sich um die Belange der Gäste zu kümmern. Da damals wenig Gäste im Hotel waren, und wenn, dann meist nur Rentner, die in der Türkei überwinterten, hatte sie viel Zeit, und ich alter Charmeur konnte sie davon überzeugen, mir diese zu schenken. So zeigte sie mir viele Sehenswürdigkeiten, zum Beispiel den alten Hafen von Antalya mit den vielen kleinen Gassen und dem Künstlerviertel oder das Amphitheater in Aspendos, die ich alleine nicht aufgesucht und mir angeschaut hätte, und wir hatten eine schöne Zeit.

In einer Zeitschrift hatte ich vom »Lykischen Wanderweg« gelesen, eine uralte Strecke, die von Fethiye durch das Atlasgebirge bis nach Alanya führte. Die Route sei so schwierig und so schlecht erhalten, dass man sie weder mit dem Rad noch mit einem Esel oder ähnlichen Packtieren bewältigen könne. Der Wanderweg führte nur wenige Kilometer an meinem Urlaubsort vorbei, und so beschlossen Anja und ich eines Morgens, eine Etappe zu erlaufen. Mit leichtem Gepäck zogen wir nach dem Frühstück los und erreichten bald den Weg.

Die Strecke war sehr schlecht zu laufen, da sich anscheinend niemand dafür verantwortlich fühlte, den Weg zu pflegen und instand zu halten. Massenweise lagen Felsbrocken und Geröll herum, und die Sträucher und Büsche hatten sich ihr Territorium zurückerobert. Wir mussten auf die vielen Dornenhecken aufpassen, die selbst die wilden Ziegen mieden. Aber trotzdem versuchten wir uns durchzuschlagen und wurden mit fantastischen Naturbildern und Aussichten belohnt.

In den fünf Stunden, in denen wir unterwegs waren, trafen wir keine Menschenseele. Anja erzählte mir viel von ihrem Leben und von ihren Problemen, und im Nachhinein stellte sich heraus, dass dies die Wiedergeburt des »Ohrverleihers« war. So nannte sie mich nämlich, als wir uns verabschieden mussten.

Die Reibeplätzchen schmecken echt lecker, und so mit vollem Bauch geht es mir auch schon viel besser. Trotzdem muss ich mich, als es dämmert, von meiner Wanderkollegin verabschieden. Ich muss ja den Berg noch einmal rauf, und meine Motivation hält sich in Grenzen. Doch ich habe zumindest ein bisschen Glück, denn der Regen hat aufgehört. An meinem Hotel angekommen, erwartet mich der komische Kauz und drückt mir zwei Flaschen Bier sowie eine Stabtaschenlampe in die Hand.

»Als kleine Entschädigung für Ihre Unannehmlichkeiten. Ein Gruß vom Haus. Könnten Sie mir einen Gefallen erweisen und mein Hotel in den Internetportalen positiv bewerten? Es ist heutzutage sehr wichtig, auf diese Weise an neue Gäste zu kommen.«

Ich beobachte ihn und warte darauf, dass er anfängt zu lachen, weil er gerade so einen Brüllerwitz gemacht hat. Aber nix. Das war voll ernst gemeint. Der hat Nerven!

Aber na ja, das mit dem Bier war ja schon ziemlich nett. Mein Gastgeber hat aber offenbar keine Lust, noch ein weiteres Wort zu verlieren und verzieht sich ins Haus. Ich bleibe im Dunkeln auf der Terrasse sitzen. Ich öffne die erste Flasche Bier, nehme einen Schluck und spucke ihn sofort wieder aus, so eklig schmeckt das. Als ich mit meiner Taschenlampe auf das Etikett leuchte, stelle ich fest, dass die Brühe schon seit einem Jahr abgelaufen ist. Was für ein Tag! Ich kippe den Inhalt der zwei Flaschen kurzerhand in einen Blumenkübel und gehe in meine Gemächer.

Ich traue mich gar nicht, mich auszuziehen. Normalerweise schlafe ich immer nackt oder mit ganz wenig Schlafzeug. Hier aber wünsche ich mir beim Anblick des klammen Bettzeugs, ich hätte einen Taucheranzug, und so lasse ich meine Klamotten da, wo sie auch den ganzen Tag schon waren: an mir dran.

Bornheim-Hersel

Mein lieber Scholli, was für eine Horrornacht! Das war echt heftig! Geschlafen habe ich vielleicht eine Stunde, wenn überhaupt. Die Bettwäsche hat schrecklich gemuffelt. Ungefähr so wie damals, als ich nach dem Schwimmunterricht in der Schule einmal vergessen habe, meine nasse Badehose aus der Tasche zu nehmen und sie eine Woche später dort fand. Außerdem hatte ich nächtlichen Besuch. Ich schreckte aus meinem Halbschlaf hoch, weil ich kratzende Geräusche vernahm, und als ich mit meiner überraschenderweise gut funktionierenden Stabtaschenlampe mein Zimmer ableuchtete, entdeckte ich einen kleinen Nager mit buschigem Schwanz in der Ecke – einen Marder, der dort sein Geschäft verrichtete. Allein der Gedanke, dass der kleine Knirps mich während der Nacht anknabbern könnte, ließ mich kein Auge mehr zumachen.

Noch bevor es hell wird, mache ich mich fertig, damit ich möglichst schnell von hier wegkomme. Gut, dass ich gestern schon bezahlt habe. Trinkgeld lasse ich keines da. Eher sollte ich Schmerzensgeld für diesen unzumutbaren Aufenthalt bekommen. Aber ich hake es ab, und weiter geht es. Das Wetter sieht heute besser aus. Es regnet schon mal nicht, und ab und zu lässt sich sogar die Sonne blicken. Der Weg den Berg runter gestaltet sich genauso strapaziös wie rauf. Durch das Laub und die Nässe schlittere ich mit Mikaela den Abhang hinunter. Ich muss höllisch aufpassen und viel gegensteuern. Das kostet Kraft, die ich so unausgeschlafen und ohne Frühstück fast nicht aufbringen kann. Die frische, klare und kalte Luft des frühen Morgens erweckt meine Lebensgeister jedoch schnell wieder. Ab und zu muss ich noch an das Horrorhaus denken und lache und fluche abwechselnd.

Nach etwa einer Stunde erreiche ich die NRW-Landesgrenze. Bis hierhin habe ich es schon mal geschafft. Das Gröbste liegt damit hinter mir, ich kann mir auf die Schulter klopfen. Und eigentlich kann ab diesem Punkt auch nicht mehr viel passieren. Bei der Sichtung der Karte erschien es mir so, als wenn die anstrengendsten Klippen hinter mir lägen, keine fiesen Steigungen mehr. Also mache ich erst mal eine Frühstückspause in einem kleinen Café, um meinen Etappensieg zu feiern. Tut das gut, einen schönen Kaffee zu trinken und ein leckeres Brötchen zu essen, ganz in Ruhe und mit Blick auf den Rhein. Ich leiste mir sogar den Luxus und lese eine Stunde.

Gut erholt geht es dann weiter Richtung Bonn. Ob ich zur Uni laufe und dort in der Gegend in kleine Buchläden gucke? Vielleicht finde ich ja den einen oder anderen Philosophie- oder Germanistikstudenten von der Party damals. Vielleicht sind sie auch Taxifahrer geworden, wer weiß. Ab und zu denke ich darüber nach, was wohl aus mir geworden wäre, wenn ich nicht so unglaublich faul in der Schule gewesen wäre. Aber solche »Was-Wäre-Wenn«-Gedankengänge sind im Grunde auch müßig.

An sich gefällt mir unsere Exhauptstadt echt gut. Man sieht schnell, dass hier viele ehemalige Konsulate in schicken Villen untergebracht waren. Die Gärten sind tipptopp gepflegt, alles sauber und schnieke. Nur die Leute gucken mir ganz schön verbiestert aus der Wäsche. Verstehe ich gar nicht. Wer hier leben darf, sollte doch zufrieden sein.

Also versuche ich mal, Menschen ein Lächeln zu entlocken.

Jeden, an dem ich vorbeilaufe, grüße ich überschwänglich, herzlich und mit einem Lächeln auf den Lippen. Die Reaktion der Leute fällt sehr unterschiedlich aus. Einige starren demonstrativ an mir vorbei, ohne auch nur eine Miene zu verziehen. Einige schütteln sogar mit dem Kopf, als wollten sie sagen, dass ich nicht mehr alle Tassen im Schrank hätte. Und einige wenige lachen zurück und freuen sich über meine Aktion und entgegnen: »Das ist aber mal eine nette Begrüßung« oder: »Danke, ich wünsche Ihnen auch einen schönen Tag.« Schade eigentlich, dass das nicht jeder so sieht. Aber andererseits schön, dass ich wenigstens einigen eine Freude machen konnte.

Kurz bevor ich durch Bonn bin, spricht mich noch ein Radfahrer an: »Hallo, kann es sein, dass Sie das Buch *Mit dem Kühlschrank durch Irland* gelesen haben?«

»Ja genau. Das war die Inspiration für meine Tour. Eine schöne, lustige Geschichte, die mir den Mut gegeben hat, einfach mal loszulaufen.«

»Ich habe es auch gelesen. Schon ganz schön verrückt.« Wir setzen uns auf eine Parkbank direkt am Rheinufer und unterhalten uns weiter. »Ich bin Engländer und wohne seit sechs Jahren in Deutschland. Aber jedes Jahr fahre ich nach England und mache eine Radtour durch meine Heimat. Meistens so um die zehn Tage. Meine Ex hat mich früher immer begleitet, aber jetzt geht sie lieber mit ihrem Neuen Skysurfen.«

Oh, oh, ich habe das Gefühl, dass diese Geschichte länger dauern wird. Aber egal, ich habe Zeit. Ich bin ja wieder in NRW und so gut wie zu Hause!

»Dieser Arsch ist so ein junger Schnösel. Typ blond, braun gebrannt, mit dicken Muckis«, erzählt er weiter.

»Tja, da haben wir fast haarlosen, etwas molligen, faltigen Typen natürlich keine Chance. Ich kann da auch ein Lied von singen«, tröste ich ihn.

Und so schildern wir uns gegenseitig unsere Erfahrungen mit unseren Exfrauen und der Trennung von ihnen. Sehr viel unterschiedlicher können diese aber nicht sein. Bei mir ging alles recht geordnet über die Bühne. Offenbar habe ich ganz schön Glück gehabt. Bei meinem neuen englischen Kumpel sah die Geschichte nämlich ganz anders aus, die beiden lieferten sich einen Rosenkrieg bis aufs Messer. Zu was für Gemeinheiten man doch fähig ist, wenn die große Liebe den Bach runtergegangen ist, schrecklich. Nach einer Stunde verabschieden wir uns voneinander, und er radelt weiter.

Am Nachmittag erreiche ich mein Ziel und hoffe, dass ich nach zwei Nieten heute mal wieder etwas Glück bei der Unterkunft habe. Vier Nächte ohne richtigen Schlaf sind mehr als genug.

Und ich habe tatsächlich Glück. Nichts ausgesprochen Extravagantes, aber im Gegensatz zu gestern das Ritz-Carlton von Dubai. Ich freue mich riesig auf eine Dusche und bleibe eine Viertelstunde unter der Brause stehen, um mich berieseln zu lassen.

Ich esse bei einem Italiener, der, wie so einige andere Lokale auf meiner Reise auch, Wiesn-Wochen hat, und gucke Fußball. Richtig gemütlich nach der gestrigen Geschichte.

Morgen erreiche ich Köln, mein nächstes großes Etappenziel. Dort werde ich mir die letzte Rheinwanderkarte holen. Ich bin gespannt auf das letzte Teilstück des Rheins und frage mich, wem ich dort alles begegnen werde.

Endlich habe ich mal wieder mehr als drei Stunden am Stück geschlafen. Das ging ja nicht weiter so. Das Frühstück lasse ich heute Morgen bis auf den Kaffee ausfallen. Das Essen bei meinem Wiesn-Italiener gestern Abend war so reichhaltig gewesen, dass ich erst mal nichts weiter brauche.

Ich bin im dichten Nebel losgekommen. Der Rhein schlängelt sich ganz ruhig durch die Landschaft. Es ist wahnsinnig kalt, aber es fühlt sich klasse an, wieder unterwegs zu sein. Je näher man an Köln ist, desto lockerer werden die Leute. Köln ist proppenvoll mit Touristen. Japaner knipsen Bilder, sie tuscheln und lachen sich in einer Tour kaputt, als sie mich mit meiner Mikaela sehen.

Das Infobüro in der Innenstadt hat die Karte, die ich brauche, nicht. Die Damen dort telefonieren aber rum und entdecken einen Bücherladen am Hauptbahnhof, der eine vorrätig hat. Glück gehabt. Ich verabschiede mich von den Infodamen, die noch ein Foto schießen möchten. Auf dem Weg zum Hauptbahnhof fragen mich wieder viele Passanten nach meiner Geschichte. Nachdem ich sie zum gefühlt fünfundsiebzigsten Mal erzählt habe, bin ich ganz froh, mich auf den Weg zu meiner Pension in Köln-Mülheim zu machen, raus aus dem Stadtkern.

Über die Hohenzollernbrücke laufe ich vom Hauptbahnhof aus auf die andere Rheinseite. Während ich mir die vielen Vorhängeschlösser begucke, die in den Gittern am Brückenrand befestigt sind, treffe ich eine kleine Familie. Wir kommen ins Gespräch und unterhalten uns länger, sie sind wirklich nett. Die Eltern haben vor vielen Jahren ein Schloss an dem Geländer befestigt und sind jetzt mit den Kindern hierhergekommen, um es ihnen zu zeigen. Das Verrückte ist, dass sie ihr Schloss tatsächlich finden, inmitten Hunderttausend anderer bunter Schlösser. Sie erzählen den Kids, wie sie es damals gemeinsam angebracht haben und schauen sich dabei ganz verliebt an. Der etwa dreizehnjährige Junge meint nur: »Ihr seid echt peinlich.« Wie Kinder in der Pubertät halt sind.

Benne hat mir also heute ein Zimmer in Mülheim gebucht, der Bronx von Köln. Wollte ich so. Er hatte für mich schon ein anderes Zimmer in der Innenstadt besorgt, aber ich wollte es ganz gerne mal dort versuchen, wo das Herz von Köln wirklich schlägt, rau und unbarmherzig. Ich möchte die Menschen aus Köln kennenlernen, und nicht irgendwelche Touris aus aller Herren Länder.

Als ich in Mülheim ankomme, muss ich mich orientieren. Die Straße ist zwar leicht gefunden, aber danach komme ich nicht weiter. So versuche ich, mich bei einem türkischen Gemüsehändler durchzufragen, allerdings spricht der Gute kein Wort Deutsch, und mein Türkisch beschränkt sich auch nur auf »Danke« und »Auf Wiedersehen«. Erschwert wird die Suche auch noch dadurch, dass die Hausnummern hier nur sporadisch an den Häusern hängen. Nach einer halben Stunde finde ich endlich das Haus meiner Pensionsdame – wobei, eine Dame ist sie ganz und gar nicht, wie sie sofort unter Beweis stellt. Als ich die Klingel betätige, brüllt mich nämlich eine Frauenstimme aus der Gegensprechanlage an, die klingt, als habe man eine Kiste mit Altmetall auf den Boden geworfen: »Wenn ich euch kleinen Scheißer dabei erwische, wie ihr bei mir Klingelmännchen macht, dann reiße ich euch den Arsch bis nach Köln-Porz so was von auf, dass euch Hören und Sehen vergeht!«

Hoppla, das ist ja mal eine temperamentvolle Ansprache! Ich habe allerdings das unbestimmte Gefühl, dass hier eine Verwechslung vorliegt. Was mich hingegen erstaunt, ist, dass es heutzutage bei den Kids noch in zu sein scheint, Klingelmännchen zu machen. Das haben wir früher schon bis zum Abwinken gespielt.

Etwas eingeschüchtert antworte ich der Dame des Hauses: »Schönen guten Tag! Ich komme wegen eines Zimmers, das ein Freund von mir über das Internet gebucht hat. Mein Name ist Bücker. Ich habe doch bei Heinemann geklingelt und bin hier richtig, oder?«

»Ja sicher! Steht doch auf dem Klingelschild. Können Sie nicht lesen? Oder haben diese Rotzblagen das Namensschild wieder mit Kaugummi überklebt? Denen werde ich helfen! Ich drücke mal den Knopf. Dritter Stock rechts«, erhalte ich von der Holden die barsche Anweisung, bei ihr vorstellig zu werden. Oh weh, oh weh. Hätte ich vielleicht doch lieber ein Zimmer in der Innenstadt nehmen sollen? Ist das hier eventuell doch zu viel des authentischen Flairs? Aber jetzt ist es zu spät für solche Überlegungen. Augen zu und durch.

Als ich durch die Haustür gehe, kommt es mir vor, als beträte ich eine andere, mir nicht bekannte Welt. Die Wände des Hausflurs sind mit zahlreichen Graffiti übersät, wie ich es bei uns zu Hause nur unter Brücken schon mal gesehen habe. Obwohl es noch früh am Nachmittag ist, schalte ich vorsichtshalber das Treppenhauslicht ein, bevor ich hier noch über irgendetwas stolpere. Auf den Stufen liegen so viele Sachen herum, dass ich mich nur durch Slalomkurven fortbewegen kann. Von Bierdosen über Kinderspielzeug bis zu Müllsäcken und sogar einer kaputten Waschmaschine. Ach, die Arme! Ich würde sie am liebsten mitnehmen, aber leider habe ich nur Platz für Mikaela. In der Luft liegen so viele verschiedene Düfte, dass ich mich an Istanbul und seinen riesigen Basar erinnert fühle. Als ich den dritten Stock erreiche, hole ich noch einmal kurz Luft und klopfe dann beherzt an die Tür mit dem Schild »Heinemann«. Bin gespannt, wer mich da erwartet.

Frau Heinemann trägt einen lilafarbenen Kittel mit gelben Blumen darauf. Und zwar nur diesen und nix drunter, wie mir scheint! Durch den dünnen Stoff zeichnet sich mehr von ihrem Körper ab, als ich unbedingt hätte sehen wollen. Ihre enormen Brüste spannen den Kittel sehr aus. Allerdings nicht dort, wo man es normalerwiese vermutet, sondern eine Hand breit über dem Bauchnabel. Ihre Haare scheinen aus einem filzähnlichen Material zu bestehen, wobei die Farbe nicht ganz einzuordnen ist (braun, grau, blond, mit Strähnchen?). Als ich, sprachlos von diesem Anblick, auf den Boden starre, entdecke ich dicht behaarte Beine unter dem Kittel. Und Füße, die in Badeschlappen stecken und ihren ausgeprägten Fußpilz – es scheint, als würden kleine Raupen zwischen den Zehen stecken – nicht im Geringsten verbergen können. Dazu schleichen drei sehr ungepflegte Katzen um mich und die Fußpilzfüße rum, dass ich allein bei diesem Anblick das große Kratzen bekomme.

Die Dame ist so unfreundlich, wie man sich das nur vorstellen kann. »Hier! Den Zettel müssen Sie ausfüllen. Aber nicht hier. Das können Sie in Ihrem Zimmer machen. Mir zieht das hier wie Hechtsuppe. Da hole ich mir ja was weg. Ich kriege dann vierzig Euro. Hier ist der Schlüssel. Lassen Sie den morgen früh einfach im Schloss stecken, aber nicht von innen und dann zuziehen. So bescheuerte Leute hatte ich schon oft genug. Also von *außen*. Klar?! Und wehe, die Bude sieht morgen früh aus wie Sau! Ich habe ja Ihre Adresse. Dann kriegen Sie richtig Ärger mit mir. Da können Sie einen drauf lassen. Passen

Sie doch auf! Sie wären ja fast auf meine Muschi getreten, Sie Trampel! Noch Fragen?«

Ich bin jetzt etwas über vierzig Jahre alt, aber solche Fluchtgedanken, wie ich sie gerade entwickle, waren mir bis eben fremd. Mich juckt es überall, und ich will hier nur weg. Ich bete inständig, dass mein Zimmer so weit wie möglich von diesem Hausdrachen entfernt liegt. Doch bevor ich die Biege mache, muss ich noch eine Sache ansprechen: »Geht klar, danke. Hätten Sie wohl eine Idee, wo ich meine Karre mit meiner Waschmaschine abstellen könnte? Muss nichts Besonderes sein. Hauptsache, man kann sie dort sicher deponieren.« Ich habe meinen höflichsten Ton aufgelegt.

»Guter Mann, das interessiert mich einen Scheißdreck. Ich vermiete hier Zimmer, und was Sie mit Ihrem Müll anstellen, ist Ihre Sache. Ketten Sie sie doch an eine Laterne. Hauptsache, Sie nehmen das alte Ding morgen wieder mit. Sonst gibt es Ärger mit mir.«

»Das will ich auf jeden Fall vermeiden«, antworte ich kleinlaut. Nicht, dass ich Angst vor ihr hätte, aber noch einmal möchte ich dieser Dame mit ihren Katzen und dem Filz auf dem Kopf nicht begegnen. Sie knallt die Tür zu und lacht dabei so schäbig, dass ich eine Gänsehaut bekomme. Gruselig! Hoffentlich habe ich heute Nacht keine Albträume von dieser Begegnung der anderen Art.

Mein Zimmer befindet sich im gegenüberliegenden Haus, der Hausflur macht schon mal einen angenehm aufgeräumten Eindruck. Meine Bude liegt im vierten Stock, unmöglich also, Mikaela mitzunehmen. Der Raum ist etwa so groß wie mein Badezimmer zu Hause. Ein Bett, ein Tisch mit Kaffeemaschine, ein Fernseher an der Wand. Fertig. Spartanisch, ohne viel Firlefanz, aber doch funktionell, so oder ähnlich würde es wohl ein Immobilienhai beschreiben. Das Bad und die Toilette befinden sich auf dem Flur im Treppenhaus. Da es noch früh am Tag ist, ist nicht viel los im Haus. Also kann ich schnell duschen und mir einen Kaffee machen. Wäschemachen fällt heute aus. Außerdem muss ich mich um eine Bleibe für Mikaela kümmern, da ich die Gute nicht zu lange unbeaufsichtigt draußen stehen lassen möchte.

Ich trabe also los und gucke mir die Häuser an. Bei einem türkischen Kioskbesitzer erkundige ich mich nach Möglichkeiten für Mikaela. Das Gespräch wird allerdings unterbrochen, da eine Polizeistreife vorbeikommt und ein paar Fragen an den Herrn hat. Wie ich mitbekomme, geht es um einen gewissen Mustafa. Genaueres erschließt sich mir nicht. Die Polizisten gucken mich böse an. Keine Ahnung, was ich denen getan habe. Ob die mich verdächtigen, eine Schurkerei begangen zu haben? Ich ziehe mal lieber weiter, bevor die mich noch mitnehmen. Mein nächster Kandidat ist ein Gemüsehändler (aber nicht der, den ich nach Frau Heinemann gefragt habe). Leider kann er mir auch nicht weiterhelfen. Er ist aber so lieb und wünscht mir viel Glück bei meiner Suche. Ist schon etwas frustrierend heute. Ich mache erst mal eine Pause in einer Kölschkneipe, und die Wirtin, eine liebe Frau aus Kroatien, bietet mir an, die Karre im Hinterhof zu parken. Der würde über Nacht sogar abgeschlossen werden. Das kommt ja wie gerufen! Vor lauter Dankbarkeit bestelle ich gleich das nächste Bier. Verzeihung, Kölsch!

Die Kneipe ist übrigens zum Schreien! Kölsch ein Euro, Frikadelle auch. Die Einrichtung genauso, wie man sie sich vorstellt. Eine Wand ist voll mit Wimpeln Fahnen und Autogrammkarten des 1. FC Köln. Außerdem hängen dort Bilder von den ganz großen Spielern vergangener Tage. Schuhmacher, Overath, Flohe und Co. Eine andere Wand ist mit Karnevalsdekoration und Fotos vom Festumzug zugepflastert. Die Tische und Bestuhlung sind sicher schon fünfzig Jahre alt. Auf der Theke steht ein kleiner Kölner Dom. Fehlt nur noch Willy Millowitsch, mit dem ich zusammen am Tresen sitzen könnte. Ich beschließe, am Abend noch mal wiederzukommen und mir das Köln-Spiel anzugucken.

Zurück in meinem Zimmer versuche ich, mich etwas zu entspannen, so gut das eben in meiner Bleibe geht. Dann mache ich mich noch mal auf, um die Nachbarschaft ein wenig zu erkunden. In meiner üblichen Kluft aus Jogginghose, Schlabberpulli und Pudelmütze falle ich in dieser Gegend gar nicht auf. Ich laufe noch eine Runde durch diesen Dschungel. Es ist beängstigend, wie es hier aussieht, wie heruntergekommen die Gegend ist. Überall Müll, überall halb verfallene Gebäude. Daran muss ich mich als Dorfjunge erst mal gewöhnen. Leben könnte ich hier, glaube ich, nicht.

Die Leute, die ich abends in der Kneipe kennenlerne, sind alle klasse, nett und aufgeschlossen. Gunter ist etwas jünger als ich, sieht aber bestimmt aus wie sechzig. Er war früher Bierkutscher bei einer Kölner Brauerei. »Da habe ich mir den Rücken kaputt gemacht. Diese ollen Bierfässer. Diese Schlepperei, da gehst du kaputt bei.«

»Trinken tust du es aber gerne«, lacht sein Nachbar.

»Halt's Maul«, meint Gunter lachend. »Der Chef hat mir nicht mal eine vernünftige Sackkarre hingestellt, und irgendwann hat es knack gemacht. Feierabend! Scheiß Rücken. Was willst du machen. Kaputter Staat. Alles kaputt hier.«

Und dann fängt das Spiel an. Köln gegen Dresden. Ich sage meinen Mitguckern besser nicht, dass ich immer schon Gladbach-Fan bin. Die verkloppen mich sonst vielleicht noch. Das Spiel ist nicht so spannend, und so schaue ich mich in der Kneipe um und beobachte die Leute. Gunter mit seinem Rücken lässt mich an meine eigene Krankengeschichte denken.

Als meine Ex mich vor dreizehn Jahren vor dem städtischen Klinikgelände im Norden von Dortmund abgesetzt hatte und ich alleine mit meinem kleinen Köfferchen dort rumstand, wurde mir doch etwas mulmig zumute. Das Gebäude, in das ich stationär eingewiesen worden war, glich mehr einem in mehreren Grautönen gestrichenen zehnstöckigen Parkhaus als einem Krankenhaus.

Der Eingangsbereich der Klinik war nicht sofort auszumachen. Unter einem riesigen Baugerüst war ein Spanplatten-Bretterverschlag mit sehr bunten Graffiti zu sehen. Vor diesem lungerten etwa zehn Gestalten rum, die alle eine Dose Bier in der einen und eine Kippe in der anderen Hand hatten. Außerdem trugen alle Trainingsanzüge aus Ballonseide, die jeweils in wenigstens vier Leuchtfarben erstrahlten. Auffallend war auch, dass diese Herrschaften ausnahmslos mit Tätowierungen ziemlich schlechter Qualität übersät waren, die aussahen, als hätten sie sich gegenseitig mit Nähnadeln und Geha-Tintenpatronen gestochen.

Als Optimist hätte ich sie dem Aussehen nach für eine Kneipenfußballmannschaft halten können, da aber fast jeder einen Gips am Arm oder Bein trug und einige im Rollstuhl saßen, schob ich diese These beiseite und erkannte, dass das dort meine Mitpatienten waren. Als ich mich ihnen näherte, wurde ich beäugt, als wäre ich komplett in Schalker Montur gekleidet (was in Dortmund definitiv eine schlechte Idee ist). So misstrauisch und angriffslustig wirkten sie.

Unbeschadet erreichte ich die Infotheke, wobei die Beleuchtung im Lobbybereich eher an einen Stollen in der Zeche Bochum West erinnerte. Die Dame an der Rezeption schaute kaum auf, als ich ihr mein Anliegen vortrug. Sie hatte eine Frisur, die mir nur unter dem Namen »Rattenschwänze« bekannt ist. An beiden Seiten ihres Kopfes hing jeweils ein dicker geflochtener Zopf runter, der Ähnlichkeit mit einem ausgefransten Tau hatte. Frau Olga Kowalski, so ihr Name, schickte mich ohne viel Gerede in den vierten Stock. »Station für Rucken«, meinte sie mit starkem polnischem Akzent. Seit einiger Zeit hatte ich große Probleme mit meiner Wirbelsäule, einen Bandscheibenvorfall nach dem nächsten. Wobei einer so doof lag, dass er operiert werden musste. Deshalb war ich hier.

Da der Besucheraufzug nicht so richtig wollte, schleppte ich mich die vier Stockwerke nach oben und staunte nicht schlecht, als ich neben dem Treppenhaus einen Patienten im Bett liegen sah, der offensichtlich gerade aus dem OP gekommen war und darauf wartete, in sein Zimmer geschoben zu werden. Komische Sitten, dachte ich noch. Aber so lernte ich immerhin gleich einen meiner Zimmerkollegen kennen: Achim, einen Dachdecker, der beim Bau vom Westfalenstadion einen Unfall gehabt hatte, bei dem er sich mehrere Wirbel gebrochen hatte. Auf dem Zimmer lag dann noch Bruno, seit achtundzwanzig Jahren Lkw-Fahrer, etwa hundertvierzig Kilo schwer und mit Schiesser-Feinrippunterhemd und Armeejogginghose bekleidet. Bruno hatte anscheinend die Angewohnheit, sich den Namen seiner jeweiligen Freundin auf den Arm zu tätowieren. Und da er recht muskulöse und lange Arme hatte, fanden dort eine ganze Menge Namen Platz, in unterschiedlichster Schreibweise und Größe verewigt. Zweimal kam der Name Peggy vor. Ob es sich hierbei um ein- und dieselbe Person handelte, habe ich nie herausgefunden. Auch Bruno hatte berufsbedingt einen kaputten Rücken. Der Letzte im Bunde war Igor. Trockenausbaugeselle aus Dortmund Brakel, gebürtiger Russe. Igor war mit einer riesigen Rigipsplatte eine Treppe runtergesegelt, Diagnose: Trümmerbruch am Kreuzbein.

Bevor ich auch nur eine Schwester oder einen Arzt zu Gesicht bekam, hatte Igor auch schon eine Dose Hansa Pils 0,5

Liter handwarm auf meinen Nachtschrank gestellt. Ich nahm sie zwar dankend an, ließ sie aber vorsichtshalber noch zu, um beim Personal nicht gleich dumm aufzufallen. Der Doktor, der mich zur Aufnahmeuntersuchung abholte, sah die Dose, lächelte und meinte nur: »Keinen Durst?«

Die Untersuchung verlief komplikationslos, und auch die Ärzte machten einen guten Eindruck. Mein OP-Termin wurde zufällig auf den 11.08.1999 um zwölf Uhr gelegt, den Zeitpunkt, an dem die Sonnenfinsternis in Deutschland zu beobachten war. Als ich also wenige Tage später auf dem OP-Tisch lag, mussten mir die Ärzte versprechen, nicht zwischendurch nach draußen zu laufen, um sich dieses Naturspektakel anzugucken. Mein zweiter Wunsch war es, ohne Tattoo aufzuwachen, mein dritter, das meine Schmerzen weg wären, und zu guter Letzt wollte ich nichts mehr, als dass mein Piephahn weiterhin funktionstüchtig sein möge. Und ich versprach den höheren Mächten, einen Bußgang zu unternehmen, falls meine vier Wünsche erfüllt würden, so etwas wie den Camino Santiago de Compostela.

Nach der OP stellte ich fest, dass alles nach Plan verlaufen war. Die Wochen im Krankenhaus waren interessant und lehrreich, die Menschen ehrlich und direkt. Meine Zimmerkollegen erzählten mir viele Geschichten aus ihrem Leben und auch ihre Probleme mit ihren Frauen und im Job. Eines der Highlights war immer die Besuchszeit, welche hier in der Klink noch rigoros eingehalten wurden. Man kann sich sicher vorstellen, was das für ein Theater war, wenn mein russischer Bettnachbar Besuch von seiner Familie bekam. Unter zehn Personen lief da gar nichts. Und was die liebe Verwandtschaft alles in ihren Tüten an Fressalien anschleppte, war unglaublich. Wenn der Besuch nach zwei Stunden wieder verschwand, klingelten mir die Ohren von diesem Stimmengewirr. Außerdem verging mir angesichts des Raucherzimmers in der Klinik, das es damals tatsächlich noch gab, ein für alle Mal die Lust aufs Rauchen. Die Bude war dermaßen verqualmt, dass man die Luft schneiden konnte, und die Wände waren so stark mit Nikotin versetzt, dass man daran klebenblieb.

Fazit: Mein »Rucken« war wieder halbwegs im Takt, ich hörte auf zu rauchen, und der Grundgedanke der Wanderung war gesetzt.

Der Torschrei zum 1:1 holt mich in die Gegenwart zurück. Nicht der Brüller, das Spiel, aber das Kölsch und die Frikadellen sind echt klasse. Das ist ein schöner Abend, den ich sicher nicht vergessen werde. Bin aber froh, wenn ich morgen weiterziehen kann. Ich merke halt, dass ich ein Dorfjunge bin und wohl auch immer bleiben werde.

Ich hoffe, Mikaela ist dann noch meine Begleiterin und wurde nicht geklaut.

Dormagen-Stürzelberg

Was für eine schreckliche Nacht – mal wieder! Immerzu kamen irgendwelche Gäste an, vermutlich Montagearbeiter, die dann im Treppenhaus Randale gemacht haben. Und ab drei Uhr morgens standen die Ersten schon wieder auf, um zur Arbeit zu gehen. Es herrschte ein unglaubliches Kommen und Gehen. Außerdem musste ich lange über die Thekenkumpels von gestern Abend nachdenken. Da ist mir mal wieder bewusst geworden, was für ein schönes und glückliches Leben ich doch führe. Ich habe keine finanziellen Sorgen, mein Gesundheitszustand hält sich in der Regel auf einer stabilen Ebene (bis auf ein paar Ausschläge nach oben oder unten, je älter man wird, desto mehr Zipperlein entwickeln sich mit der Zeit), und was für mich auch wichtig ist: Ich verspüre eine Zufriedenheit, die sich im Laufe meiner Wanderung intensiviert hat. Sie kommt aus meinem tiefsten Inneren. All das vereint, bestätigt mich mal wieder in der Entscheidung für meine Reise mit Mikaela. Für mich gibt es nichts Besseres. Meine Waschmaschinentour kommt mir vor wie alle schönen Urlaube, die ich bislang in meinem Leben unternommen habe, zusammengerechnet: Bewegung an der frischen Luft. Natur und Landschaft genießen. Städte und Sehenswürdigkeiten besichtigen. Menschen kennenlernen. Ein paar Kilogramm abnehmen. Meditation. Inspiration. Entschleunigung des Alltags. Entspannung und Ruhe. Regionale kulinarische Genüsse. Etwas Bräune. Die Aussicht auf Abenteuer. Jeder, der es versucht, wird sicherlich noch andere schöne Gründe finden, die zu ihm und seinem Leben passen. Aber das ist nun mal sehr individuell.

Nach einer Katzenwäsche will ich ganz früh los. Leider habe ich nicht bedacht, dass die Kneipendame erst um neun wieder da ist. Was nun? Ich kann ja das Tor zum Innenhof, wo meine Mikaela die Nacht verbracht hat, schlecht aufbrechen. Möglicherweise würde es den Gepflogenheiten in diesem Viertel entsprechen, aber ich wüsste gar nicht, wie ich das bewerkstelligen sollte. Also Klingelmännchen. Frau Heinemann hat mir ja quasi die Vorlage dafür gegeben. In dem Haus wohnen sechzehn Parteien, ich hoffe mal, dass einer von denen den Türöffner drückt, dann könnte ich in den Hof. Also alle Knöpfe gedrückt. Nix passiert. Also noch mal. Da erbarmt sich ein Bewohner. Aber nicht, ohne mir vorher über die Rufanlage die Pest an den Hals zu wünschen. Danke schön, sehr freundlich. Jetzt kann ich meine Begleiterin befreien, und weiter geht's.

Ich komme heute nicht so richtig in Tritt. Schon nach ein paar Metern fühlen sich meine Beine schwer und der Kopf leer an. Die Gegend in so einem sozial schwachen Viertel hilft mir nicht gerade über dieses Tief hinweg. Sehr schmuddelig und verlebt, das ganze Umfeld. An einem Kiosk mache ich eine Pause und trinke einen Kaffee. Von dort habe ich eine Straßenbahnhaltestelle im Blick. Die vielen Leute, die da stehen, strahlen so eine Negativität aus, dass man zwangsläufig angesteckt wird. Jeder ist mit sich selbst beschäftigt. Die meisten spielen mit ihrem Handy rum und haben irgendwelche Knöpfe in den Ohren. Ich sehe niemanden, der sich unterhält oder auch nur einen anderen grüßt. Jeder lebt für sich. Ich muss weiter. Ich mag das hier nicht. Das ist nicht meine Welt.

Die Straßen und Wege sind voller Schlaglöcher, oft fehlen Platten auf den Gehwegen. Meine Karte hilft mir heute auch nicht richtig. Ich muss mich durchfragen und werde von den Passanten oft behandelt, als hätte ich den bösen Blick. Jeder versucht, möglichst schnell weiterzukommen, um nicht verweilen zu müssen.

Die Idylle, die ich in den letzten Tagen am Rhein erleben durfte, wird jetzt von Industriegeländen abgelöst. Riesige Firmen und Fabriken säumen das Rheinufer. Für mich vom Dorf sehr viel Neuland. Ist aber nicht so mein Ding. Ich komme an den Ford-Werken und am Bayer-Konzern vorbei, die auf mich eher nichtssagend wirken.

Gegen Mittag laufe ich mitten in ein Riesentrara rein. Viele Feuerwehrwagen mit Sirenen, Blaulicht und allem Drum und Dran. Eine Nebenstraße wird abgesperrt, und ich erfahre von einem Polizisten, der dort Wache steht, dass es sich um einen Großalarm handelt. Er empfiehlt mir, mich schleunigst von hier zu entfernen. Gesagt, getan. Wenn es hier einen Großbrand gibt, wo so viele Chemiefabriken ansässig sind, sollte man schnell Land gewinnen, damit man nicht morgen als Opfer einer Katastrophe in der *BILD*-Zeitung landet.

Nach zwei Stunden werden die Wege etwas besser. Die Gegend wird dörflicher, was ich sehr angenehm finde. Aber der Wurm ist und bleibt heute drin. Mein Kopf ist immer noch leer, ein riesiges Vakuum macht sich in meiner Birne breit. Es fühlt sich an wie ein mentales Loch. Oder ist das so eine Art Lagerkoller, nur eben umgekehrt, weil ich auf mich allein gestellt bin? Vielleicht liegt es auch an der eher kargen Landschaft, die anders ist als das, was ich bisher erlebt habe? Mein Körper jedenfalls fühlt sich unglaublich schwer an, mein Geist ist schwermütig.

So ein Zustand ist mir vollkommen unbekannt. Wenn ich mich beschreiben müsste, würde ich mich als grenzenlosen Optimisten bezeichnen. In allen Lebenssituationen habe ich immer nach der Devise gehandelt, dass, egal was passiert und wie schlimm es auch sein mag, es irgendetwas Gutes an sich hat. In diesem Moment unterwegs versagt meine angeborene Überlebenstechnik. Also versuche ich es mit autogenem Training, mit meiner Art von Meditation, mit positivem Anfeuern, mit Selbstgesprächen. Zu guter Letzt denke ich mir Witze aus, die ich mir dann selbst erzähle, um festzustellen, ob sie auch lustig sind. Aber alles fühlt sich nur halb gar an. Nichts hilft wirklich.

Und dann … klingelingeling: Telefon. Gerade im richtigen Moment! Kumpel Dany ist dran. »Hallo, alter Sack. Wo steckst du? Mensch, Jürgen hat mir erzählt, was für ein Hungerhaken du geworden bist. Erzähl mal.«

»Dany, schön, dich zu hören. Bin kurz hinter Köln. Also schon in NRW. Dauert nicht mehr lange, und ich komme auf ein Bier bei dir vorbei. Aber bitte kalt und nicht wieder so eine pisswarme Plörre wie beim letzten Mal.« (Ein Running Gag zwischen uns beiden, weil er immer daran spart, den Kühlschrank einzuschalten und daher sein Bier in der Regel die Temperatur von Aufgusswasser in der Sauna hat.)

Er berichtet mir das Neuste aus der Heimat, und nach fünfzehn Minuten beenden wir das Gespräch. Nur eine Viertelstunde mit einem Kumpel am Telefon, und schon ist der Tank wieder voll. Unglaublich, wie sich der psychische Zustand auf den Körper auswirkt. Ich bin echt begeistert, wie viel Kraft in mir steckt. Die Beine sind jetzt locker, der Körper ist locker, der Kopf auch. Plötzlich ist alles wieder locker und funktioniert wie von selbst. Die Bremse ist gelöst.

Und dann? Stürzelberg! Der Spaß geht los. Es ist ein Stadtteil von Dormagen und sieht aus wie so viele Ortsteile und Dörfer in den letzten Tagen. Mein Hotel finde ich recht schnell. Aber der Wirt ist nicht zu Hause, und so unterhalte ich mich mit einem Kioskbesitzer und einem Kunden. Wir trinken ein Kölsch aus der Pulle, und der Besitzer erklärt mir, dass der Hotelbesitzer namens Wolfgang, genannt »Wolle«, gleich kommen wird. »Das ist ein ganz besonderer Vogel, der Wolle. Wenn es einen echten kölsche Jung gibt, dann ihn. Der feiert von Aschermittwoch bis Klingeldienstag Karneval, das ganze Jahr ohne Pause. Ich halte nur noch eine Woche durch. Dann bin ich platt. Der kann rund um die Uhr Witze erzählen, ohne einmal Luft zu holen. Unglaublich, der Kerl.«

Zehn Minuten später steht er dann vor mir. Ein Original erster Güte, mit Vokuhilaoliba (vorne kurz, hinten lang, Oberlippenbart – eine Frisurenmodesünde der Achtziger), klein gewachsen, aber voller Energie. Hat in der Tat auch etwas Ähnlichkeit mit Wolle Petri. Scheint mir nur noch originaler zu sein als das Original, falls das überhaupt möglich ist.

Er redet ohne Unterlass und kann es nicht fassen, dass ich mit einer Waschmaschine unterwegs bin. Erst nach einer gefühlten Stunde zeigt er mir meine Bude, eine supergroße Ferienwohnung. Sie hat sogar eine Badewanne, auf die ich mich schon richtig freue. Aber erst kommt die Wäsche dran. Wird auch Zeit, ich habe das letzte Mal vor drei Tagen gewaschen.

Dann tauche ich ab ins Wannenbad. In einem Schränkchen steht sogar eine Flasche Badeschaum, Duftrichtung »Sibirische Fichte«. Da werden Erinnerungen an früher wach.

Obwohl ... Ich war der Jüngste bei uns zu Hause und musste daher samstags, am Badetag, immer als Letzter in die Wanne. Da war vom Schaum nicht mehr viel übrig, das Wasser war kalt und nach vier Leuten vor mir auch nicht mehr sonderlich einladend, mit einer dicken Schicht aus Dreck und Haaren auf der Wasseroberfläche. Tja, die gute alte Zeit eben. Die Leute, die das immer von sich geben, sollten auch mal an solche Episoden von früher denken, wenn sie der Jugend von damals vorschwärmen.

Und dann nach fünf Minuten Entspannung in der Wanne ... klopf, klopf. Wolfgang bollert gegen meine Tür. Ich schlinge mir mein Badetuch um und bin gespannt, warum der Bursche mich stört. Ich soll mich beeilen, teilt er mir in tiefem Bass mit, gleich stünde hier die Presse auf der Matte. Die Leute vom Fernsehen hätte er leider nicht erreicht. Na super, ganz ohne mich zu fragen, hat mein Wirt eine »Pressekonferenz« einberufen! Eine halbe Stunde später sitze ich in der Kneipe. Ich spreche mit einer Dame von der Lokalpresse und gebe doch tatsächlich am dreißigsten Tag meiner Wanderung mit Mikaela mein erstes Interview! Die Gäste an der Theke haben Spaß wie bekloppt, feixen und sind aufgeregt wie die kleinen Kinder. Zum Schluss der Fragestunde soll noch ein Foto für die Zeitung von mir gemacht werden. Meine Thekenfangemeinde will sich offensichtlich drücken und muss auf einmal fast geschlossen zum Klo. Ein Phänomen, das sonst nur bei Frauen auftritt. Die Journalistin kann aber zumindest Wolle überzeugen, mit mir aufs Foto zu kommen, und so gibt es ein kleines Shooting vor dem Hotel.

»Mann, Jung, das war aber mal was«, freut Wolle sich immer noch, als die Dame vom Lokalblatt schon längst verschwunden ist. »Klasse, da trinken wir erst mal ein Kölsch drauf. Kann ich deine Geschichte bei meiner nächsten Büttenrede mit einbauen? Ist ja mal was ganz anderes. Glaubt zwar keiner, aber wenn das morgen in der Zeitung steht, können sie ja nicht anders.«

»Na sicher, mach mal ruhig. Gibt es eigentlich bei dir auch was zu essen?« Ich habe diese für mich sehr dringliche Frage noch nicht ganz ausgesprochen, da werde ich von der gesamten Thekenmannschaft schon darüber aufgeklärt, dass ich zwischen Flensburg und Füssen nirgends so ein gutes Kotelett bekommen würde wie bei Wolle.

»Da lasse ich mich gerne überraschen. Auf so ein ordentliches Stück Fleisch hätte ich richtig Lust.«

Wolle verschwindet in der Küche und kommt nach kurzer Zeit mit einem Teller so groß wie ein Tablett zurück, komplett mit einem Kotelett belegt. Das Gericht scheint die Spezialität des Hauses zu sein. Wolle erklärt, dass er früher mal in der Schlachterei gearbeitet habe und heute seine Fleischstücke selber zurechtschneide. Da hat er ganz offensichtlich ein Händchen für.

Es ist ein schöner Abend, wir quatschen und lachen viel.

Später ruft mich noch Lars an, ein Fußballkumpel aus meinem Verein. Er möchte nach Wesel kommen und mit mir einen alten Freund besuchen, der jetzt in Xanten wohnt. Außerdem möchte er mich einen Tag begleiten und mir Gesellschaft leisten. Schöne Idee.

In dieser Nacht träume ich vom besten Kotelett aller Zeiten.

Ich habe geschlafen wie ein Stein und weiß mal wieder nicht, wo ich bin, als ich aufwache. Ich komme mir schon vor wie ein Rockmusiker auf Tournee, der jeden Tag in einer anderen Stadt einen Auftritt hat. Aber das ist ja eigentlich auch kein Wunder, dass ich da etwas durcheinanderkomme. Ich habe schließlich, bis auf die Doppelübernachtung bei Beate in Rhens, jede Nacht woanders verbracht. Also neunundzwanzig Betten in neunundzwanzig Unterkünften in neunundzwanzig verschiedenen Orten. So froh ich auch über meine Wanderung bin, tief in mir drin freue ich mich drauf, dass ich in einer Woche wieder zu Hause in meinem Wasserbett liege.

Es ist noch nicht richtig hell draußen, und so koche ich mir Kaffee, den ich in der Ferienwohnung finde, und setze mich ans Fenster, um mir den Sonnenaufgang anzuschauen. Ich denke noch mal über mein Lieblingsbuch *Shogun* nach, über die Stelle, wo Mariko San mit Toranaga auf dem Burgfried in Osaka sitzt und die beiden den Sonnenaufgang bewundern, bevor sie eine Entscheidung treffen müssen, um Kapitän Blackthorne zu retten. Die alten Samurai in Japan hatten zwar einen Knall, gleich alle aufzuschlitzen und jedem den Kopf abzuhauen, der ihnen keinen Respekt zollte, aber sie waren auch bescheiden und hatten eine schöne und einfache Art, sich an kleinen Dingen zu erfreuen. Sie brauchtes nur ein paar Rosenblätter mit einigen Regentropfen als Dekoration für die Teezeremonie oder betrachteten eben den Sonnenaufgang als Kunstwerk der Natur. Wie schön wäre es, wenn wir uns wieder dahin entwickeln könnten, uns an so etwas Einfachem zu erfreuen! Aber letztlich hat das ja jeder selbst in der Hand.

Mein Bescheidenheitswunsch bekommt spätestens beim Frühstück einen Dämpfer. Wolle hat mir ein Mahl auf den Tisch gestellt, das wenigstens für vier ausgewachsene Männer reichen würde. Mit Spiegelei, Schinken, Bratwurst und noch so manchen Leckereien. Als wir uns verabschieden, drückt er mich noch mal feste und wünscht mir einen guten Weg. Wenn ich zu Hause bin, werde ich ihm schreiben und mich nochmals für seine herzliche Gastfreundschaft bedanken.

Die Strecke ist klasse! Der Radweg ist geteert und glatt wie eine Schallplatte. Wie gemacht für Mikaela und mich. Ich gehe die Strecke, die vor mir liegt, grob im Kopf ab – es kommen mir jetzt keine großen Berge mehr in die Quere. Ich ertappe mich dabei, wie ich schon etwas überheblich werde. Immer schön auf dem Boden bleiben, Bücker, ermahne ich mich selbst. Wer weiß, was unverhofft noch um die Ecke biegt und mich überrascht.

Das Wetter ist heute wieder gut. Nebel und Sonne und kalt, aber trotzdem noch kurze-Hosen-tauglich. Was für eine wundervolle Stimmung! Eventuell kann ich meine lange Wanderhose zu Hause einfach wieder ungetragen in den Schrank legen.

Eigentlich hatte ich mir überlegt, Düsseldorf zu umrunden. Die Erfahrungen in Köln mit den ganzen Touristen in der Altstadt, mit den vielen knipswütigen Japanern, haben mir schon gereicht. Ich entscheide mich dann aber doch, durch meine Landeshauptstadt zu laufen, es wird schon nicht so schlimm werden. Als ich durch die Altstadt renne, muss ich natürlich Stopp machen und wenigstens ein Alt trinken. Alleine schon als völkerverständigende Maßnahme, um wenigstens hier eine

Verbindung zwischen den beiden verfeindeten Lagern Köln und Düsseldorf zu schaffen. Der Kellner gibt mir den Tipp, auf der rechten Rheinseite zu bleiben. Die sei viel sehenswerter, und die Wege seien auch wesentlich besser. Und recht hat er.

Kaiserwerth und Wittlaer sind Nobelviertel mit riesigen Villen. Hier fahren reihenweise pompöse Schlitten durch die Gegend, die man bei uns in der Ecke nur vereinzelt zu Gesicht bekommt. Diese Düsseldorfer Stadtteile riechen förmlich nach Geld, Reichtum und Macht. Und hier hat Fabi was für mich gefunden? Kann ich mir gar nicht vorstellen, dass ich mir das leisten kann, ohne dass meine Reisekasse in die Knie geht. Die Spannung steigt.

Meine Bleibe liegt ganz am Rande von Wittlaer. Ein Hotel in einem schönen, alten Gebäude mit einem feinen Restaurant, alles sehr exklusiv. Die Gäste, die hier verkehren, haben es schon gar nicht mehr nötig, mit ihrem Reichtum zu protzen. Ich nehme mal an, die Nobelkarossen sind für diese Leute einfach nur Spielzeug. Die haben so viel Geld, da spielt es keine Rolle, ob der Wagen von Porsche oder Jaguar gebaut wurde. Einfach nur ein schicker Schnickschnack, mehr nicht. Ich mag Menschen nicht, die sich nur über ihre Statussymbole definieren. Die einen »Normalo« mit dem Arsch nicht angucken, nur weil der einen Passat oder Golf fährt. Mein Gefühl sagt mir jedoch, hier ist das nicht der Fall. Geld ist hier nur Mittel zum Zweck. Ich stehe also auf dem Parkplatz und betrachte meine Unterkunft. Ich erblicke sehr schönes altes Fachwerk und fast genauso alte Baumbestände drum herum. Der Parkplatz quillt über vor Superluxusschlitten. Dicke Benz, Jaguars, Porsches und Bentleys stehen hier rum – und dazwischen soll ich meine Mikaela auf der Sackkarre parken? Das hat fast schon wieder was Lustiges, und ich muss mich zusammenreißen, nicht laut loszulachen.

In diesem Moment kommt eine junge Frau auf mich zu und

begrüßt mich sehr freundlich und zuvorkommend. »Schönen guten Tag. Ich habe Sie schon erwartet. Ihr Freund hatte mich darüber informiert, dass Sie so gegen sechzehn Uhr eintreffen werden. Ich freue mich sehr, Sie bei uns begrüßen zu dürfen.«

Immer noch bin ich sehr skeptisch dem gegenüber, was sich hier abspielt. Ich schaue mich um und versuche, die versteckten Kameras zu entdecken. Wahrscheinlich springt Guido Cantz gleich aus den Büschen und brüllt »Verstehen Sie Spaß?«. Denn so ganz nachvollziehen kann ich diese überaus freundliche Art der Begrüßung nicht. Oder bin ich einfach nur zu misstrauisch?

»Entschuldigen Sie bitte, aber kann es sein, dass Sie mich verwechseln?«, frage ich sie deshalb.

»Nein, ich glaube kaum. Sie sind doch Herr Bücker und reisen mit einer Waschmaschine durch Deutschland. Es gibt sicher nicht sehr viel Leute, die diese Art der Fortbewegung bevorzugen.«

»Stimmt. Ich habe jedenfalls keinen unterwegs getroffen. Danke schön für Ihre liebenswürdige Begrüßung.«

»Jeder Gast, der bei uns übernachtet, wird mit der gleichen Aufmerksamkeit bedacht. Das versteht sich doch von selbst. Und Sie bilden da keine Ausnahme. Ich bin übrigens Annemarie. Mein Mann, der ist Küchenchef, und ich, wir sind die Inhaber vom Brand's Jupp. Ihre Begleiterin können Sie da hinten unter der Remise parken. Wenn das in Ordnung für Sie ist?«

»Klar, super, das reicht vollkommen aus. Ich freue mich sehr, bei Ihnen übernachten zu dürfen.«

Und so parke ich meine Karre und folge Annemarie ins Lokal. Von innen wirkt das Gebäude noch beeindruckender. Eine ganz dezente Rezeption, ein offener Kamin, edel wirkende Möbel, Kunstwerke in Form von Skulpturen aus den verschiedensten Materialien stehen hier auf kleinen Podesten, wo man nur hinguckt, außerdem hängen viele sehr schöne und wahrscheinlich ebenso teure Bilder an den Wänden. Das Ganze wirkt so fein, dezent und überhaupt nicht aufdringlich arrangiert, als würden die Kunstwerke wie zufällig dort stehen oder hängen. Ich habe von Kunst keine Ahnung und will auch nicht so tun, als könne ich den Wert mit meinem Kennerauge abschätzen, aber alle Ausstellungsstücke sind mit kleinen Etiketten versehen, auf denen die Preise stehen. Annemarie erklärt mir, dass ihre Restaurantgäste nach dem Essen oft noch einen Rundgang durch die Räumlichkeiten unternehmen, sich dabei ein Exponat aussuchen und sofort mitnehmen würden. Praktisch. Eine ziemlich gute Geschäftsidee.

Danach zeigt sie mir mein Zimmer. Und siehe da: Es ist das beste der gesamten Tour. So schick eingerichtet, mit viel Liebe zum Detail und einem tollen Blick über die Rheinwiesen. Und es ist ruhig, ich möchte mich sofort aufs Bett schmeißen! Annemarie wirkt etwas verlegen und beichtet mir, dass mein Bad leider nicht direkt von meinem Zimmer aus zugänglich ist, sondern nebenan liegt. Ich muss lachen. Wenn etwas für mich kein Problem ist, dann das. Übrigens ist das Bad absolute Spitze, supermodern eingerichtet, total mein Geschmack. Ich bin begeistert.

»Ist es wohl möglich, dass ich noch ein paar Kleiderbügel bekomme? Ich wollte meine Wäsche durchwaschen und dann über der Wanne zum Trocknen aufhängen.«

»Das lassen Sie mal schön bleiben. Wie wollen Sie denn dann baden? Geben Sie mir mal die schmutzigen Kleidungsstücke, ich werfe gleich eine Maschine an. Da sind Sie ja eigentlich der Experte dafür«, meint sie lachend. Das ist hier ein echter Glücksgriff.

Als sie mich alleine lässt, bin ich versucht, vorsichtshalber Fabi anzurufen und mich zu erkundigen, was mich der Spaß kostet, aber dann denke ich, scheiß drauf, nobel geht die Welt zugrunde, und jetzt hier wieder ausziehen will ich so und so nicht. Also runter mit den Klamotten und ab in die Wanne. Herrlich. Danach mache ich erst mal eine Pause, setze mich ans Fenster und schaue auf die Rheinwiesen hinaus. Dabei döse ich ein und schlummere eine Runde.

Als ich später ins Restaurant komme, sind viele Tische besetzt, aber ich finde noch ein schönes Plätzchen in einer Ecke. Ist auch gut so, denn so habe ich das ganze Schauspiel im Blick. Ich bestelle mir Tee und ein Stück Kuchen und sehe mir das Treiben in dem noblen Lokal an. Was hier an schicken Menschen rumläuft, ist schon beeindruckend. Jeder scheint in die Szenerie zu passen, und ich habe das Gefühl, als befände ich mich in einem Theaterstück und jeder Gast füllt eine Rolle aus.

Ich bekomme einige Gesprächsfetzen mit, die sich oft um Kunst, Gemälde oder Ausstellungen drehen. In den letzten Jahren habe ich mich auch öfter an der Kunst versucht. Ich habe gemalt, eher abstrakt und mit wenigen verschiedenen Farben. Große Flächen mit großen Pinseln. Eigentlich habe ich nur Farbe auf Leinwände verteilt. Was dabei herausgekommen ist, habe ich bei mir in die Bude gehängt. Mir gefällt es.

Aus Schaufensterpuppen – meistens weiblich – habe ich Skulpturen gebastelt, diese mit Beton ausgegossen, bemalt und in meinen Garten gestellt. Viele Menschen, die mich das erste Mal besuchen, gucken schon komisch und vermuten hinter meiner Leidenschaft für nackte Frauenfiguren eine psychisch bedingte Abartigkeit. Denen sei hier gesagt: Ich würde auch nackte Männerfiguren in meinen Garten stellen, aber leider sind diese äußerst selten zu bekommen und wenn, dann nur für wahnsinnig hohe Preise. Meine Vermutung ist es, dass sich die Verkäuferinnen aus Bekleidungsgeschäften die Männerpuppen mit nach Hause nehmen und diese dann neben das Ehebett stellen, um ihre Ehemännern daran zu erinnern, mal das eine oder andere Glas Bier nicht zu trinken. Weibliche psychologische Kriegsführung.

Aber so richtig folgen kann ich den Gesprächen um mich herum nicht. Ich bin von der Badewanne immer noch ganz dusselig und schlapp und entschließe mich, mich jetzt aufzuraffen und eine Runde zu drehen, bevor ich hier noch vor meiner Teetasse einpenne. Außerdem will ich mir das Dörfchen auch genauer angucken mit seinen schönen großen Häusern und den parkähnlichen Anlagen. Doch leider werde ich enttäuscht, denn wirklich was sehen tue ich nicht. Die Gelände sind meistens mit hohen Mauern oder Hecken vor neugierigen Blicken geschützt und mit Überwachungskameras bestückt. Kann man ja auch irgendwo verstehen. Wer möchte schon immer von Hans und Franz angeglotzt werden, wie er seine Leberwurststulle isst? Seht ihr, ich auch nicht. Wenn ich reich wäre, würde ich mich auch freuen, nach den ganzen Schicki-Micki-Essen zu Hause eine Leberwurststulle zu essen. Und zwar in Ruhe.

An der Hauptstraße komme ich an einem kleinen italienischen Restaurant gehobenen Standards vorbei. Nicht etwa Pizza Margarita oder Spaghetti Carbonara, sondern Steinpilzsüppchen mit Basilikumschaum oder gebratene Wachtel an Trüffelkartoffeln und Honigrübchen sind hier im Angebot. Ich gucke ganz vorne in die Karte, denn da stehen meist die einfachen und für mich bezahlbaren Gerichte. Und so gibt es bei mir heute Abend einen Frühlingssalat (im Herbst?) mit Bruschetta. Der Salat würde bei uns im Dorf als »Salatbeilage« zu einem Wiener Schnitzel durchgehen. Na ja. Kann nicht schaden, heute mal etwas weniger zu essen nach der »Fressschlacht« bei Wolle gestern Abend und heute Morgen. Nach einem kleinen Spaziergang kehre ich ins Brand's Jupp zurück und finde wieder einen schönen Platz. Ich lasse mich nieder und lese bei einem Glas Rotwein, den mir Annemarie empfohlen hat, ein Buch über Fremdgehgeschichten.

Annemarie ist jetzt richtig in Aktion. Mit was für einer Ruhe und Souveränität sie sich hier bewegt und die Gäste bewirtet – Respekt! Man merkt ihr an, dass dieser Beruf eine Berufung für sie ist. Mit so viel Leidenschaft und Hingabe kann man nur arbeiten, wenn man voll hinter dem steht, was man macht. Gegen elf geht der letzte Gast. Wie in dem »Horror-Grandhotel« in Oberwinter bin ich heute auch der einzige Übernachtungsgast, womit die Übereinstimmung mit diesem Etablissement auch schon abgeschlossen ist. Annemarie schickt ihre Mitarbeiter nach Hause und setzt sich mit einem Glas Wein an meinen Tisch. Kurz darauf kommt ihr Ehemann Henning aus der Küche und nimmt auch bei uns Platz.

»Ihr habt hier vielleicht einen tollen Laden. Ich bin ganz beeindruckt. Aber wie alt seid ihr eigentlich, wenn ich mal so frech fragen darf?« Die beiden sehen nämlich reichlich jung aus, um so einen Betrieb zu leiten.

Henning lacht. »Ich bin neunundzwanzig, und Annemarie ist siebenundzwanzig Jahre alt. Wir haben das Restaurant vor zwei Jahren übernommen. Der ehemalige Besitzer ist aus Altersgründen ausgeschieden, und wir haben das Risiko auf uns genommen, uns selbstständig zu machen. Das erste Jahr war echt hart, aber jetzt läuft es ganz gut. Wir müssen natürlich viel dafür tun. Frei haben wir kaum noch.«

Annemarie war kurz hinter der Theke verschwunden und kommt mit mehreren Flaschen Wein und Gläsern zurück. »So, die Herren, jetzt machen wir eine kleine Verkostung. Ich war letzte Woche in Frankreich und habe dort neue Weine bestellt. Und die probieren wir jetzt.«

Es stellt sich heraus, dass Annemarie neben ihrer Ausbildung als Hotelfachfrau auch noch Sommelier gelernt hat und deshalb richtig Ahnung hat.

»Es ist mir etwas peinlich, aber ich glaube, ich kann mir so teure Weine gar nicht leisten. Oder ich müsste die nächsten Nächte unter Brücken schlafen, und außerdem habe ich gar keinen Plan von Wein. Bei mir gibt es nur zwei Sorten. Lecker und nicht lecker. Ich wäre also, glaube ich, keine große Hilfe für dich.«

Sie winkt ab. »Alles in Ordnung. Den Wein verbuchen wir als Werbungskosten, und eine ungeschulte Zunge sagt oft eher die Wahrheit als ein Experte, der viel zu viel hineininterpretiert.«

»Na schön, wenn du das sagst. Dann schraub mal die Deckel der Flaschen auf«, witzele ich als »Weinkenner«, der beim Bund die Korken der Weinpullen immer reingedrückt hat, falls kein Korkenzieher vorhanden war. »Ich heiße übrigens Ludger. Wenn wir hier schon eine Verkostung machen, duzen wir uns auch, oder?«

Henning holt noch etwas Brot und einige Scheiben kalten Rinderbratens aus der Küche, und so sitzen wir bis nach eins zusammen und unterhalten uns.

»Wann möchtest du denn morgen frühstücken?«, fragt Annemarie, als wir aufbrechen.

»Wisst ihr was? Schlaft ihr beide morgen aus. Ich brauche kein Frühstück und werde mich ganz zeitig auf die Socken machen. Ihr arbeitet so hart, da wird es euch mal guttun, nicht in aller Herrgottsfrühe aufzustehen. Ich ziehe einfach die Tür hinter mir zu und verschwinde.«

Die beiden gucken sich an. »Echt?«, fragen sie wie aus einem Mund.

»Na klar. Ihr seid so nette Leute. Ich würde mich freuen, wenn ich euch eine Freude machen kann.«

Bevor ich in mein Zimmer gehe, bezahle ich noch schnell. Das lag mir den ganzen Tag über etwas im Magen. Als Henning mir die Rechnung gibt, schüttele ich mit dem Kopf. »Ist das euer Ernst? Das ist für euren Superladen aber viel zu wenig. Da könnt ihr fast das Doppelte nehmen.«

Im Bett frage ich mich später, ob sie bei meiner Rechnung geschummelt haben. Zuzutrauen wäre es den beiden. Ich drücke ihnen die Daumen, dass sie mit ihrem Geschäft Erfolg haben. Aber eigentlich brauche ich das gar nicht, ich weiß es.

Duisburg Alt-Walsum

Ich habe gut in diesem schönen Hotel geschlafen und bin fit für den neuen Tag. Ich bin mal gespannt, was heute für interessante Leute auf mich warten. Als ich aus meinem Zimmer komme, versuche ich, ganz leise zu sein, damit ich meine beiden wunderbaren Gastgeber nicht aufwecke. Sie haben ihre Wohnung nämlich neben dem Gästezimmertrakt, und deshalb schleiche ich auf ganz leisen Sohlen aus dem Haus. Ich werde mich sicher noch oft an Annemarie und Henning und ihre Gastfreundschaft erinnern.

Mit dem Sonnenaufgang kommt auch heute der Nebel. Er ist aber nicht so dicht, als dass mir die Schönheit der Gegend verborgen bliebe. Welche schönen pastellenen Farben mich umgeben und welche angenehme Stimmung um mich herum herrscht ... Aber es ist auch ganz schön kalt. Die Autoscheiben der schicken Schlitten, die ich auf meinen ersten Metern passiere, sind gefroren, und ich laufe immer noch mit einer kurzen Buchse durch die Gegend.

Die Karte ist heute keine Hilfe. Irgendwie komme ich mit dem Mistding nicht klar. Oder ich bin zu blöde. Vielleicht liegt es auch am Wein von gestern Abend. Auf jeden Fall muss ich mich oft durchfragen, verliere aber zum Glück kaum Zeit, weil ich so schnell und fit bin.

Der Weg um Duisburg herum ist ziemlich schlecht. Ich merke schon, dass ich jetzt in eine Region komme, die nicht genug

Geld zur Verfügung hat, um Schlaglöcher auf Radwegen zu beheben. Falls überhaupt Radwege vorhanden sind. Die Fußgängerwege sehen auch richtig übel aus. Ungefähr jede zweite Steinplatte fehlt. Ich muss viel über die Straßen laufen, und die sind auch nicht viel besser.

Der Hafenbereich von Duisburg ist gewaltig groß. Ich meine mal gehört zu haben, dass das hier der größte Binnenhafen der Welt ist. An einem Anleger für Lastkähne mache ich Rast und komme mit drei Dockarbeitern ins Gespräch, die ebenfalls eine Pause eingelegt haben. Die haben echt einen schweren Job, der noch dazu auf ziemlich wackligen Füßen steht. Wie sie mir erzählen, sieht es mit der Auftragslage nicht so besonders aus, und viele haben Angst, ihren Job zu verlieren. Sie freuen sich, als ich mit ihnen meine Würstchen teile.

»Vor ein paar Jahren hatte ich einen Vorvertrag beim MSV Duisburg«, fängt Ingo, einer von den dreien, an zu erzählen. »Den haben die aber gekündigt, als ich mir bei so einem scheiß Freundschaftsspiel einen Kreuzbandriss mit Knorpelschaden zugezogen habe. Das war in der Winterpause. Dieses Drecksspiel wollte ich gar nicht mitmachen. Hatte von Anfang an so ein doofes Gefühl. Und dann noch bei den Kloppern von Fortuna auf einem knüppelharten Aschenplatz mit Eisplatten und gefrorenen Schneeresten. Kacke!«

»Ich habe ja früher auch gepöhlt. Warum hast du denn dann dieses Spiel überhaupt durchgezogen?«, will ich wissen.

»Weil der Arsch von Trainer, so ein Schleifer, meinte, ob ich Schiss hätte und ich solle mich nicht anstellen wie ein Mädchen. Dann hat mir einer von diesen Asis von der Seite das Knie weggetreten. Ich habe sofort gewusst, da ist was richtig kaputtgegangen. Schon im Fallen so ein Hammerschmerz. Echt krass, was einem da so durch den Kopf geht. Da denkst du echt, du landest im Rollstuhl, weil sie deine Knochen nicht mehr zusammenflicken können.« Er stockt kurz, und ich kann sehen, wie er die Szene in Gedanken nachspielt und den Schmerz nacherlebt.

»Komisch, ich war damals gerade achtzehn und habe mein Leben lang gepöhlt, aber ich habe sofort gewusst, dass es das war mit dem Fußball.« Wieder hält er inne. Schon traurig, wie schnell sich das Leben entscheidet, einen anderen Weg einzuschlagen. Was wohl gewesen wäre, wenn Ingo dieses eine unwichtige Vorbereitungsspiel nicht gespielt hätte? Vielleicht hätte ich diesen Burschen in der Bundesliga gesehen oder sogar bei Jogis Truppe.

»Auf Schule und so hatte ich keinen Bock mehr«, fährt er fort.

»Warst du auch zu blöde für«, meint einer der beiden anderen und kichert sich einen ab.

Ingo ist ihm gar nicht böse und erzählt weiter: »Die Werft hier ist echt hammerhart, aber die Kohle stimmt, und so viel muss man auch nicht nachdenken. Aber erzähl du mal. Du hast auch gepöhlt?«

Ach du grüne Neune. Jetzt soll ich denen von meiner »grandiosen« Dorfvereinskarriere berichten. Die lachen sich sicherlich kaputt.

»Das ist schon so lange her. Ich war früher heiß wie Frittenfett aufs Fußballspielen. Nach der Schule Tornister in die Ecke und rauf auf den Bolzplatz. Wenn es dunkel wurde, ab nach Hause, Meckerei vom Papa, Essen und ab ins Bett. Die Schule war auch nichts für mich. Habe mich so durchgemogelt. Und im Verein? Fast jeden Tag Training und jeden Tag Gras fressen. Ich hatte kein Talent. Alles nur harte Arbeit.«

Jetzt werde ich auch etwas nachdenklich. Die drei merken das, bleiben aber still, bis ich weitererzähle. »Trotzdem war ich nicht schlecht, und ein paar größere Vereine sind auf mich aufmerksam geworden. Ich habe einige Angebote von denen bekommen, aber den Sprung habe ich nie geschafft. Immer kam was dazwischen. Mal die Ausbildung, mal der Job, mal der Tod meines Vaters und die Verantwortung für sein Haus, das ich übernommen habe. Ich habe mir oft Vorwürfe gemacht, es nicht versucht zu haben. Es einfach zu riskieren, alles auf eine Karte zu setzen und zu sagen: Hier bin ich, und an mir kommt keiner vorbei. Ich hatte einfach nicht genug Mumm, das durchzuziehen, und irgendwann war ich zu alt. Aber in meiner Fantasie konnte ich überall spielen.«

Die Jungs sind immer noch ganz still und scheinen jede Menge Gedanken in ihren Köpfen zu wälzen. In solchen Situationen sieht man, wie verständnisvoll so junge Burschen sind.

»Einen habe ich aber noch«, erzähle ich weiter. »Ich habe in der Jugend mal in der Kreisauswahl gespielt und hier in Duisburg an einem Turnier teilgenommen. Wir sind zwar abgekackt, beim Frühstück morgens in der Sportschule habe ich aber neben dem Tisch von »Enatz« Dietz gesessen, und der Kapitän der Europameistermannschaft hat »Hallo« zu mir gesagt. Ich war stolz wie Oskar. Das sage ich euch.«

Diesen Höhepunkt meiner nicht ganz so aufregenden Fußballerlaufbahn kann ich natürlich nicht unerwähnt lassen. Ich denke schon, die Jungs lachen mich jetzt aus.

Aber Ingo meint nur: »Echt geil, Mann!«

Kleine Geschichten können eben auch glücklich machen. Und stolz.

Später treffe ich wieder auf einen Rentner. Die scheinen in ganz Deutschland gleich zu sein und sehr viel Redebedarf zu haben. Der alte Mann ist total nett und versucht, mir den Weg bis nach Alt-Walsum im Detail zu erklären. Bei seinen Ausführungen sagt er geschätzte achtundzwanzigmal »dann rechts« und vierunddreißigmal »dann wieder links«. Ich verliere schon nach der ersten Abbiegung den Überblick. Zwischendurch empfiehlt er mir noch, welche Bauwerke und andere Sehenswürdigkeiten ich mir unbedingt ansehen müsse. Nach einer Viertelstunde kann ich mich zum Glück loseisen, sonst hätte der gute Mann mir sicher noch den Weg bis zur Nordsee erklärt.

Je näher ich meinem heutigen Etappenziel komme, desto mehr fällt mir ein riesiges Kraftwerk auf, das anscheinend direkt am Rhein liegt. Selbst aus geschätzt zwanzig Kilometern Entfernung wirkt es schon gigantisch. Die Gegend hier am Niederrhein liegt schön flach vor mir, und mit Steigungen brauche ich nicht mehr zu rechnen. Ich erreiche Alt-Walsum am späten Nachmittag. Das riesige Bauwerk bestimmt die ganze Szenerie. Ich könnte einfach durch das Dorf laufen, um zu meiner Unterkunft zu gelangen, mache aber einen kleinen Umweg, um mir dieses Ding genauer anzusehen. Wenn man vor diesem Monstrum steht, muss man fast senkrecht hochgucken, um es in seiner ganzen Größe erfassen zu können. Der Wahnsinn, was der Mensch so in die Natur hineinpflanzt.

Und meine heutige Bleibe? Mal wieder hinterste Straße, letztes Haus. Die Wirtin scheint etwas ängstlich zu sein und beäugt Mikaela skeptisch. Das Hotel befindet sich in einem Industrieviertel, in dem viele Brummifahrer übernachten. In dieser und, wie mir scheint, in allen umliegenden Straßen, stehen riesige Lkw aus aller Herren Länder. Das wäre auch so ein Job, den ich nie machen könnte. Wenn ich mir vorstelle, den ganzen Tag in so einem engen Fahrerhaus zu sitzen, von morgens bis abends auf der Autobahn, ständig der Gefahr eines Unfalls ausgesetzt, immer wieder Staus, diese enorme Verantwortung, vielleicht sogar Gefahrengut durch die Gegend zu fahren, und das bei all dem Terminstress? Nee, das ist nichts für mich. Ich glaube, da muss man auch für geboren sein, um so was gut zu finden. Beruf ist oft Berufung, und das Geld spielt nicht immer eine zentrale Rolle.

Ich beziehe mein Zimmer und spule mein tägliches Programm routinemäßig ab: duschen, Wäsche waschen, Kaffee machen. Danach lege ich mich für eine Stunde hin und ruhe mich etwas aus. Mein Blick wandert zum Fenster hinaus, und ich gucke genau auf den Kühlturm des Atomkraftwerks. Wunderschöne Aussicht.

Der kleine Speiseraum der Pension ist schlicht eingerichtet wie bei der Bahnhofsmission (so stelle ich es mir jedenfalls vor). Holztische, darauf kleine Vasen mit Plastikblümchen, Holzstühle mit rot-blau karierten Sitzauflagen, an den Wänden Holzschnitte von einem alten Mann mit Pfeife, einem röhrenden Hirsch und einem Obstteller als Stillleben. Die Holzanrichte für Geschirr ist über und über mit Holzwurmlöchern übersät.

Alle acht Tische sind besetzt, in einer Ecke des Raums sitzen Lkw-Fahrer aus Osteuropa. In einer anderen Ecke hat sich eine Handvoll Skandinavier versammelt, und dann entdecke ich noch eine Truppe aus Sachsen. Ich gehe an den Tisch meiner Landsleute und frage: »Hallo, ist hier noch ein Plätzchen frei?«

Ich merke sofort, dass es in dieser Art von Pension nicht üblich ist, fremde Menschen anzusprechen. Deshalb wechseln die drei abklärende Blicke, und der Jüngste antwortet mir dann: »Na klar. Setz dich. Bist du nicht der Bursche, der mit der Waschmaschine gekommen ist? Ich habe dich vor einer Stunde durch das Fenster gesehen.«

»Ja richtig, ich wandere mit einer Waschmaschine durch Deutschland.« Schnell stelle ich den dreien eine Frage. Ich habe heute nicht viel Lust, meine Geschichte zu erzählen. »Was seid ihr denn für eine Truppe?«

»Wir sind auf Montage unterwegs. Verlegen Bodenbeläge für Verkaufs- und Büroräume. Jede Woche unterwegs, in ganz Deutschland.«

Und so erzählen sie mir von ihrem Job. Von den Problemen, vernünftige Bleiben zu finden, von den vielen Kilometern auf der Autobahn, von den Zwölf-Stunden-Schichten und so weiter. Es ist ein Knochenjob, den sie erledigen müssen. Nach zwei, drei Bier landen wir auch bei ihren Sorgen und Problemen mit der Familie oder mit der Freundin. Bei der Angst, ihre Arbeit zu verlieren. Und trotzdem reißen sie immer wieder Witze zwischendurch. Sie ziehen sich untereinander auf oder hauen sich gegenseitig in die Pfanne.

»Wie ich so sehe, seid ihr ja auch schon wie eine Familie.«

»Da kannst du einen drauf lassen. Die beiden Knallköppe sehe ich öfter als meine Frau Ilse«, meint der Älteste der drei.

»Da kannst du aber auch froh sein, dass du diesen Drachen nicht so oft zu Gesicht bekommst«, frotzelt sein Kumpel.

Wir sabbeln noch eine Stunde und verabschieden uns dann. Ist zwar nett mit den dreien, aber auch etwas deprimierend. Wenn ich mir vorstelle, mein Leben würde sich nur um die Arbeit drehen, wie das bei diesen Jungs zu sein scheint, gruselt es mich ein bisschen. Ich kann mir nicht vorstellen, dass die drei ein Gespräch wie das, das wir gerade hatten, oft untereinander führen. Meistens wird es doch dann darum gehen, neue Bauprojekte zu besprechen oder Material zu bestellen oder was weiß ich. Und dann jeden Abend in so einer Pension zu Abend essen, am Nachbartisch Männer, die ein ähnlich graues Leben führen wie sie selbst. Das finde ich schon traurig. Da bin ich mit meinem Job echt gut bedient. Aber die Jungs werden das sicherlich ähnlich sehen, nur anders herum.

Um mich auf andere Gedanken zu bringen, gehe ich noch einmal ins Dorf und esse in einem alten Brauhaus. Einfach und gut.

Morgen wird die Strecke, die ich zurücklegen möchte, nicht so lang. Wenn ich Wesel erreiche, habe ich den größten Teil meiner Tour hinter mir, die Rheinstrecke ist dann geschafft.

Ich bin gespannt, bei welchem Kilometer die Lippe in den Rhein mündet. Wenn ich das mal so kurz überschlage, liegen nur noch etwas über zweihundert Kilometer vor mir. Ich hoffe, ich habe ein bisschen Zeit, um mir Wesel anzugucken.

Nach meinen Aufzeichnungen bin ich jetzt über tausend Kilometer gelaufen. Wenn ich bedenke, wie viele Kilometer ich dabei umsonst zurückgelegt habe, wie oft ich mich verlaufen habe und was für Umwege ich machen musste … Wahnsinn. Nie im Leben hätte ich mir vorstellen können, das zu schaffen.

Als ich später im Bett liege, muss ich noch mal an die drei Jungs von der Werft und an die drei Montagearbeiter denken. Stolze Menschen. Ehrliche Menschen.

Wesel

Schade, es war leider wieder sehr unruhig im Hotel. Das liegt natürlich daran, dass die Lkw-Fahrer, wie vor ein paar Tagen in Köln, alle sehr früh rausmüssen, und bei der Menge an Leuten gibt es nun mal etwas Radau in den Morgenstunden. Kann ja nicht jeder so eine Schleichkatze sein, wie ich gestern früh eine war. Ich hoffe, Annemarie und Henning haben die kurze Zeit, die ich ihnen geschenkt habe, »sinnvoll« genutzt und nicht für geschäftliche Dinge. Aber was hilft das Meckern wegen des Lärms? Nix!

Heute Abend wird es bestimmt besser, und ich bekomme eine Topunterkunft. Heute ist ja Lars für meine beziehungsweise unsere Bleibe verantwortlich, und der hat da ein Händchen für. Ich bin schon sehr froh, dass ich zu Hause meine fleißigen Helferlein habe, die das für mich in die Hand nehmen und mir jeden Abend eine Schlafgelegenheit besorgen.

Es tröpfelt heute etwas, und ich hoffe, es bleibt dabei oder wird zumindest nicht schlimmer. Aber leider soll sich meine Hoffnung nicht erfüllen, das wird mir schnell glasklar. Wettermäßig wird der heutige Tag eine Katastrophe werden. Schon nach einer halben Stunde fängt es an zu schütten wie bekloppt.

Sechs Stunden regnet es am Stück. Ohne Pause, ohne dass es etwas weniger wird. Im Gegenteil, es zieht minütlich mehr an. Das Wasser, das anfangs noch senkrecht runterfiel, kommt gegen Mittag waagerecht daher, und ich muss mich mit meinem ganzen Körpergewicht gegen den Wind stemmen. Um mich herum tobt ein Sturm in Orkanstärke. Bei jeder Gelegenheit versuche ich mich unterzustellen und Schutz zu suchen. Ganz egal, ob Brücken, Bushäuschen oder auch dichtere Büsche, mein oberstes Ziel ist es, mich vor Regen und Sturm zu schützen, etwas zu verschnaufen, und dann geht es weiter.

Als ich mal wieder im Gebüsch hocke, Mikaela unerschütterlich an meiner Seite, frage ich mich schon, warum ich das hier nicht abbreche, mir eine Bleibe suche und warte, bis das Unwetter vorbei ist. Ja, gute Frage. Das hat sicher was mit meiner Mentalität zu tun. Solange es irgendwie geht und ich noch Kraft und Energie in mir spüre, werde ich weitermachen. Ganz egal, was kommt. Ist das Sportsgeist? Bekloppheit? Oder Wahnsinn? So genau kann ich das in diesem Moment, an diesem Tag, auch nicht sagen.

Nachdem ich unterwegs zweimal meine Klamotten gewechselt habe, lasse ich es bleiben. Ich bin ja eh nach ein paar Minuten wieder nass wie eine Katze. Es ärgert mich schon ziemlich, dass meine Regensachen so schlecht sind. Falls ich noch einmal eine Reise mit Mikaela machen sollte, muss ich mir unbedingt eine gute Ausrüstung besorgen und diese auch vorher ausprobieren.

Die Kälte zieht mir langsam in die Knochen und zerrt wie ein Magnet an den Kräften in mir. Der Sturm bildet den passenden dramatischen Hintergrund für einen weiteren Kampf mit meinem inneren Schweinehund. Ich habe in den letzten Wochen nicht mitgezählt, wie oft wir beide die Klingen gekreuzt haben und wie oft ich kurz davor war, das Handtuch zu werfen.

Angesichts der Wetterumstände beschließe ich, meine Mittagspause heute mal nicht im Freien zu machen, sondern in einem Ausflugslokal direkt am Rhein. Die werden sich zwar nicht gerade freuen, dass ich mit meinen nassen Klamotten die ganze Bude einsaue, aber was soll ich machen? Die Bedienung ist überraschenderweise aber richtig nett, hat sogar etwas Mitleid mit mir, glaube ich. Vielleicht hält sie mich aber auch für verrückt und ist deshalb so freundlich, um ja keinen Ärger zu bekommen. Ich setze mich an einen Ofen, der richtig schön bollert. Ach, was ist das herrlich, nach dem Chaos des Vormittags die Wärme zu spüren!

»Könnte ich wohl einen Glühwein bekommen?«, frage ich die junge Dame.

»Tut mir leid, aber den gibt es bei uns erst im Winter.«

»Wenn Sie Rum haben, könnten Sie mir dann vielleicht einen Grog machen? Und bitte eins zu eins mischen, damit er auch wirkt? Würde mich freuen.«

Sie bringt mir meinen extra starken Grog und noch ein Handtuch, damit ich mich etwas abtrocknen kann. Die Speisekarte sieht nur Kuchen und Eis vor. Da ist mir leider nicht viel mit geholfen. Also trinke ich lieber noch zwei mehr von den »Muntermachern«, und dann geht's weiter. Neben dem aufwärmenden Effekt, den der Alkohol hat, gibt er mir auch ein Scheißegalgefühl, was mir in dieser Situation sehr zugutekommt.

So schlängele ich mich immer auf dem Rheinuferdeich lang. Hier am Niederrhein sieht es fast schon aus wie an der Nordsee. Holland ist ja auch nicht mehr ganz so weit. Wäre das vielleicht noch eine Idee, bis zur Rheinmündung zu laufen? Andererseits muss ich es ja auch nicht übertreiben, also lasse ich das mal lieber bleiben. Vielleicht ein anderes Mal.

Im Ausflugslokal habe ich mich ein letztes Mal umgezogen. Jetzt habe ich keine trockenen Laufsachen mehr. Aber die Wettergötter geben sich immer noch nicht zufrieden, und so geht es mit dem »Dreckswetter« weiter. Regen von vorne, Regen von der Seite. Aber nie von hinten, sodass ich wenigstens ab und zu

Rückenwind habe. Der Rum tut gut. Ich weiß schon, Alkohol ist keine Lösung, soll er auch nicht sein. Aber gerade eben betäubt er viele schlechte Gefühle und regt meine Gedankengänge an: Vielleicht noch eine Tour, an der Nordsee entlang? Oder an der Ostsee – oder beides, von der holländischen bis zur polnischen Grenze an der Küste entlang? Einmal mit Mikaela am Strand spazieren gehen. Auf Sylt einen Prosecco schlürfen und auf Rügen ein Eis essen. Die Idee gefällt mir.

Meine Gedankenspielchen lassen den Regen, die Kälte und die Anstrengung in den Hintergrund treten.

Kurz vor Wesel mündet die Lippe in den Rhein und zwar genau bei Kilometer 814,5. Ich mache Rast unter einer Brücke und schaue dem »Alten Vater Rhein« noch etwas zu. Mein alter Weggefährte hat mich fast fünf Wochen begleitet und mir viele schöne Erlebnisse, Eindrücke und Begegnungen beschert. Etwas wehmütig wird mir doch ums Herz. Als ich mich so umgucke, fällt mir auf, dass ich mich nicht unter einer, sondern unter zwei Brücken befinde. Ist das nicht komisch? Von einem Informationsschild an meinem Rastplatz erfahre ich, dass eine Brücke, die schon sehr mitgenommen aussieht, über 60 Jahre als Provisorium herhalten musste, bis die neue Brücke erbaut und fertiggestellt wurde. Gut Ding will Weile haben.

Ich bin pitschnass, mir ist kalt, und ich bin müde und kaputt, aber vor allem bin ich stolz, dass ich es geschafft habe. Ich bin zwar noch nicht zu Hause, das sind ja noch mal ein paar Tage, aber davor habe ich jetzt keine Angst mehr. Das war heute noch mal so eine Königsetappe. Ich glaube, dem Schweinehund in mir habe ich die Zähne gezogen.

Als ich kurze Zeit später in Wesel bin, ist da so gut wie nichts los, kein Wunder, bei dem Wetter. Ich laufe durch fast verlassene Straßen und Gassen. Die Stadt strahlt den Charme der Einfachheit aus. Nicht viel Schnörkel oder Schnickschnack, keine architektonischen Luftsprünge, eher schlichte graue Fassaden und Backsteinbauten. Wesel muss einmal wirklich schön gewesen sein – bevor es kurz vor Ende des Zweiten Weltkriegs fast vollständig zerstört wurde, genauer gesagt zu siebenundneunzig Prozent. So steht es an einer Stadtkarte am Marktplatz geschrieben. Nicht, dass ihr meint, ich wäre so clever und würde solche interessanten Dinge wissen und jetzt damit angeben. An einem Infobüro mache ich Halt und erkundige mich, wie ich am besten zu meinem Hotel komme, wo ich mit Lars verabredet bin. Der Herr dort gibt mir gerne Auskunft und fragt mich, ob ich ein paar Minuten Zeit hätte. Er möchte gerne die Lokalpresse informieren, weil meine Geschichte sicher etwas für die wäre. Und so gebe ich kurze Zeit später das zweite Interview auf meiner Tour.

Auf dem Weg zum Hotel kommt mir mein Kumpel entgegen. Es ist schön, ihn zu sehen. Wir machen Stopp in einer Kneipe und trinken ein paar Bier, um unser Wiedersehen zu feiern. Er ist natürlich neugierig auf meine Geschichten, und so berichte ich ihm, was ich alles erlebt habe. Er erzählt mir, dass Patrick, unser Kumpel aus Xanten, uns gegen sieben abholen wird. Sie haben abgemacht, dass wir uns dann bei seinem neuen Verein im Clubraum das Länderspiel angucken. Meine Klamotten sind immer noch klamm vom Regen, und mir ist kalt wie Mist. Also brechen wir zügig zu unserem Hotel auf.

Unsere Bleibe heute ist eine griechische Taverne, die auch schon bessere Tage erlebt hat. Ich habe mich soooo auf eine heiße Dusche gefreut, aber die Heizung ist kaputt und das Wasser nur pipiwarm. So ein Mist. Mir wird gar nicht mehr richtig warm. Also lege ich mich ins Bett und schlafe eine Runde.

Später holt Patrick uns ab. Es fühlt sich sehr merkwürdig an, nach fünf Wochen an der frischen Luft mal wieder Auto zu fahren. Bin gespannt, wie ich mich anstellen werde, wenn ich selbst wieder am Steuer sitze.

Der Abend ist okay, aber mir ist es immer noch lausig kalt. Ich hoffe, ich hole mir keine Grippe oder so. Deshalb bleibe ich an diesem Abend auch beim Grog. Ist zwar etwas gewöhnungsbedürftig als Fußballgetränk, geht aber auch. Wirkt natürlich viel schneller. Gut, dass es keine Verlängerung gibt.

Tag 34

Schermbeck-Gahlen

Es war, fast war es ja zu befürchten, eine kalte Nacht beim Griechen mit der kaputten Heizung. Ganz vage hatte ich ja gehofft, dass unser Hotelier einen Notdienst kommen lässt, aber okay. Heute Morgen brauche ich sowieso kaltes Wasser. Der Grog mit dem Zucker hat meinen Kopf gefühlt auf mindestens die doppelte Größe anschwellen lassen, und so muss ich meine Murmel erst mal kühlen, bevor ich einen klaren Gedanken fassen kann. Lars und ich frühstücken noch zusammen, wobei die Kälte im Frühstücksraum auch nicht gerade dazu beiträgt, eine heimelige Atmosphäre zu erzeugen.

Das Wetter ist wieder toll, nicht mit gestern zu vergleichen. So, als wäre nichts gewesen. Der Weg durch Wesel ist leicht zu finden. Wir müssen noch über den Wochenmarkt, wo Lars mal sehen kann, dass es gar nicht so einfach ist, mit einer Waschmaschine unterwegs zu sein. Er muss viel lachen über die Menschen, die mich verwundert angucken und Fragen stellen.

»Ja, mein Freund. So geht das schon fünf Wochen«, kläre ich ihn auf.

»Das muss doch voll nervig sein, wenn dich jeder anquatscht und du immer die gleiche Geschichte erzählen musst?«, meint er nur.

»Ach, teils, teils. Ab und zu ist es schon nervig, aber auch lustig. Das Witzige ist ja, dass die Leute mir immer viel mehr erzählen als ich ihnen.«

Als wir aus dem Stadtzentrum kommen, versucht er, Mikaela ein paar Meter zu schieben und hat, wie Jürgen vor ein paar Tagen auch, schnell die Nase voll davon. Lars hat sich vorgenommen, heute den ganzen Tag mitzulaufen und morgen früh mit dem Zug zurück nach Hause zu fahren. Wir finden den Rhythmus, das heißt, meinen Rhythmus, und Lars ist erstaunt, was für ein Tempo ich anschlage. Mir ist gar nicht mehr bewusst, wie schnell ich eigentlich unterwegs bin.

Leider haben wir anfangs einige Waldwege zu bezwingen, die durch den vielen Regen auch noch ganz aufgeweicht sind. Das ist nicht schön, aber als wir an den Lippe-Kanal kommen, sind die Wege wieder super gepflastert, und die Karre rollt fast von alleine. Meinen Plan, die Lippe entlangzulaufen, muss ich leider begraben. Der kleine Fluss wurde vor ein paar Jahren wieder renaturalisiert. Der größte Teil ist jetzt also wieder in die Landschaft integriert, und da gibt es kaum Wege, die für mich und mein Gespann geeignet sind. Und so laufen wir eben den Kanal entlang. Der ist natürlich eine Nummer kleiner als der Rhein. Ich finde es aber erstaunlich, wie viele Lastkähne hier unterwegs sind. Die meisten haben Kohle geladen und sind auf dem Weg nach Hamm-Uentrop, wo ein Kohlekraftwerk steht, welches natürlich Heizstoff braucht.

Wir machen in einer Gemeinde mit dem lustigen Namen Hünxe Station und trinken ein Bierchen, dazu lassen wir uns Frikadellen schmecken. Als wir wieder am Kanal sind, können wir das Schauspiel der Schleusentechnik beobachten. Sehr interessant, wie diese uralte Technik immer noch funktioniert. Was man doch mit einfacher Physik für gewaltige Lasten bewegen kann! Das hätte mir mein ehemaliger Physiklehrer Herr Tscheschke auch nicht besser vermitteln können.

Als mir nach einigen weiteren Kilometern auffällt, dass sich am Reifen meiner Sackkarre ein kleiner Knopf festgesetzt hat, versuche ich, ihn mit meinem Schuh abzuknibbeln. Und dann passiert doch noch, wovor ich mich die ganze Tour über gefürchtet hatte. Der Knopf war kein Knopf, sondern ein getarnter Nagel! Die Luft zischt zwar langsam, aber doch deutlich hörbar aus dem Reifen. Wir sind mitten in der Walachei, und von Zivilisation ist weit und breit nichts zu sehen.

»Habe ich ein Glück«, meine ich zu Lars.

»Hast du einen Knall? Wie sollen wir denn jetzt weiterkommen? Oder hast du einen Ersatzreifen dabei?«

»Nee, natürlich nicht. Ich meine, ich habe Glück, dass mir das gerade heute passiert, wo du mit mir läufst. Stell dir mal vor, so etwas wäre mir passiert, als ich alleine in Frankreich war oder im Schwarzwald. Das wäre echt kacke gewesen. So sind wir zu zweit, und alles ist gut. Ich hol mal schnell das Werkzeug aus der Trommel. Habe schon gedacht, ich brauche das Zeug gar nicht mehr und ich hätte es umsonst quer durch Deutschland geschoben. Der kluge Mann baut ja vor und ist für alle Eventualitäten gerüstet.«

Dachte ich jedenfalls. Ich hätte schwören können, dass ich meine kleine Werkzeugtasche in die Trommel gepackt hatte, als ich Mikaela vor ein paar Wochen versandfertig gemacht habe. Dem ist aber offensichtlich nicht so. Kein Werkzeug. Nix. Der Jutebeutel ganz hinten in der Wäschetrommel, in dem ich das Werkzeug vermutet habe, enthält … Wühlmausfallen. Unglaublich. Ich muss die beiden Beutel verwechselt haben, sie lagen beide bei mir im Keller. Mist. Da ich die ganze Tour über kein Werkzeug gebraucht habe, hätte ich fast unbemerkt vier Wühlmausfallen quer durch Deutschland geschoben. Wenn das mal nicht verrückt ist?

Außer meinem Taschenmesser, das eigentlich den Zweck hat, mir meine Pausenbrote und Würstchen kleinzuschneiden, ist nichts vorhanden, das man gebrauchen kann.

Was hätte MacGyver, der Typ aus dem Fernsehen, der aus einer Angelschnur, einem Reißverschluss und einer Damenbinde eine Handfeuerwaffe bauen konnte, in diesem Moment getan? Leider befindet sich in meiner Ausrüstung nichts Vergleichbares, was uns aus dieser misslichen Lage hätte befreien könnte. Schade, dass mein Fernsehheld nicht bei uns ist. Der hätte bestimmt mit den Wühlmausfallen was anfangen und was Nützliches basteln können. Wir schaffen es immerhin, das Rad von der Achse zu bekommen, und vereinbaren, dass Lars bei Mikaela bleibt (damit sie sich alleine nicht so fürchten muss) und ich zurück nach Hünxe (immer noch ein lustiger Name) laufe. Wir hatten vorhin eine Tankstelle in dem Ort gesehen, wo sich sicherlich jemand auftreiben lässt, der mir helfen kann.

Ich habe das Glück, dass mich ein Bulli die fünf Kilometer bis zur Tankstelle mitnimmt. Natürlich haben die Leute dort kein Ersatzrad, aber sie haben ein Reifendichtmittel, das man über das Ventil in den Reifen pumpt, der sich daraufhin von innen schließt und wieder dicht sein soll. Ich habe ja so meine Zweifel, aber wie von Zauberhand hält die Chose.

Nach einer Stunde bin ich wieder bei Lars und Mikaela. Wir montieren das Rad an, und weiter geht es. Das ist noch mal gut gegangen!

Am frühen Nachmittag machen wir noch einmal Pause bei einem Campingplatz, und dort traue ich meinen Augen nicht. Da steht doch tatsächlich die gleiche Sackkarre wie meine. Die wird hier wohl benutzt, um Bierkisten zu transportieren. Das gibt es doch gar nicht, dass es so ein altes Schätzchen noch einmal gibt und wir es gerade kurz nach einer Panne zu Gesicht bekommen. Zuerst haben wir den teuflischen Plan, die Räder klammheimlich auszutauschen, lassen es aber lieber sein. Wir sind einfach zu gut für diese Welt und trinken lieber ein Bier in der Campingkneipe. Man muss auch mal Prioritäten setzen.

Für heute haben wir ein gutes Hotel erwischt. Dieses Mal hat Lars einen guten Riecher gehabt und was Schickes gebucht. Wir essen gut und unterhalten uns noch etwas an der Theke. Lustigerweise ist Lars »kaputt wie tausend Russen«, wie er selber sagt, und so gehen wir früh ins Bett. Ich hoffe, dass die Luft im Reifen morgen noch komplett drin ist. Sicherheitshalber habe ich eine zweite Dose von dem Zeug mitgenommen. Es stehen noch mal über fünfunddreißig Kilometer auf dem Programm.

Lars leidet! Beim Frühstück jammert er, dass ihm die Beine wehtun und er Blasen an den Füßen hat. Leider kann ich ihm nicht wirklich helfen. Meine Sportsalbenvorräte sind schon lange aufgebraucht, und Blasenpflaster hatte ich erst gar keins mitgenommen. Bei dem Bedarf, den ich unterwegs habe, hätte ich ja einen Anhänger dafür gebraucht. Ich gebe ihm meine letzte Schmerztablette, die wird ihm helfen. Ich bin ja nur noch ein paar Tage unterwegs und habe hoffentlich keinen Bedarf mehr an Schmerzmitteln. Lars' Tagesplan hingegen ist überschaubar: Er braucht nur noch bis zum Bahnhof zu laufen und kann dann mit dem Zug zurück nach Hause.

»Wann bist du denn zurück in Herzfeld? Kann ja nicht mehr lange dauern, oder?«

»Wenn alles klappt, die Karre und vor allem der Reifen hält, werde ich in drei bis vier Tagen da sein. Kannst den anderen schon mal Bescheid geben, dass ich dann eine Kiste Bier schmeiße.«

Jetzt, wo ich es ausgesprochen habe, wird mir bewusst, dass meine Tour sich tatsächlich dem Ende zuneigt. Nur noch wenige Tage, und ich bin zu Hause. Wahnsinn!

»Hoffentlich ist der Reifen noch dicht«, meint Lars.

Als ich aufbrechen will, stellt sich natürlich heraus, dass der Reifen wieder platt ist. Egal, ich habe ja noch das Mittel. Muss ich halt jeden Tag nachlegen, bis nach Herzfeld werde ich es ja wohl schaffen. Zack, zack, und der Pneu ist wie neu.

»Willst du das echt riskieren, mit dem kaputten Reifen weiterzulaufen?« Mein Kumpel macht sich Sorgen um mich.

»Du, Lars, wenn gar nichts mehr geht, rufe ich zu Hause an und lasse mich abholen.«

»So kurz vorm Ziel. Das wäre aber ärgerlich.«

»Ich habe mein Ziel schon erreicht. Das, was jetzt kommt, ist nur noch Zugabe.«

»Wie meinst du das denn?«

»Nie war der Spruch ›Der Weg ist das Ziel‹ zutreffender als bei meiner Tour. Kannst du mir glauben.«

Und so verabschieden und verabreden wir uns bis in vier Tagen.

Die Strecke ist leicht begehbar, und vor allem gut für den Reifen. Keine blöden Wanderwege mehr, immer schön am Kanal lang. Nach einer Stunde kommt mir ein heller Labrador entgegen, mit dem ich erst mal eine Runde Fangen spiele. Von Weitem höre ich schon, wie jemand nach dem Hund ruft, und halte meinen neuen Spielkameraden vorsichtshalber fest. Anne und Martin, so stellen sich die Besitzer des Hundes vor, kommen im Laufschritt näher.

»Oh danke schön, dass du Helene aufgehalten hast. Wir haben sie noch nicht so lange, und die doofe Kuh büchst immer aus. Wie bist du denn unterwegs?« Anne freut sich, dass die »doofe Kuh« gebremst wurde, und fragt mich gleich ein bisschen aus.

»Ich laufe die Lippe hoch bis nach Herzfeld, dort wohne ich«, antworte ich, während ich noch mit Helene rumtobe.

»Und das mit einer Waschmaschine? Das Ding ist doch sauschwer, oder?«, fragt Martin und guckt sich derweil meine Gefährtin samt Karre an.

»Ja schon, es geht aber. Habe seit gestern nur das Problem, dass ein Reifen immer wieder platt wird. Ich versuche es schon mit so einem Mittel von der Tankstelle, das ich in den Reifen pumpe. Das blöde Ding verliert aber immer wieder Luft. Ich hoffe, ich komme noch gut bis nach Hause.«

Martin guckt sich meine Räder und vor allem die Achse genauer an und meint dann: »Ich habe hier im Nachbarort eine kleine Firma, und da stehen im Versand zwei Sackkarren rum. Vielleicht passen die Räder ja auf deine Kiste? Können wir ja mal ausprobieren, wenn du Lust und Zeit hast?«

»Na klar, Zeit habe ich im Überfluss. Und wenn die Räder passen, wäre mir für die letzten knapp zweihundert Kilometer echt viel wohler.«

Anne, Martin und Helene gehen zurück zu ihrem Auto, welches sie ein paar hundert Meter weiter geparkt haben, und fahren zur Firma vor. Mir haben sie den Weg dorthin erklärt, und ich laufe die paar Kilometer. Als ich dort ankomme, warten die drei schon auf mich. Martin hat seine Karren bereits auf den Hof geholt, und wir versuchen, seine Räder auf mein Gefährt zu montieren. Leider ist es ein ganz anderes System, und so passen die Achslager nicht. Schade. Aber einen Versuch war es wert. Die Karren selbst kann man auch nicht austauschen, meine ist ja eine Sonderanfertigung für Mikaela.

Das Geschäft, das Martin betreibt, hat etwas mit Fitnessgeräten zu tun und dem ganzen Kram drum herum, von Eiweißdrinks über Fitnessklamotten bis zu Hantelbanken und Laufbändern. Alles, was das Muckibudenherz begehrt.

»Dein Waschmaschinenlauf wäre auch mal eine innovative Idee. Du solltest darüber nachdenken, daraus ein Event zu machen«, schlägt er lachend vor.

Die Idee muss ich mir merken! Vielleicht ein 24-Stunden-Lauf auf einer Tartanbahn? Das probiere ich sicherlich mal aus.

Er schenkt mir noch einen ganzen Karton voller Energieriegel, damit ich unterwegs nicht schlappmache.

»Du, da sind aber hoffentlich keine Anabolika oder so etwas drin? Nicht, dass ich zu Hause Probleme bei der Dopingprobe bekomme!«, scherze ich rum und bedanke mich für die Kiste Powerleckerlis.

Martin lacht und meint nur: »Gib mir doch mal deine Handynummer. Wir sind heute Mittag in Dorsten, da kommst du so in etwa zwei Stunden durch. Wir besorgen dir noch was von dem Pannenzeug, und dann treffen wir uns dort. Damit kommst du sicher bis nach Hause.«

Was für liebe Menschen es doch gibt. Bin mal wieder ganz begeistert von der Hilfsbereitschaft der Leute in Deutschland. Wenn ich an die ganze Reise zurückdenke, sind doch mindestens neunzig Prozent der Menschen, denen ich unterwegs begegnet bin, so hilfreich und nett gewesen wie die beiden hier. Die Tour hat mir wirklich gezeigt, in was für einem schönen Land wir leben, und dass viele Vorurteile den Deutschen gegenüber einfach nicht stimmen. Ich habe die Menschen auf meiner Reise größtenteils als offen, freundlich, humorvoll und tolerant erlebt.

Wir verabschieden uns bis später, und ich ziehe weiter. Am Mittag ruft Anne mich an, und wir treffen uns wie besprochen in Dorsten. Die beiden haben mir noch zwei Dosen von dem Pannenzeug besorgt und wollen noch nicht mal Geld dafür haben. Unglaublich.

Wir wünschen uns ein schönes Leben, und dann geht's weiter.

Der Reifen hält immer noch die Luft. Trotzdem beeile ich mich jetzt voranzukommen. Man weiß ja nie. Aus Spaß versuche ich es mal mit »Waschmaschinenjogging«. Geht besser, als ich gedacht hätte. Ich mache richtig Tempo.

Am frühen Nachmittag komme ich in Flaesheim an und treffe vor meinem heutigen Hotel eine Damenwandergruppe, die, glaube ich, zwischen ihren Etappen auch mal ganz gerne an der Likörflasche schnuppert. So ausgelassen, wie die sind, und was für rote Bäckchen die Mädels haben, sind sie sicher mit reichlich flüssigem Proviant unterwegs. Sie quetschen mich über meine Reise aus und kriegen sich vor Lachen gar nicht mehr ein. Es werden Fotos geschossen, und zum Abschied werde ich noch abgebusselt. Danach haftet der ewig frische Duft von »4711« und »Tosca« an mir. Gut, dass ich gleich unter die Dusche kann. Mikaela darf ich in der Garage parken, der Reifen hat gehalten. Mal sehen, wie er morgen früh aussieht.

Mein Kumpel Fabi hat sich gemeldet und möchte auch ein paar Stunden mit mir laufen. Er kommt morgen mit dem Zug aus Bochum, wo er studiert, und wird mich bis abends begleiten. Aber gerne.

Eins werde ich auf keinen Fall vermissen, und zwar das olle Wäschewaschen mit der Hand. Aber heute muss es noch einmal sein. Die Klamotten muffeln etwas, und so ziehe ich sie durch das Waschbecken.

Als ich fertig geduscht und mich schnieke gemacht habe, also relativ gesehen, laufe ich durchs Dorf, und von irgendwo her höre ich Geräusche, die nur vom Fußball kommen können. Und richtig, heute spielt Concordia Flaesheim, Frauenfußballverbandsliga. Ich gucke mir das Spiel an und unterhalte mich mit einem anderen Zuschauer. Dabei erfahre ich, dass dieser Damenclub schon einmal eine ganz große Nummer war. Die standen sogar mal im DFB-Pokalfinale in Berlin, das war 2001. Leider ging der Pott damals an Frankfurt, und vom Glanz früherer Tage ist nicht mehr viel zu sehen. Das Spiel schleppt sich so dahin. Aber das Bier ist kalt, und die Bratwurst schmeckt vorzüglich.

In einer Dorfkneipe esse ich später eine Kleinigkeit und genieße es, ganz in Ruhe zu lesen. Habe gerade mein letztes Buch angefangen, das ich mitgenommen habe. Gut kalkuliert. Die Fußballdamen kommen auch noch vorbei, 4:1 gewonnen, und wie überall in Deutschland muss dieser Sieg gefeiert werden. Richtig so!

Heute Abend habe ich keine Lust mehr zu quatschen. Ich genieße das Alleinsein in meiner Ecke, beobachte das Treiben der Dorfbewohner und lausche den Siegesgesängen von Concordia Flaesheim.

Waltrop

Ich hatte eine schöne Nacht und habe geschlafen wie ein Baby. Beim Frühstück erhalte ich einen Anruf von einer gewissen Nicole. Ich weiß im ersten Augenblick gar nicht, wo ich die Dame hinstecken soll. Doch sie klärt mich umgehend auf: »Mann, du Knallkopp! Ich bin die Nicole, der du deinen Haustürschlüssel gegeben hast! Ich sollte doch in der Zeit, in der du unterwegs bist, in deiner Bude wohnen. Kennst du mich denn nicht mehr? Aus den Augen, aus dem Sinn, was?«

»Ach ja. Jetzt habe ich es wieder. 'tschuldigung. Ich habe unterwegs so viele Leute getroffen, da kommt man schon mal durcheinander, und deine Nummer hatte ich gar nicht gespeichert. Wie geht's dir? Bist du bei mir eingezogen, oder bist du mit dem Esel wieder zusammen?«

»Um Gottes willen, nein. Der Arsch schuldet mir immer noch Kohle. Außerdem hat der schon eine neue Perle, die er jetzt ausnehmen kann. Scheiß Männer! Ich habe in der Zeit aber bei einer Freundin unterkommen können. Dein Haus steht also noch.«

»Ey! Du kannst doch nicht alle Männer über einen Kamm scheren, nur weil so ein Penner dich verarscht hat. Was soll ich denn über die Frauen sagen?«

»Hast ja recht. Wo bist du denn jetzt, und wie lange willst du noch rumwandern? Ich wollte dich nämlich zum Essen einladen, weil du mir dein Haus angeboten hast. Hättest du Lust?«

»Hoppla! Was ist das denn, ein Date oder was? Ich bin aber kein Junge für eine Nacht!«

»Weiß ich doch. Frühstück kriegst du auch noch.« Sie lacht schelmisch.

»Ich bin in ein paar Tagen zurück. Dann können wir ja noch mal telefonieren und was abmachen. Mal gucken, ob die Chemie stimmt!«, mache ich einen auf cool, obwohl ich komischerweise etwas nervös bin.

»Aber ich zahle das Essen!«

»Da gehe ich ja mal von aus. Bis dann, tschüssi.«

»Tschüss und viel Spaß noch.« Und mit diesen Worten legt sie auf.

Ich nicke mir zu und denke dann: Mal gucken, wie wir uns verstehen, vielleicht wird da ja sogar mehr draus.

Als ich loswill, ist wieder keine Luft im Reifen. Ich habe aber zum Glück noch genug von dem Flickzeug, und wenn ich nur nachts einen Plattfuß habe, ist es mir eh wurscht. Meine Kiste ist gerade beladen, da kommt auch schon Kumpel Fabi um die Ecke gebogen. Fabi ist nicht nur Student, sondern auch unser Torwart Nummer eins im Verein. Da ich die Aufgabe habe, unsere Keeper im Training fit zu machen, kenne ich ihn ziemlich gut, und unser Kumpelstatus ist schon ein anderer als zwischen mir und den Feldspielern. Außerdem sind wir beide Mitglieder im »Knäckebrot Golf Club« bei uns im Dorf.

Aus Spaß habe ich vor Jahren einen Kollegen gefragt, ob er mir über das Internet nicht eine Golftasche besorgen könnte. (Ich habe für PC-Gedöns ja bekanntermaßen wenig Zeit und noch weniger Lust.) Für kleines Geld hat er mir eine komplette Ausrüstung besorgt, und ich habe angefangen, bei uns auf dem Sportplatz Bälle zu schlagen. Das blieb natürlich im Dorf nicht unbemerkt, und schon nach kurzer Zeit fragten mich ein paar Leute aus meinem Sportverein, ob sie nicht auch mal mitmachen dürften. Und so entwickelte sich ein Golfclub aus etwa acht Leuten, die sich nach Lust und Laune treffen, Bälle schlagen, Würstchen grillen und Bierchen trinken. Zu Weihnachten veranstalten wir immer das »Knäckebrot-Golfen«. Hierbei werden Knäckebrotscheiben an unserer Torwand befestigt, die wir dann versuchen, aus dreißig Metern Entfernung mit Golfbällen abzuschießen. Wer trifft, erhält ein Wichtelgeschenk. Danach gibt es Chili con carne und Bier. Frohes Fest!

»Moin, moin, alter Mann«, ruft er mir lachend zu, »ein bisschen Lust zu wandern? Oder bist du zu kaputt?«

»Wie, alter Mann? Na warte! Ganz schön große Klappe! Bist im Training in den letzten Wochen wohl zu wenig langgemacht worden, was? Das werden wir in den nächsten Wochen auf dem Platz mal wieder ändern. Ich hoffe, du bist fit genug, mit einem ›alten Mann‹ mitzuhalten?«

»Klar, aber ich hoffe, wir machen unterwegs genug Pausen, um unseren Elektrolythaushalt wieder aufzufüllen. Habe gehört, Hefeweizen sei dafür recht gut geeignet.«

»Ist ja schön, dass ihr wenigstens etwas im Studium lernt. Außer ausschlafen, saufen und alte Leute verarschen.«

Und so quatschen wir dummes Zeug und laufen im ruhigen Tempo den Kanal entlang. Ich muss von der Tour berichten, er von dem neusten Tratsch im Dorf. Wie die Waschweiber. Fabi möchte natürlich auch mal die Karre vor sich herschieben und stellt sich dabei besser an als Jürgen oder Lars, aber allzu lange lasse ich ihn das auch nicht machen. Nicht, weil das Schummeln wäre, das ist mir wurscht, nein, es fehlt mir einfach etwas beim Laufen. So weit ist es also schon gekommen, dass mir achtzig Kilogramm zum Laufen fehlen! Muss ich mir etwa Gedanken machen?

Der Weg ist schön, ruhig und ebenmäßig, sodass wir gut vorankommen. Leider sind fast alle Lokale, die wir ansteuern, geschlossen, und so zieht sich unser Vorhaben, irgendwo ein Bier zu trinken, bis in den frühen Nachmittag hin. An einem Campingplatz finden wir endlich einen Wirt, der uns ein paar Weizen ausschenkt, und genießen die Pause.

Nach einem schönen Tag kommen wir in Waltrop an, wo ich Fabi noch zum Bahnhof bringe, damit er mit dem Zug zurück nach Bochum fahren kann. Er möchte mich am Mittwoch, an meinem letzten Tag, mit ein paar Leuten kurz vor unserem Dorf abfangen und die letzten Kilometer begleiten. Meine Güte, ich hoffe, das wird nicht ein zu großes Tamtam.

Dann suche ich in Waltrop meine Pension. Schon wieder das gleiche Spiel, hinterste Straße, letztes Haus. Ich muss in einer ruhigen Minute bei Gelegenheit mal nachschauen, wie oft mir das passiert ist, eigentlich kann das doch kein Zufall sein. Als ich klingele und niemand aufmacht, fürchte ich schon, am falschen Haus geschellt zu haben. Oder dass niemand da ist. Aber schließlich öffnet mir doch eine kleine, recht schüchtern wirkende Frau, die sich erkundigt, was für ein Anliegen ich hätte. Ich erzähle ihr meine Geschichte, und die Gute versteht nicht ganz, was ich ihr sagen will. Die Waschmaschine guckt sie an, als sähe sie ein Ufo vor sich in der Luft schweben. Kopfschüttelnd zeigt sie mir mein Zimmer und ist erleichtert, dass sie nicht mehr in meiner Nähe zu bleiben braucht.

Später am Abend ruft mich das Hellweg Radio an (woher die wohl die Nummer haben?). Sie wollen mich morgen unterwegs treffen und ein Interview mit mir machen. Ich bin ganz aufgeregt und auch gespannt, wie sich meine Stimme im Radio anhört.

Morgen geht es nach Hamm-Bockum-Hövel, wo meine letzte Übernachtungsstätte auf mich wartet.

Ich laufe noch einmal ins Dorf, um eine Kleinigkeit zu essen. In einer uralten Kneipe werde ich fündig. Hier ist zwar nicht viel los, aber das ist auch nicht schlimm – ich bin in einer etwas melancholischen Stimmung, weil es bald vorbei ist, da ist mir sowieso nicht so nach Unterhaltung.

Hamm-Bockum-Hövel

Ich habe heute etwas länger geschlafen und bin, an meinem vorletzten Tag, ausgeruht und frisch. Als ich bezahlen und mich verabschieden will, bitten mich die Sterns, meine Gastgeber, noch herein und bieten mir an, mit ihnen zu frühstücken (was nicht so ausgemacht war). Herr Stern, den ich gestern gar nicht kennengelernt habe, ist ein pensionierter Journalist. Naturgemäß sind solche Menschen neugierig, und so stellt er mir Fragen über Fragen. Als ich den beiden von meiner Reise erzähle, hat er noch eine Überraschung für mich.

»Ich habe mich heute Nacht noch im Internet schlaugemacht, denn Ihre Aufschrift auf der Waschmaschine hat mich an irgendetwas erinnert. Irgendwo habe ich dieses »luderleben« schon einmal gelesen, und so etwas lässt mich dann nicht los. Da bin ich so eine Art Schreibtischterrier. Dann kann ich gar nicht schlafen, wenn mir was im Kopf rumspukt. Wussten Sie, dass sich schon der alte Goethe mit der Thematik des »Luderlebens« beschäftigt hat? Das sogenannte Lotterleben meint einen ausschweifenden Lebenswandel. Wenn man so will, verkörpern Sie den, nur in einer modernen Variante.«

Ich bin beeindruckt und auch etwas verdutzt, was der alte Schreiberling auf die Schnelle so alles rausbekommen hat. Und dann hat er noch eine Überraschung für mich parat: »Außerdem sind Sie voraussichtlich der erste Benutzer des Römer-Wanderwegs, der nächstes Jahr eröffnet wird. Wir haben lange daran gearbeitet, und nun ist er endlich fertig geworden. Von Xanten bis Detmold kann man dann eine Radtour unternehmen, wofür niemand ein Elektrofahrrad braucht. Diese Radwanderung kann man von acht bis achtzig schaffen.« Es hört sich fast an wie in einem TV-Werbespot, so begeistert schildert Herr Stern die Vorzüge des Radwegs.

»Das ist ja alles interessant, habe ich beides nicht gewusst. Mir ist der Name vor ein paar Jahren eingefallen. »luderleben« bedeutet bei mir nicht rumlungern, sondern alles nicht ganz so bierernst zu nehmen und auch mal fünfe gerade sein zu lassen. Wir sollten das alle für uns in Betracht ziehen, das würde uns einige Magengeschwüre ersparen. Außerdem ist einer meiner Spitznamen »Lude«. Den habe ich mir mal in Hamburg vor vielen Jahren erworben, als ich in einer Kneipe einer Prostituierten geholfen habe, die Stress mit einem Freier hatte. Ich biete jedem, der es möchte, an, mich, mein Leben und meine Philosophie kennenzulernen und mich zu erleben. Das wollte ich damit ausdrücken.«

»Ich glaube, das ist Ihnen mit Ihrer Wanderung gelungen«, meint Herr Stern und hat wohl recht damit.

Nachdem wir noch einige Fotos geschossen haben und mir Frau Stern mehrmals berichtet hat, was für eine Angst sie gestern hatte, als ich bei ihr vor der Tür stand, drückt sie mich doch ganz dolle und freut sich über meinen Besuch in ihrer Pension. Die beiden wollen die Fotos auf meine Seite stellen und meinen Weg weiterverfolgen. (Ist ja nicht mehr lang.)

Der Weg heute ist okay, und ich bemerke, wie ich ab und zu langsamer gehe, als ich es sonst mache. Vielleicht werde ich diese Plackerei übermorgen schon vermissen, deshalb will ich die letzten paar Kilometer noch aus vollstem Herzen genießen. Es geht im leichten Regen immer schön am Kanal entlang, und die Ruhe und das Beobachten der Schiffe, die mich überholen, lassen mich sehr zufrieden werden.

Am Mittag treffe ich eine Dame vom Hellweg Radio. Wir trinken in einem Lokal einen Kaffee, und sie zeichnet unser Gespräch ganz beiläufig auf. Sie ist sehr interessiert und findet meine Geschichte lustig und spannend. Als sie kurz telefonieren muss, habe ich Zeit, eine Gruppe von Frauen zu beobachten, die neben unserem Tisch sitzen. Sie besteht aus acht Damen unterschiedlichsten Alters. Eine Omi, zwei mittelalter Damen und fünf junge Frauen. Ich höre schnell heraus, worum es bei diesem Treffen geht. Eine der jungen Frauen ist im Begriff zu heiraten, und daher planen sie im Kollektiv die Hochzeit. Es werden gaaaanz wichtige Dinge besprochen. Zum Beispiel Tischdekoration, Blumen für die Kirche, Serviettenfalttechniken, Frisur und Make-up der Brautjungfern. Unglaublich, was die sich für einen Kopf machen. Aber andersrum können es Frauen wahrscheinlich auch nicht nachvollziehen, wenn wir Männer uns stundenlang über Fußballspieltechniken unterhalten und jedes Foul der letzten zwanzig Jahre auseinandernehmen. Alles eine Frage der Perspektive.

Auf einmal nimmt die Oma, die bestimmt schon über achtzig ist, ihre Zahnprothese aus ihrem Mund und »spült« diese in ihrem Bierglas ab. »Da war ein Krümel vom Kuchen unter dem Gaumen, das kitzelte so komisch. Kann ich gar nicht ab«, kommentiert sie ihre ungewöhnliche Aktion. Schweigen am Tisch. Die junge Braut guckt eine der Damen mittleren Alters mit hochrotem Kopf an und sagt: »Mutti, das geht doch nicht. Stell dir mal vor, Oma macht das am Hochzeitstisch. Da müssen wir einen Plan für den Notfall haben. Ich schäme mich ja zu Tode, wenn das vor der Familie von Sebastian passiert.«

Ich lächle vor mich hin. Oma ist klasse. Aber nicht nur deswegen finde ich die Situation lustig. Sie erinnert mich auch an eine Geschichte, die sich vor vielen Jahren abspielte und ganz indirekt auch etwas mit Wandern zu tun hat.

Natürlich haben wir in der Ausbildung nicht nur gesoffen und gefeiert, also meistens wenigstens nicht. Die Schule hat schon ganz schön geschlaucht. Über dreißig Fächer wollte man uns nahebringen, das hatte ich ja schon mal erzählt. Da hieß es schon oft Mut zur Lücke. Man konnte unmöglich alles pauken, schon allein aus Zeitmangel. Wie umfangreich die Ausbildung war, ließ sich daran ablesen, wo wir überall eingesetzt wurden: Kinderheilkunde, Chirurgie, Wöchnerinnenstation und Psychiatrie waren nur eine kleine Auswahl der Einsatzorte. Wer bereits wusste, wohin er sich später orientieren wollte, sah dieses Programm als eher lästig an.

Ich dagegen war allem Neuen gegenüber sehr aufgeschlossen. Alle paar Wochen eine andere Station, neue Kollegen und neue Patienten fand ich super. Eine meiner Lieblingsstationen war die geriatrische Abteilung. Wer jemals auf so einer Station gearbeitet oder auch nur einen Angehörigen besucht hat, kann meine Vorliebe für diesen Job sicher nicht nachvollziehen. Wenn man aber weiß, wo der Hase langläuft und die Abläufe kennt, macht es trotz großer Anstrengung viel Spaß. Und was man dort erlebt, ist einfach unglaublich und manchmal zum Brüllen komisch!

Die Namen, die hier erscheinen, sind nur teilweise richtig und leicht verändert, denn obwohl die Personen zum Teil schon lange verstorben sind, möchte ich Diskretion wahren. Da war zum Beispiel Herr Novara, ein spanischer, kaum ein Wort Deutsch sprechender Riese, der ständig auf der Station auf und ab lief und die Hydrokulturperlen aus den Blumenkästen verschluckte. Oder Dr. Röbel, ein ehemaliger Allgemeinmediziner, der Klosterfrau Melissengeist verfallen war und an einer ausgeprägten Gedächtnisstörung litt. Ich fand ihn trotzdem sehr amüsant und lauschte gerne den Geschichten, die er in seinen klareren Momenten erzählte. Eines Sonntagnachmittags berichtete er mir, er habe die falschen Zähne im Mund und könne nicht richtig kauen. Da ich das für eine seiner komischen Storys hielt, glaubte ich ihm natürlich nicht. Er wurde immer aufgebrachter und redete sich so sehr in Rage, bis er mir schließlich sein Gebiss vor die Füße spuckte. Als ich es aufhob und genauer betrachtete, musste ich feststellen, dass Dr. Röbel tatsächlich ein falsches Modell im Mund hatte. Die Prothese, die ich in der Hand hielt, konnte dem alten Herrn gar nicht passen, da es ihm offensichtlich viel zu klein war und eher einer zierlichen alten Dame passen würde.

Was war geschehen? Nun muss man wissen, dass der Pflegenotstand in diesen Jahren sehr groß war, und fast jeder bei uns im Kurs aufgenommen wurde. So auch Thomas. Thomas war … Ja, ich muss es so sagen, strohdoof. Er wurde auf der gleichen Station wie ich eingesetzt.

Sonntagnachmittags wurden viele organisatorische Dinge oder Aufräumarbeiten erledigt. Ich zum Beispiel sollte die Lagerbestände kontrollieren und die Verbandswägen auffüllen. Thomas war an diesem Sonntag für die wöchentliche, intensive Prothesenpflege eingesetzt. Alle Zahnprothesen der Bewohner wurden einmal wöchentlich mit Bürsten geschrubbt und desinfiziert. Normalerweise macht man das natürlich einzeln, hintereinander und bei jedem Bewohner individuell. Thomas allerdings war ein Typ, der schon immer sehr auf Arbeitserleichterung und Effektivität aus war. So sammelte er die Zähne aller Bewohner in einer Waschschüssel, ohne sie vorher zu kennzeichnen. Als er alle sauber hatte, verteilte er diese nach Gutdünken und Augenmaß in die einzelnen Prothesenbecher. Allerdings war sein Augenmaß dummerweise nicht sonderlich

akkurat. So hatte am Ende des Tages also wirklich ausnahmslos jede Dame, beziehungsweise jeder Herr, falsche Zähne im
Mund. Da wir auf der Station zwanzig Leute betreuten, kann
man sich vorstellen, was für eine Arbeit es war, bis jeder wieder
über sein eigenes, ihm passendes Gebiss verfügte.

Der Bezug zur Wanderung? Thomas war Vorsitzender der
»Wandervögel Ostwestfalen«, und diese Tatsache machte mir
deutlich, dass ich keine Angst zu haben bräuchte, falls ich mal
ganz allein und auf mich gestellt eine große Wanderung unternehmen würde. Wenn er in der Lage war, sich mit seinen
Wanderfreunden durch den Teutoburger Wald zu manövrieren,
dann sollte es mir doch auch keine Bange machen. Verlaufen
könnte ich mich vielleicht, aber mit dem nötigen »Biss« würde
ich meinen Weg schon finden.

Als die Radiodame von ihrem Telefonat zurückkommt, inter-
viewt sie die Damengruppe und die Wirtin noch darüber, was
sie von meiner Aktion halten und so. Ich komme mir etwas
doof dabei vor, den Leuten zuzuhören, wie sie in meinem Bei-
sein über mich reden. Wir verabschieden uns schließlich, und
sie verspricht, mir eine Aufzeichnung zukommen zu lassen, da
ich den Bericht ja nicht im Radio verfolgen kann.

Der Rest des Tages gestaltet sich einfach. Aber es gibt leider
viel Regen und starken Wind. Der Weg in Bockum-Hövel zieht
sich wie Kaugummi, und ich bin froh, als ich endlich meine
letzte Unterkunft erreiche. »Letzte Unterkunft« ist in diesem
Fall auch bildlich zu verstehen. Das Hotel ist echt eine Bruch-
bude. Ich freue mich trotzdem drauf.

Ein Zeitungsfritze ruft noch an, er möchte mich morgen unterwegs besuchen und noch einen Bericht schreiben. Ich sage
natürlich ja, warum auch nicht.

Denn Abend lasse ich in einem türkischen Café ausklingen.

Leider haben die dort kein TV-Gerät, und ich kann das Länderspiel nicht verfolgen. Ich unterhalte mich viel mit den Gästen (fast alles Türken, die sehr verwundert sind, dass ich mich in dieses Lokal verirrt habe), und es wird ein unterhaltsamer Abend. Wir trinken schwarzen Tee, und die Jungs rauchen eine Wasserpfeife.

Es ist ganz egal, mit welcher Nationalität von Männern man am Tisch sitzt, immer kommen die gleichen Themen zur Sprache: Fußball, Frauen und Autos. Bei den beiden ersten kann ich ja noch halbwegs mitreden, obwohl ich auch hierbei merke, dass ich älter werde und mir einige Dinge, die dort angesprochen werden, neu sind. In einigen Fällen soll es auch dabei bleiben. So möchte ich nicht unbedingt über Intimschmuck oder Arschgeweihe Bescheid wissen. Als sie dann auch noch mit Autotechniken und Tuning-Ausrüstungen anfangen, ziehe ich mich zurück in das letzte Domizil meiner Reise.

Freue mich auf die letzte Etappe morgen.

Lippetal-Herzfeld

Das Frühstück heute ist eine Katastrophe. Das Brötchen ist hart, die Wurst wellig, das Ei mal wieder ein Squashball, der Kaffee ist kalt und schmeckt nach Spülwasser, und der Orangensaft sieht so aus, als wäre er eins zu eins mit Wasser gemischt. Na ja! Das letzte Frühstück habe ich mir doch etwas anders vorgestellt. Schade, aber nicht zu ändern.

Der Reifen ist mal wieder platt. Aber egal, ich pumpe ihn jetzt hoffentlich ein allerletztes Mal auf, und damit ist die Sache erledigt. Ich habe mich entschieden, am Hafen von Hamm entlangzulaufen. Das ist zwar ein Umweg, aber ich habe ja keine Eile. Es ist schon schön, wenn man nach so langer Zeit in eine Gegend kommt, die man wiedererkennt. Gleichzeitig aber auch komisch, hier mit einer Waschmaschine langzulaufen, wo ich sonst mit Einkaufstüten und Coffee to go unterwegs bin. Als ich das Hafengebiet und die Einkaufsstraße hinter mich gebracht habe, geht es immer den Kanal entlang. Ich könnte jetzt eigentlich auch wieder zur Lippe runter, aber leider führt auch hier nur ein Teil der Strecke direkt am Fluss entlang, und so bleibe ich einfach weiter am Kanal.

Das Wetter ist leider echt miserabel. Es regnet und ist wieder richtig stürmisch. Für den letzten Tag hätte ich mir doch etwas Sonne gewünscht. In Bad Hamm komme ich an einem Krankenhaus vorbei, wo ich vor Jahren mal für vier Wochen stationär gelegen habe. Damals, vor meiner Bandscheibenoperation in Dortmund, habe ich es noch mit einer konservativen Methode versucht. Ich glaube, in den vier Wochen habe ich wenigstens dreihundert Spritzen ins Kreuz bekommen. Bei mir hat die Therapie leider nicht angeschlagen. Bei anderen schon. So ist das nun mal im Leben. Damals war ich traurig und auch etwas eifersüchtig auf die Leute, denen diese Spritzentortur geholfen hat, aber heute wünsche ich denen, dass es ihnen körperlich genauso gut geht wie mir.

Direkt hinter dem Krankenhaus sehe ich eine Gruppe von Patienten, die als Bewegungstherapie Nordic Walking machen. Gut so. Bewegung ist das beste Mittel gegen Rückenschmerzen. Als ich sie überhole, legen sie einen Stopp ein, und die Therapeutin spricht mich an. »Was machen Sie denn da? Eine neue Sportart?«

»Ja, so kann man es wohl sagen. Habe ich erfunden und werde es wohl ›Nordic Washing‹ nennen. Möchte jemand von den Damen und Herren es mal ausprobieren? Oder die junge Frau vielleicht?«

»Junger Mann«, meint die Therapeutin, die vielleicht halb so alt ist wie ich. »Wir sind eine Reha-Sportgruppe. Die Damen und Herren haben Probleme mit den Bandscheiben oder andere ernsthafte Beschwerden. Sie dürften keine Ahnung haben, was das bedeutet? Man macht sich nicht über Menschen lustig, die körperlich nicht so fit sind.«

»Junge Frau, das mache ich auf gar keinen Fall. Im Gegenteil. Ich lag hier auch mal vier Wochen mit drei Bandscheibenvorfällen, außerdem habe ich zwei Vorwölbungen im BWS und eine um HWS (muss auch mal mit Fachchinesisch angeben) und weiß daher, wovon ich spreche.«

»Und jetzt laufen Sie mit einer Waschmaschine durch die Gegend?«, fragt ein Mann aus der Gruppe, der in etwa mein Alter hat.

»Genau, und ich würde mich freuen, wenn ich einem von Ihnen bei meiner nächsten Tour begegnen würde, der auch eine Weißware vor sich herschiebt. Das geht nämlich. Sie müssen nur daran glauben und fleißig trainieren.« Mit diesen Worten mache ich der Gruppe Mut und verabschiede mich, wobei ich mich besonders ins Zeug lege, um noch dynamischer zu wirken. (Bücker, du alter Gockel!)

Ganz nebenbei habe ich etwas ausgesprochen, was in den letzten zwei Wochen in mir gereift ist. Ich möchte nicht, dass diese Geschichte heute Abend zu Ende geht. Dafür hat es viel zu viel Spaß gemacht. Meine erste Tour mag morgen um diese Zeit schon vorbei sein, aber ich werde diese Art von Urlaub wiederholen. Vielleicht ja wirklich an der Küste. Die Route von Holland an der deutschen Nordseeküste bis zur dänische Grenze und dann an der Ostsee entlang bis Polen finde ich nach wie vor interessant.

Ganz verrückt wäre auch der Versuch, über die Alpen zu laufen. Ein Kollege von mir hat mal erzählt, er habe die Tour über die Alpen mit dem Rad unternommen. Es sei mit dem Mountainbike möglich, und die Wege seien auf seiner Route alle befestigt gewesen. Ich würde, glaube ich, aber in Deutschland bleiben wollen und von Westen nach Osten die Alpen durchlaufen. Mein Wunsch ist es ja, mein Heimatland noch besser kennenzulernen. Das muss ich mir mal auf einer Karte genauer angucken, ob das überhaupt machbar ist. Da würde sich Mikaela sicher drüber freuen, die Alpen zu sehen.

Den ganzen Kanal entlang bis zum Kohlekraftwerk in Uentrop sehe ich noch ziemlich viele Lastkähne. Die stauen sich hier fast. Haben die Probleme beim Entladen? Im Dorf Uentrop trinke ich in einem Bäckerladen einen Kaffee und esse einen leckeren Apfelkuchen. Zwei Straßenarbeiter, die dort Pause machen, tuscheln hinter meinem Rücken, und dann spricht mich einer von ihnen an: »Bist du der Bursche mit der Waschmaschine? Ich habe heute Morgen einen Bericht im Radio von der Geschichte gehört. Du bist aber nicht wirklich vom Bodensee bis hierher gelaufen, oder? Das glaube ich nicht!«

»Doch, doch. Ich bin jetzt etwas über fünf Wochen unterwegs. Vom Bodensee bis hierher.«

»Du machst mir echt Sorgen. Meine Frau liegt mir seit einem halben Jahr in den Ohren, dass ich unsere alte, kaputte Maschine aus dem Keller holen soll, und du schiebst so ein Ding quer durch Deutschland. Ich habe ihr immer gesagt, das kann ich nicht alleine. So ein Gerät kann man nicht so einfach hin und her schieben. Und du gibst ihr natürlich Wasser auf die Mühlen. Ich habe jetzt echt ein Problem. Die will mir mein Sky-Abo abklemmen lassen, wenn das Ding bis zum Wochenende nicht verschwunden ist. Und wie soll ich da Fußball gucken?«

»Oh, das tut mir echt leid. Aber frag doch mal deinen Arbeitskollegen. Ihr zwei nach Feierabend, das bekommt ihr doch gewuppt«, versuche ich mich aus der Affäre zu ziehen.

Sein Kollege verkündet: »Lass den mal labern. Der faule Sack liegt ja auch nur noch auf dem Sofa vor der Glotze und guckt sich jeden Mist an. Seit er den Sky-Anschluss hat, bekommt man den ja gar nicht mehr zu Gesicht. Inne Kneipe habe ich den schon ein Jahr nicht mehr gesehen. Ja sicher helfe ich dem anpacken. Aber der Blödmann sagt ja nix.« Er haut mir auf die Schulter und meint noch: »Ich finde das klasse, was du gemacht hast. Bisschen verrückt, aber Hut ab vor der Leistung. So Jupp, lass knacken, wir müssen weiter. Tschüss.«

Als ich auf die Uhr gucke, sehe ich, dass ich noch viel Zeit habe. Und so komme ich auf die Idee, in Uentrop eine Sehenswürdigkeit zu besichtigen. Das habe ich mir eigentlich schon seit Jahren vorgenommen, aber nie den Dreh gekriegt, dort mal hinzufahren.

In dem kleinen Dorf inmitten von Westfalen steht nämlich nach dem Neasden-Tempel in London der zweitgrößte Hindutempel Europas. Ich bin kein spiritueller Mensch, aber ich interessiere mich schon für die Bauwerke der verschiedenen Religionen. Ob buddhistische Tempel, Moscheen, Synagogen oder Kirchen, ich habe mir schon viele Gotteshäuser angesehen, und jetzt eben den Hindutempel. Der begeistert mich wirklich. Ich kenne zwar die Bedeutung der einzelnen Götter und Göttinnen nicht, das spielt aber keine Rolle. Diese farbenfrohe Aufmachung, diese Blumen, die Skulpturen und diese ganz besondere Atmosphäre, super. Kann ich nur empfehlen, sich das mal anzugucken.

Das Kraftwerksgelände umgehe ich. Hier sind mir viel zu viele Lkw unterwegs. Das ist mir zu gefährlich, und warum soll ich mir das noch antun? Dieser Weg, für den ich mich entschieden habe, ist mir auch viel lieber. Schön durch ein Waldstück und durch Felder und Wiesen.

Kurz vor der Gemeindegrenze Lippetal fängt mich der Reporter ab, der sich angekündigt hatte. Sein Fotograf macht Fotos (was auch sonst) und nervt mich schon nach ein paar Minuten mit seinen Anweisungen. Stell dich hier hin, stell dich da hin. Mach mal dies, mach mal das. Aber der Besuch dauert ja nicht lange.

Ich ruhe in mir selbst, hole ein paarmal tief Luft, denke an die Hindutempel von vorhin und lächele vor mich hin. Der weise Bücker, so weit ist das schon.

So langsam treffe ich ein paar Bekannte. »Doc Lötte«, einer meiner Golfkollegen, kommt mit seinem Bulli vorbei und begrüßt mich wie verrückt. Georg, ein Fußballkumpel, grüßt und hupt wie ein Irrer. Kurz hinter dem Dorf mit dem schrecklichen Namen (Fußballfeindesland und daher unaussprechlich) treffe ich Nicky, der mir die Facebook-Seite gemacht hat. Dann kommen Fabi und Benne, meine Helferlein, die mir die Pensionen besorgt haben, und noch eine Menge anderer Leute.

Als wir an dem Ortsschild »Herzfeld« ankommen, bleiben wir kurz stehen. Geschafft, denke ich. Geschafft.

Bei Meier's, unserer Dorfkneipe, werde ich mit einem Riesenbier willkommen geheißen. Es kommen immer mehr Leute hinzu, und alle bestürmen mich mit Fragen.

Die letzte Etappe soll zum Sportheim gehen. So habe ich mir das ausgemalt. Wir ziehen im Gänsemarsch durchs Dorf, und alle Autos, die uns sehen, hupen, alle Radfahrer klingeln und alle anderen winken. Das Sportlerheim ist erreicht. Mein Ziel. Achtunddreißig Tage, nachdem ich mit Mikaela losgelaufen bin, komme ich wieder an. Geschafft, denke ich immer wieder und habe Tränen in den Augen.

Ich freue mich über den Empfang, bekomme aber alles nur wie durch Watte mit. So viele Leute um mich herum, das bin ich gar nicht mehr gewohnt. Wir trinken noch ein paar Bier, und es wird gefragt, was das Zeug hält.

Ich bin müde und ausgelaugt. Die Schwere, die mich in diesem Moment ergreift, fühlt sich fast an wie Blei. Lange kann ich diesen Trubel nicht an den Ohren haben, und so verabschiede ich mich recht schnell. Es ist schon dunkel, als ich meine Karre ein letztes Mal anhebe und nach Hause schiebe.

Die letzten hundert Meter erfüllen mich mit Stolz auf das, was ich da hinter mich gebracht habe. Nicht auf die körperliche Herausforderung oder die endlosen Kilometer durch Wind und Wetter. Das war von vornherein klar, dass das schwer, aber machbar sein würde. Sondern die mentale Stärke, diese Reise durchzustehen, macht mich zufrieden mit der Welt.

Jetzt erst mal duschen.

Und die Wäsche erledigt meine Waschmaschine im Keller.

Danksagung

Diese Seite darf natürlich nicht fehlen. Hier möchte ich mich bei all denen bedanken, die mich unterstützt und motiviert haben, dieses kleine Buch zu schreiben, oder die mir bei meinen Wanderungen geholfen haben.

Als Erstes den drei Jungs, die mir unterwegs die Schlafgelegenheiten besorgt haben. Benne, Nicky und Fabi. Ich hoffe, ihr unterstützt mich auch bei meinen nächsten Reisen über die Alpen und vielleicht auch bei Wanderungen im Ausland.

Bei allen Gastgebern, die mir und Mikaela eine Herberge gegeben haben, und bei allen Menschen, die ich unterwegs kennenlernen durfte, bedanke ich mich für die schönen Begegnungen.

Ein großer Dank geht an Erik, der mir geholfen hat, einen Verlag zu finden, welcher den Mut hatte, einen neuen Autor zu veröffentlichen.

Mein wildes Geschreibsel haben sich meine beiden Lektorinnen Doreen und Birthe antun müssen. Die beiden haben sicherlich einiges an Nerven gelassen.

Ein ganz großer Dank geht natürlich an meine Freundin Nicole. Ihr wisst schon, das ist die Dame aus dem Buch, die ich mir mal angucken wollte. Genau, hat geklappt. Sie hat mich immer wieder motiviert, dieses Buch überhaupt zu schreiben, und mir oft geholfen, ein gewisses Mittelmaß zu finden.

Wenn die drei Damen mir nicht so tatkräftig geholfen hätten, wäre das Buch sicher nicht so geworden, wie es geworden ist.

Danke